내 생애 첫 번째
금융상식백과

내 생애 첫 번째

금융상식 백과

손일선 김대원 전정홍 지음

알키

contents

Chapter 1.
은행, 적을 알고 나를 알아야 백전백승!

1 우는 아이에게 떡 하나 더 주는 은행 13
2 은행 세금에 숨어 있는 비밀, 세금우대상품 18
3 나만의 주거래은행 이용법 24
4 대출 전에 알아야 할 필수상식 I 27
5 대출 전에 알아야 할 필수상식 II 33
6 담보가 없다면 신용이 최후의 무기가 될까 38
7 환전에도 기술이 필요하다 43
8 새내기 직장인의 금융필수품, 급여통장 48
9 세 달 후에 쓸 목돈은 어떻게 운용할까 54
10 서민이라면 맞춤형 상품을 노려라 58
11 대출, 저금리로 갈아타야 할 때 64
12 모바일 시대, 스마트하게 움직여라 69
13 은행의 대여금고는 그림의 떡인가 75
14 가축이나 기계로 대출받는 시대 80
15 비상금 통장을 숨겨라! 85
16 저축은행 버리지 마라 88
17 우량 저축은행 고르는 법 92
18 거래하는 저축은행이 망했다면 97
19 세법을 알아야 금융이 보인다 104
20 세금 깎아주는 금융상품 109
21 18년 만에 부활한 재형저축의 모든 것 113

Chapter 2.
카드, 모르고 쓰면 함정에 빠지는 개미지옥

1 신용카드 제대로 알고 쓰자 123
2 해외에서 신용카드 사용하기 127
3 가계부채의 적, 카드론과 현금서비스 130
4 카드회사의 함정, 포인트 선지급 서비스 134
5 가면 쓴 고금리 대출, 카드 리볼빙 서비스 139
6 체크카드 전성시대 143
7 신용카드로 신용등급 관리하기 148

Chapter 3.
보험, 있으면 부담되고 없으면 불안이 되는 진실

1 사업비가 적은 보험부터 골라라 155
2 보험가입 때 반드시 챙겨야 할 것 163
3 보험에도 서열이 있다? 169
4 우량 보험회사 고르는 법 175
5 설계사 vs 다이렉트 181
6 낡은 보험 리모델링하기 185
7 보장자산과 보장성보험의 세계 190
8 저축성보험에 속지말자 194
9 제대로 알자, CI보험 199
10 환급형이 좋을까, 소멸형이 좋을까 204
11 저출산·고령화 시대, 연금보험이 대세 208
12 새로운 트렌드, 변액연금보험 214
13 변액연금 보험 수익률 관리하기 220
14 약관대출, 고객의 돈으로 장사하는 보험회사 226
15 보험으로 세테크하기 232
16 차보험, 다이렉트로 갈아타볼까 238
17 자동차보험료 아끼는 여섯 가지 방법 244

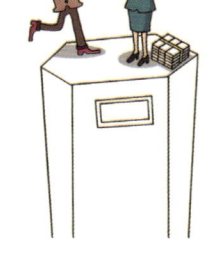

Chapter 4.
주식, 부자들의 놀이터가 아닌 최후의 재테크

1 30대 목돈, 증권사 모르면 어림도 없다 253
2 주식이란 무엇일까 262
3 증권사 애널리스트를 활용하라 271
4 증권사는 주식만 취급한다는 착각 281
5 진짜 부자는 주식을 찾지 않는다 297
6 투자 고수가 말하는 손해를 덜 보는 방법 304

머리말

현명한 돈 관리 습관을 세워주는 금융상식 첫 걸음

'금융'이라는 단어를 처음 보면 어떤 생각이 떠오르는가. 일상에서 쉽게 접하면서도 왠지 어렵다는 느낌 때문에 아마도 '가깝고도 먼 당신' 같은 이미지가 떠오를 것이다. 거리에 나가 주위를 둘러보면 은행이나 저축은행, 증권사, 카드사, 보험사와 같은 금융기관들의 간판을 어렵지 않게 발견할 수 있음에도 사람들은 대개 금융에 대해 '이해하기 힘들다'는 인식을 갖고 있다.

물론 1차적인 책임은 금융에 대해 큰 관심이 없었던 개인에게 있다. 하지만 개인의 탓만은 아니다. 고객들에게 어려운 용어로 치장된 약정서를 내밀며 자신들만의 성을 쌓고 있는 금융기관의 잘못이 가장 크다. 금융기관들은 각종 장벽을 쳐서 고객이나 소비자들이 일정한 선을 넘어오는 것을 막는다.

이유는 간단하다. 그들의 속살이 만천하에 공개되는 것이 두렵기 때문일 것이다. 기본적으로 금융기관은 자선단체가 아니라 수익을 추구하는 '이익집단'이라는 사실을 명심하자. 각종 문구를 동원해 고객의 든든한 동반자라고 큰소리치고 있지만 속내를 들여다보면 고객은 그들의 이익 추구에 필요한 하나의 도구로 인식될 뿐이며, 이 과정에서 갖가지 편법이 동원되기도 한다.

더욱이 금융에서 소비자는 약자에 가깝다. 소비자는 소위 전문가라는 사람들 앞에서 왠지 위축되고, 마치 의사와 환자의 관계처럼 그들이 하라는 대로 행동할 가능성이 크다. 이 과정에서 수동적인 형태를 취하게 될 수밖에 없고, 혹시 피해를 입더라도 속으로만 끙끙 앓게 된다.

이른바 '금융상식백과'를 집필하게 된 것은 바로 이 때문이다. 일반 고객들이 금융 전문가들만큼 모든 지식을 알 필요는 없다. 하지만 최소한 전문가라는 사람을 어떻게 고르고 어떻게 이용해야 하는지에 대한 지식은 갖춰야 한다. 그래야 금융기관들의 '꼼수'에 현명하게 대처할 수 있고, 더 나아가 자신의 재산과 부를 지킬 수 있다.

이 책은 철저히 고객의 입장에서 어떻게 금융기관을 이용해야 하는지에 초점을 맞추고 있다. 독자들에게 대단한 금융지식을 주입하려는 것이 아니라 실생활에서 바로 활용할 수 있는 현명하고 효율적인 금융기관 이용법을 다루고 있다. 특히 금융권을 발로 뛰며 취재하는 기자들이 현장에서 얻은 노하우와 정보를 최대한 알차게 담으려고 노력했다.

내용은 독자들과 가장 밀접한 관계를 맺고 있는 은행과 저축은행, 카드, 보험, 증권 등 주요 권역을 각 장별로 나누어 집중 조명하는 방식으로 구성됐다.

고객들이 금융기관의 문턱을 넘기 전에 최소한 숙지해야 할 사항들을 정리하고, 재테크 측면에서도 금융기관 이용 시 고객에게 유리한 방법들을 소개했다. 새로운 물건을 구입한 후 항상 챙겨보는 사용설명서처럼 금융기관을 이용할 때마다 필요한 내용을 들춰보면서 활용하기를 권한다.

한 마리의 제비가 봄을 만들지는 못한다. 하지만 그것은 분명 봄이 멀지 않았음을 알리는 전령이다. 이 책이 독자 여러분의 금융생활에서 '도깨비 방망이' 역할은 하지 못하더라도 과거와 다른 금융생활을 알리는 '봄의 전령'이 될 수 있기를 기대해본다.

이 책을 읽고 난 후 금융기관을 대하는 독자들의 표정에 조금이라도 자신감이 묻어난다면 저자들에게는 가장 소중한 기쁨이 아닐까 싶다.

끝으로 부족하지만 책이 나오기까지 물심양면 지원을 아끼지 않은 매일경제신문사 선후배들과 출판사 관계자분들께 깊은 감사의 뜻을 전한다.

손일선, 김대원, 전정홍

우는 아이에게
떡 하나 더 주는 은행

누구나 어릴 적 세뱃돈을 받거나 돼지저금통을 깨면 은행을 찾았던 기억이 있을 것이다. 지금도 어디서나 흔히 볼 수 있는 것이 은행이다. 월급도 은행을 통해서 받고 부모님에게 돈을 보낼 때도 은행을 이용한다. 그런데 한번 곰곰이 생각해보자. 이렇듯 익숙하고 흔히 이용하는 은행이지만 이를 정말 제대로 활용해본 적이 있는가? 대다수 사람들은 그저 은행을 왔다갔다 하기만 할 뿐 자신의 부를 축적하는 데 은행을 최대한 활용하는 사람은 찾아보기 힘들다. 은행 직원이 하라는 대로 할 뿐 은행의 깊숙한 속내는 들여다보려고 하지 않는다.

그래서 첫 장에서는 우리가 은행을 어떤 시선에서 바라보아야 하고 어떻게 활용해야 하는지 알아보기로 한다. 일단 알아두어야 할 사실은 은행은 '영리를 추구하는 기관'이라는 점이다. 최대한 돈을 많이 벌어서 주주(참고로 대다수 국내 은행은 외국인 주주의 비율이 60%를 넘는다)

들에게 보다 많은 금액을 배당해야 한다. 은행은 고객의 재산을 불려주는 데에만 관심이 있는 자선단체가 아니라는 얘기다. 다시 말해 은행은 종종 고객보다 자신들의 이익에 더 관심이 있고, 좀 더 심하게 표현하면 자신들의 돈벌이에 고객을 이용하고 있다. 이것이 고객 입장에서 더 현명하게 은행을 이용하기 위해 '은행 사용설명서'가 필요한 이유다.

은행도 가격을 흥정하고 세일도 한다

은행의 가격흥정 방식은 재래시장보다는 백화점에 가깝다. 나름대로 정찰가격제를 실시하는 것이다. 예를 들어 고객이 은행 창구를 찾아 직원에게 1년 만기 정기예금 금리를 물어보면 기계적인 답변이 돌아온다. "저희 대표상품인 ○○ 정기예금의 경우 연 3.7%입니다."

여기서 대화가 끝난다면 당신은 은행에 관해서 만큼은 '하수'다. 은행도 가격흥정이 가능하다. 은행 창구 직원에게 일단 이렇게 말해보자. "금리를 조금 더 줄 수는 없나요? 제가 이곳 단골이 되려고 하는데요." 또는 "다른 은행에서는 3.9%까지 준다고 했는데 여기가 주거래 은행이기 때문에 예금을 들려고 하거든요." 이렇게 말하면 대부분의 직원들이 반응을 보일 것이고, 아마도 상당수 고객들은 0.1%포인트라도 더 높은 금리를 제공받을 확률이 높다.

왜 이런 상황이 가능한 것일까? 은행에는 이른바 지점장 전결금리라는 것이 있다. 은행 지점을 관리하는 지점장이 자신의 재량하에 금리를 조절하는 것이다. 금리변동 폭이 클 경우에는 본점의 승인을 받아야 하지만 웬만한 수준에서는 지점장이 권한을 행사할 수 있다.

물론 지점장 전결금리의 혜택을 받는 사람들은 대부분 그 은행의 VIP 고객일 가능성이 높다. 평소 해당 지점과 거래관계가 많거나 거액의 목돈을 맡기려는 고객들에게 지점장이 보다 좋은 혜택을 제공하는 것이다. 하지만 당신이 거액을 예치하려는 경우가 아니라고 해서 무조건 망설일 필요는 없다. 은행은 우는 아이에게 떡 하나 더 준다. 당당하게 좀 더 높은 금리를 요구하거나 앞으로 거래를 열심히 하겠다는 다짐만으로도 많은 경우 실제로 우대금리 혜택을 받을 수 있다.

대출을 받을 때 자존심은 접어두자

대출의 경우에도 마찬가지다. 은행에서 돈을 빌릴 때 고객에게 맞는 금리를 계산한다. 양도성예금증서(Certificate of Deposit, CD)나 코픽스(COFIX, 예금은행의 자금조달 비용을 반영하여 산출되는 새로운 주택담보대출 기준금리) 같은 기준금리에 개인별로 일정 수준의 가산금리를 추가하는 방식이다. 가산금리 결정에는 개인의 신용등급, 직업, 월급 수준 등 다양한 요소가 반영된다. 또한 은행의 마진 등도 포함된다. 여기서 은행의 마진을 일부 축소하는 방식으로 가산금리를 낮출 수 있다. 앞서 언급한 대로 지점장은 자신이 얻을 이익을 일부 포기하는 방식으로 금리를 낮춰줄 수 있다. 특별한 경우 은행이 마진율을 '제로'로 하는 파격적인 금리도 제공되곤 한다.

대출시 금리협상을 할 때 자존심은 잠시 접어두자. 반드시 돈을 성실하게 갚을 것이고, 앞으로 이 지점을 통해 대출 이외에 카드, 펀드 등 다양한 거래를 할 것이라고 큰소리쳐보자. 순간의 선택으로 1년간 내야 할 이자금액이 낮아질 수 있다.

또 은행도 백화점처럼 정기세일을 하는데, 소위 '특판예금'이 대표적인 경우다. 특판예금은 대개 평상시 일반예금보다 좀 더 높은 금리를 제공한다. 은행이 자체 자금조달 상황을 고려해 보다 많은 자금을 유치하려고 할 때 특판예금을 선보이기 때문이다. 보통 300억 원 한도, 가입금액 100만 원 이상 등의 조건이 붙는 경우가 많다. 여유자금이 있다면 은행의 특판금리를 노리는 것이 한 푼이라도 더 이자를 받을 수 있는 기회다.

대출을 받을 때에는 '캠페인'을 하는 은행을 찾는 것이 유리할 수 있다. 대출 캠페인의 경우 특판예금처럼 은행 입구에 현수막을 내걸면서까지 광고를 하지는 않지만 대출자산을 공격적으로 늘리려는 정책을 세운 은행의 경우 타 은행보다 대출금리를 낮춰주는 경향이 있다. 발품을 팔아서라도 몇 군데 은행의 대출금리를 비교해보고 자신에게 최대한 낮은 금리를 제시하는 은행을 이용하는 것이 현명한 방법이다.

'금리인하 요구권'을 아시나요

대다수 시중 은행들은 금리인하 요구권이라는 제도를 운영하고 있다. 하지만 대부분의 사람들은 이런 제도가 있다는 사실조차 모른다. 은행들이 그들 입장에서 불리한 제도인 만큼 적극적으로 홍보를 하지 않기 때문이다. 실제로 금융감독원의 조사 결과 지난 2007년 이후 5년간 금리인하 요구권이 활용된 사례는 3,710건에 불과하다.

금리인하 요구권이란 대출자의 신용 상태가 좋아지거나 이직 등으로 월급이 크게 증가한 경우 채무자가 은행에 금리를 깎아달라고 요구할 수 있는 권리다. 예를 들어 직장을 옮기면서 연봉이 30% 이상 증가한 김모 씨가 은행에 재직증명서와 소득증명서를 제출하면 은행은 심사를 거쳐 대출금리를 낮춰주는 것이다.

이처럼 금리인하 요구 사유는 신용등급이 크게 개선됐을 경우 또는 취업을 하거나, 전 직장보다 안정적인 직장으로 옮긴 경우, 연소득이 대출 당시보다 20% 이상 증가했을 때다. 금리인하 요구권을 사용할 수 있는 신용대출은 만기 일시상환 대출과 거치식 분할상환 대출 등이며, 주택담보 대출은 이 대상에서 제외된다. 이 제도를 잘 활용하면 고객 입장에서는 자신이 과거보다 대출금을 보다 잘 상환할 수 있게 됐다는 것을 증명함으로써 금리를 낮추는 이득을 볼 수 있다.

하지만 은행은 역시 수익을 가장 우선시하는 집단으로서 고객에게 먼저 이런 정보를 알려주지는 않으며, 고객이 먼저 이런 권리를 요구해야만 겨우 수용하는 모양새를 취할 뿐이다.

은행 세금에 숨어 있는 비밀,
세금우대 상품

예적금으로 종잣돈을 모으는 재테크 투자자라면 한 가지 명심해둘 사항이 있다. 상품 선전에 나와 있는 수익률에 현혹되지 말고 마지막에 내가 손에 직접 쥘 수 있는 이자금액을 따져봐야 한다는 것이다. 여기에 바로 세금의 비밀이 담겨 있다. 영국 속담에 "세상에서 가장 확실한 것은 죽음과 세금뿐이다"라는 말이 있다. 그만큼 세금은 피할 수 없는 존재다. 금융상품도 예외가 아니다.

  은행에서 받은 이자에 대해 정부는 소득세(14%)와 주민세(1.4%)를 합쳐 총 15.4%의 세금을 가져간다. 2,000만 원을 연 5% 금리의 예금상품에 예치하면 '이자로 100만 원을 받겠구나'라고 생각하면 큰 오산이다. 100만 원의 이자를 받는다면 그중 15만 4,000원은 세금으로 빠져나가기 때문이다. 실제로 고객이 손에 쥐는 돈은 84만 6,000원인 셈이다. 이 때문에 세금을 깎아주는 세금우대 상품을 적극 활용할 필요가 있다. 특히 요즘과 같은 저금리 시대에는 절세전략만으로도 현명한 재테크가 가능하다.

세금우대 혜택을 적극적으로 활용하라

우선 세금우대종합저축 혜택을 적극적으로 이용해야 한다. 세금우대종합저축은 별도 상품이 아니라 은행, 저축은행 등의 예적금 상품에 대해 국세청이 세금을 일부 감면해주는 제도다. 만 20세 이상 성인이라면 원금 기준 1,000만 원까지, 만 60세 이상 노인 혹은 나이에 상관없이 장애인이나 국가유공자라면 3,000만 원까지 세금을 깎아준다. 다만 이 한도는 모든 금융권 통합 한도다. 다른 금융회사와 중복가입이 안 된다. 또한 12개월 이상의 저축상품에만 적용된다는 점도 알아두자.

수익률 측면에서는 어떤 효과가 있을까? 일반 예적금에 대한 이자는 총 15.4%의 세금을 떼고 수령할 수 있는 데 비해 세금우대분에 대한 이자는 총 9.5%(이자소득세 9% + 농어촌특별세 0.5%)만 세금을 뗀다. 시중 은행 예금금리가 4% 수준이라면 세후 금리는 세금우대 혜택을 받을 경우 0.24%포인트 정도 높은 것이다.

특히 세금우대를 받은 이자는 종합소득에 포함되지 않기 때문에 금융소득이 많은 자산가들에게는 필수상품이다. 이 때문에 은행에 예적금을 하러 가면 잊지 말고 창구 직원에게 나의 세금우대 한도가 얼마나 남아 있는지 물어보자. 인터넷뱅킹을 통한 예적금 가입 시에도 세금우대 혜택 적용이 가능한 만큼 가입 시 꼼꼼히 살펴봐야 한다.

또한 세금우대는 한도가 있는 만큼 최대한 전략적으로 사용할 필요가 있다. 일반적으로 세금우대 혜택을 사용할 경우 적금보다는 예금상품을 활용하는 것이 유리하다. 세금우대로 얻을 수 있는 이자 혜택이 더 크기 때문이다. 같은 정기예금이라면 당연히 금리가 더 높은 상품이 유리하다.

신협, 새마을금고도 눈여겨보자

신협이나 새마을금고와 같은 상호금융사에는 다른 은행에는 없는 독특한 혜택이 있다. 재테크 고수들은 이미 다 알고 있는 '비과세 예금'이다. 세금우대저축이라고도 한다. 앞서 언급한 '세금우대종합저축'과는 다른 개념으로 1인당 3,000만 원까지 비과세 혜택을 받을 수 있다. 비과세 혜택 상품은 1.4%의 농어촌 특별세만 내면 되기 때문에 세금우대종합저축보다 혜택이 더 크다고 볼 수 있다. 더욱이 일반 은행의 세금우대종합저축에 가입한 사람도 신협 예금을 이용해 비과세 혜택을 추가로 받을 수 있다.

특히 일반적으로 신협이나 새마을금고의 1년 정기예금 금리는 시중 은행보다 높다. 여기에 세금 혜택까지 받을 수 있으니 말 그대로 일석이조인 셈이다. 신협의 경우를 살펴보자. 2012년 말 기준 신협의 1년 정기예금 평균금리는 연 3.6%다. 이 당시 3.1% 수준인 시중 은행 금리보다 0.5%포인트 높은 수준이다. 그러면 세후 수익률을 기준으로 신협과 시중 은행의 정기예금을 비교하면 어떻게 될까? 공식은 간단하다. 신협금리에 1.165를 곱해 3.6% × 1.165 = 4.2%다. 다시 말해 신협의 3.6% 금리상품은 시중 은행의 4.2% 상품과 실수익률이 비슷하다는 말이다.

다만 신협에서 비과세 혜택을 받으려면 조합원으로 가입해야 한다. 조합원이 되는 방법은 크게 세 가지다. 자신이 거주하는 지역의 신협이나 직장신협, 단체신협(변호사신협, 교회신협 등)을 찾아 출자금을 내면 된다. 출자금 최저 금액은 조합마다 다르지만 평균적으로 1~3만 원 수준이다. 물론 출자금에 대해서도 조합은 매년 배당을 실시한다. 더욱이 출자금 배당소득은 최대 1,000만 원까지 완전히 비과세이며, 비과세 예탁금 한도 3,000만 원과는 별도다. 따라서 출자금까지 활용하면 최대 4,000만 원까지 비과세 혜택을 받을 수 있는 것이다.

배당비율도 시중 은행 정기예금 금리보다 높은 수준이다. 2011년 결산을 통한 2012년 3월 배당 시 배당비율은 4.66%였다. 예를 들어 신협 조합원이 1,000만 원을 출자했을 경우 총 46만 6,000원을 배당금으로 받게 되며, 세금도 없다. 1,000만 원으로 금리가 3.99%인 시중 은행 정기예금에 가입했을 경우 이자소득인 33만 7,554원보다

세금우대 관련 저축상품

	세금우대	생계형비과세	세금우대 예탁금
대상	일반인	만 60세 이상 노인 장애인, 생계곤란자	조합원
한도액	일반인 – 1,000만 원 60세 이상 등 – 3,000만 원	3,000만 원	3,000만 원
취급기관	전 금융기관	전 금융기관	상호협동조합
세율	소득세 9% 농어촌특별세 0.5%	완전비과세	농어촌특별세 1.4%

38%(12만 8,446원)나 높은 수준이다.

고객 입장에서는 '꿩 먹고 알 먹고'의 기회가 될 수 있다. 혹시 신협과 같은 상호금융에 대해 불안감을 가질 수도 있을 것이다. 하지만 시중 은행과 마찬가지로 거래하던 조합이 파산하면 1인당 5,000만 원까지 예금보장을 해준다. 신협법에 따라 신협중앙회 예금자보호 기금에서 예금보장을 해주기 때문이다. 이런 장점 때문에 고액 자산가들은 종종 자녀에 대한 증여 수단으로 비과세 예금을 활용하곤 한다.

예적금 이자 계산법

적금에 가입할 때도 세후수익률을 기준으로 실제 이자수령액을 따져보는 것이 좋다. 적금은 재테크의 기본 상품이지만 실제로 나중에 얼마만큼의 이자를 받는지에 대해서는 제대로 모르는 고객들도 있는 것이 현실이다. 예를 들어 연 6% 금리를 주는 적금상품이 있다고 하자. 매달 100만 원씩 1년간 적금에 납입했을 때 최종적으로 내가 손에 쥐는 금액은 얼마일까?

1) 72만 원   2) 36만 원   3) 32만 9,940원

정답은 3번이다.
1번은 자신이 납입하는 원금 1,200만 원에 대해 예금처럼 금리를 계산했을 경우의 금액이다. 하지만 적금은 예금과 다르다. 첫 달에 납입한 돈에 대해서만 1년간 6%의 이자가 붙는다. 마지막 달에 넣은 100만 원에 대해서는 은행 예치기간인 한 달에 대해 연 금리의 12분의 1인 0.5%의 금리만 제공되며, 이런 식으로 평가된 이자가 36만 원이다. 평균적으로 연 3%의 이자가 붙는 방식으로 계산한 것이다.
하지만 이 또한 세금은 고려하지 않은 수치다. 15.4%의 세금을 납부하고 나면 실제로 받는 이자는 32만 9940원밖에 안 된다. 실질수익률로 따지면 2.75%에 불과한 것이다. 오랫동안 꼬박꼬박 일정 금액을 냈는데 막상 만기 시에 들어온 금리는 너무 적다는 생각이 들 수 있다. 하지만 이것이 적금상품의 현실이다. 적금은 강제저축 효과 차원에서는 매우 유용한 상품이지만 수익률 측면에서는 뭔가 아쉬움이 많은 상품이기도 하다.

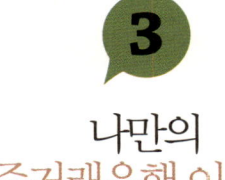

나만의
주거래은행 이용법

 많은 사람들이 다음과 같이 말한다. "은행거래를 한 곳으로 몰면 혜택을 더 받을 수 있습니다. 주거래은행을 만드세요." 일면 타당한 말이다. 은행들은 자체적으로 주거래고객에게 일정 부분 혜택을 주려고 노력한다. 내부적으로 등급을 정해 은행과 거래를 많이 하는 고객에게는 수수료 면제 등의 혜택을 제공하는 것이다. 대출을 받을 때 한도를 조금 더 높게 부여받을 수도 있다.

 고객들도 이런 인식 때문인지 대체로 한번 주거래은행을 정하면 좀처럼 다른 은행으로 이동하지 않는다. 여러 가지 불편함이 뒤따른다는 이유가 가장 클 것이다. 자주 거래하면서 지점장이나 직원들과 쌓아온 '정情'도 장애물이 될지 모른다. 하지만 주거래은행에 대한 맹신은 바람직하지 않다. 물론 무조건 불신하라는 말이 아니다. 때에 따라서는 주거래은행을 바꿀 수 있는 융통성도 필요하다는 것이다.

주거래은행을 무조건 믿지 마라

은행은 앞에서도 이야기했지만 자선단체가 아니다. 주거래은행에서 당신에게 특별대우를 해준다는 것은 그만큼 당신을 통해 이익을 볼 수 있는 소지가 많다는 판단에 따른 것임을 잊어서는 안 된다.

자영업을 하면서 주거래은행만 철석같이 믿었던 이 씨의 사례를 보자. 이 씨는 처음 자영업을 시작하면서 대출을 받았는데, 장사가 잘되자 은행 지점장이나 직원들이 자신을 VIP 대접해주는 것 같아 기분도 좋았다. 하지만 언제부터인가 사업이 기울기 시작했다. 추가대출을 받으면서 사업장소를 다른 곳으로 옮겼지만 '주거래은행을 바꾸면 단점이 많다'라는 지점장의 말에 자동차로 한 시간 거리에 있는 은행을 계속 이용했다.

그런데 어느 순간부터 지점장이 이른바 '꺾기'를 요구해왔다. 펀드나 변액보험을 들라는 것이다. 현금이 없다고 하니 마이너스통장을 만들어주기까지 했다. 그렇게 이 씨는 매달 수백만 원을 금융비용으로 지급해야 했다. 그런데도 은행측은 재무사정이 악화됐다는 이유로 만기 때마다 금리인상을 요구했다. 그러던 어느 날 이 씨는 다른 시중 은행의 직원으로부터 한 통의 전화를 받았다. 지금 가지고 있는 채무를 대환대출 해줄 테니 은행을 갈아타라는 것이었다. 더욱이 금리도 지금 수준보다 1%포인트 이상 낮춰준다고 했다. 그동안 주거래은행만 철석같이 믿어왔던 이 씨는 후회의 눈물을 흘렸다.

이 사례처럼 주거래은행을 무조건 믿기보다 때에 따라서는 과감하게 바꾸는 결단이 필요할 때가 있다. 특히 지금처럼 개인고객 영업 전쟁이 치열한 상황에서는 더욱 그렇다. 금융당국은 가계부채 문제가 한국 경제의 시한폭탄이라는 지적이 제기되자 은행들을 상대로 가계대출을 늘리지 말 것을 주문했다. 반면 갈 곳을 잃은 자금은 계속 은행으로 몰려든다. 예금금리를 3%대로 낮췄지만 돈이 끊이지 않고 계속 들어오는 것이다. 결국 은행은 이 돈을 대출로 운영해야만 수익을 낼 수 있다.

이렇게 가계대출 전체 파이는 한정된 상황에서 은행들은 수익을 내기 위해 '고객 빼오기' 전쟁을 시작한 상태다. 고객 입장에서는 더 많은 혜택을 받을 수 있을테니 즐거운 소식이라고 할 수 있다.

조금이라도 더 받고 싶다면 발품을 팔아라

예금도 마찬가지다. 무조건 주거래은행 예금상품 중에서만 선택할 필요는 없다. 은행은 자금이 부족할 경우 예금금리가 높은 특판예금 등의 캠페인을 실시한다. 이럴 경우 과감하게 다른 은행과 거래를 시도해볼 필요가 있다. 그래서 나오는 이야기가 '발품을 팔아라'라는 것이다. 안일한 마음으로 주거래은행만 믿지 말고 스스로 발품을 팔아서 자신에게 보다 유리한 조건의 상품이 있는 은행을 찾아야 한다.

더욱이 최근 주택담보 대출의 근저당 설정비를 은행이 부담하는 것으로 제도가 바뀐 만큼 주택담보 대출 만기가 되면 더 낮은 금리를 찾아 다른 은행 상품을 검토해보는 것이 바람직하다.

대출 전에 알아야 할
필수상식 I

우리 국민들이 어깨에 짊어지고 있는 빚의 무게가 1,000조 원에 달한다. 그만큼 우리나라는 대출 없이는 살기 힘든 환경이다. 20대에는 비싼 대학등록금을 내기 위해, 30대가 되면 결혼비용을 마련하기 위해 대출을 받는다. 여기서 끝이 아니다. 결혼 후에는 삶의 보금자리인 집을 장만하기 위해 대출을 받고, 비싼 자녀교육비 때문에 은행 문을 두드린다. 그야말로 지금 대한민국은 대출공화국인 셈이다.

하지만 의외로 대다수의 사람들이 예금이나 펀드에 대해서는 많은 정보를 가지고 있으면서도 대출에 관한 지식은 부족하다. 이 때문에 대출에 대해서는 대개 은행이 시키는 대로 하게 된다. 대출이 무조건 나쁜 것만은 아니다. 충분한 자산을 보유하지 못한 경우라면 대출을 통해 더 나은 삶을 일구어갈 수 있다.

문제는 자신의 능력 범위를 벗어나는 대출을 받았을 때 발생한다.

대출에 관해 첫 번째로 명심해야 할 사항은 감당할 수 없는 빚은 내지 않는다는 것이다. 반드시 대출을 받아야 하는 상황이라면 돈을 빌리기 전에 최소한 대출에 대한 정확한 이해가 필요하다. 대출에 관해 알아둬야 할 필수상식을 살펴보자.

신용대출과 담보대출

대출은 기본적으로 두 종류로 나뉜다. 대출을 해주면서 빚에 상응하는 담보를 제공하는 담보대출과 담보 없이 본인의 신용만으로 대출을 받는 신용대출이 그것이다. 담보대출은 대출을 받으면서 주택이나 토지, 예금, 적금 등을 담보로 제공하는 것이다. 은행 입장에서는 채무자가 돈을 갚지 않을 경우 담보를 활용해 대출금을 회수할 수 있다. 예를 들어 주택담보 대출을 받은 대출자가 빚을 상환하지 않으면 주택을 경매시장에서 처분해 대출금을 회수하는 것이다. 안정적인 대출인 만큼 은행에서 돈을 회수하지 못할 가능성도 낮기 때문에 당연히 신용대출에 비해 금리가 낮다.

신용대출은 대출자의 신용을 보고 돈을 빌려주는 것이다. 무담보 대출이라고 부르기도 한다. 과거 대출금을 잘 상환했는지, 신용카드 사용금액에 연체는 없는지 등 다양한 요소들을 평가한 뒤에 대출을 해준다. 신용도가 높으면 금리가 낮아지고 신용도가 낮으면 금리가 높아진다. 물론 담보대출보다는 전반적으로 금리가 높은 수준에서 책정된다. 만약 신용도가 크게 낮을 경우 은행에서 대출 자체가 이뤄지지 않을 가능성도 있다.

변동금리와 고정금리

한 푼이라도 아끼려는 대출자 입장에서 가장 관심이 가는 부분은 아마도 금리일 것이다. 일반적으로 은행에서 대출을 받을 때 대출자에게 묻는 질문 중 하나가 '금리를 변동금리로 할 것인가 고정금리로 할 것인가'다. 변동금리는 말 그대로 대출기간에 양도성예금증서와 같은 시중 금리에 연동되어 금리가 변하는 것이다. 일반적으로 은행들은 3개월에 한 번씩 대출금리를 조정한다. 반면 고정금리는 대출기간 내내 금리가 움직이지 않는다. 대출을 받을 때 정해진 금리가 계속 유지되는 것이다.

각자 장단점이 있기 때문에 두 가지 시스템 중 어느 쪽이 최선이라는 정답은 없다. 고정금리 대출의 경우 대출기간 동안 이자가 고정되어 있으므로 상환계획을 수립하기 쉽다. 하지만 통상적으로 고정금리 대출은 변동금리 대출에 비해 금리가 높다. 당장은 손해볼 수 있는 장사인 셈이다.

변동금리 대출은 시중 금리가 하락한다면 금리인하 혜택을 볼 수 있지만 금리상승기에는 이자 부담이 급격히 증가할 수 있는 문제점을 안고 있다. 전문가들은 고정금리를 선택할지, 변동금리를 선택할지 판단하는 데 가장 중요한 요소는 향후 기준금리의 방향성이라고 말한다. 당분간 기준금리가 하락할 것이라고 예상된다면 변동금리를 선택하고, 기준금리가 상승하는 추세에 있다면 고정금리를 선택하는 것이 유리하다.

최근에는 장기 고정금리 대출인 적격대출 상품이 4%대 금리로 책정되면서 적격대출을 추천하는 사람들도 늘고 있는 추세다. 기준금리가 어떻게 변동할지 예상하기 힘든 만큼 리스크를 최소화하기 위해서는 적격대출을 받는 것이 바람직하다고 판단하는 사람들이 늘고 있는 것이다. 하지만 여전히 대출고객의 80% 이상이 변동금리 대출을 선택하고 있다. 당장 눈앞의 금리가 더 낮아 보이기 때문이다. 은행 입장에서도 금리변동에 따른 리스크를 고객에 떠넘길 수 있기 때문에 변동금리 대출을 선호하는 편이다.

코픽스 연동과 CD 연동대출

변동금리의 경우 어떤 기준에 따라 금리가 변동될지를 정해야 한다. 여기서 은행들이 활용하는 대표적인 기준이 바로 코픽스와 CD다. 과거에는 CD 금리에 연동되는 대출이 대부분이었지만 CD가 시장에서 지표금리로서의 위상을 상실하면서 지금은 코픽스 연동대출이 대세다. 특히 2012년 은행권의 CD 금리담합 의혹까지 제기되면서 신규대출의 경우 CD 연동대출 상품이 사라져가는 추세다.

그렇다면 코픽스는 과연 어떤 금리일까? 일단 우리말로 표현하면 '자금조달비용지수'다. 쉽게 풀이하면 은행이 고객에게 돈을 빌려주기 위해 자금을 조달할 때 얼마의 비용(금리)이 들었는지를 지수로 표현한다는 뜻이다. CD 금리가 시장에서 왜곡될 수 있는 만큼 지난 2010년 새로운 변동금리 대출의 기준금리로 코픽스가 개발됐다.

코픽스에는 조달자금 잔액에 적용된 금리의 가중평균인 '잔액 기준 코픽스'와 신규로 조달한 자금에 적용된 금리의 가중평균인 '신규취급액 기준 코픽스'가 있다. 코픽스의 지수산출 대상이 되는 자금조달 상품에는 정기예금과 정기적금, 상호부금, 주택부금, 양도성예금증서, 환매조건부채권매도, 표지어음매출, 금융채(후순위채 및 전환사채 제외) 등이 있으며, 요구불예금과 수시 입출금식 예금은 지수산출 대상에서 제외된다. 은행연합회는 각 은행의 자금조달 총액과 가중평균 금리 등의 정보를 취합해 매월 15일에 코픽스 금리를 공시한다.

담보대출 고시금리는 대통령 금리다?

시중 은행들은 매주 담보대출 고시금리를 책정한다. 일선 영업점에서 담보대출을 실시할 경우 일종의 기준이 되는 수치다. 언론은 이를 매주 보도하고 있으며, 은행에 문의하면 수치를 얻을 수도 있다. 빚을 내려는 고객 입장에서는 어찌 보면 가장 소중한 정보인 셈이다.

글로벌 경제위기 이후 한국은행이 기준금리를 대폭 인하하면서 이 같은 고시금리도 빠른 속도로 하락했다. 이 같은 금리하락 소식이 연일 매스컴을 통해 전해지면서 빚을 내려는 사람들은 '이제는 보다 낮은 금리로 대출을 받을 수 있겠구나'라는 일말의 기대를 갖게 됐다. 하지만 이 같은 기대는 은행 창구를 찾는 순간 바로 산산조각 나기 쉽다.

고시금리를 보고 왔다고 하면 은행 창구 직원이 이렇게 말할 것이다. "은행의 고시금리는 그야말로 대통령이나 가능한 대출금리죠. 은행장이 와도 그 금리로는 대출이 힘듭니다." 이와 같은 대답이 돌아오는 이유는 고객의 재산 상태, 연봉 수준 등을 고려해 일정한 가산금리를 붙여 대출금리를 확정하기 때문이다.

최근에는 대출금리의 기준이 되는 CD 금리가 급락하면서 은행들이 수익성 확보 차원에서 과거보다 높은 가산금리를 책정하고 있다. 고시금리가 3%대라도 실제로 고객이 제시받는 대출금리는 6%가 넘는 것도 이 때문이다. 특히 은행들은 수익을 높이기 위해 다양한 항목을 만들어 가산금리를 높인다. 이 때문에 일각에서는 고시금리 무용론이 나오고 있다.

대출 전 알아야 할
필수상식 II

앞에서 대출의 종류를 알아봤다면 이번에는 보다 실무적인 사안들을 살펴보기로 하자. 먼저 대출을 받을 경우 고객은 상환 방법을 선택해야 한다. 상환 방법은 자신의 재무 상황을 고려해 결정해야 하는데, 크게 세 가지로 분류된다. 가장 많이 이용되는 형태는 바로 만기일시 상환이다. 만기일시 상환이 고객들의 사랑을 한몸에 받는 이유는 간단하다. 만기 전까지는 이자만 내면 되기 때문에 당장 대출상환 압박을 덜 받을 수 있기 때문이다.

다시 말해 만기일시 상환은 만기가 도래하기 전에는 이자만 상환하고 만기 시에 원금을 한번에 상환하는 방식이다. 일반적으로 신용담보대출은 대부분 이 방식을 따르고 있고 주택담보 대출에서도 가장 인기 있는 방식 중 하나다.

예를 들어 5,000만 원을 1년 동안 대출받았을 경우 금리가 6%라면 매달 25만 원씩만 이자를 내다가 만기일에 5,000만 원을 갚으면 된다. 당장은 이자만 내면 되기 때문에 대출금을 활용해 대출이자보다 높은 수준의 수익을 올릴 수 있을 경우 유용한 방법이 될 수 있다. 하지만 원금을 한번에 갚아야 한다는 점은 고객에게 부메랑이 되어 돌아올 수 있다. 대출 시 이자금액만 생각하고 자신의 상환 능력 범위를 벗어나는 금액을 대출받을 가능성도 높아진다.

실제로 최근 부동산 경기가 침체되면서 만기일시 상환 방식의 대출이 사회적 문제로 부각되고 있다. 과거 부동산 가격이 꾸준히 상승하던 시절에는 만기일시 상환대출을 받아 몇 년 후 집값이 크게 오르면 그 집을 팔아 대출금을 갚았다. 하지만 부동산 경기가 침체하면서 집값이 날개 없는 추락을 계속하자 만기일시 상환대출이 '폭탄'으로 변해버린 것이다. 대출을 받아 집을 샀는데, 가격이 오히려 떨어져 집을 팔아도 만기에 돌아오는 원금을 모두 갚을 수가 없기 때문이다.

만기일시 상환과 달리 대출을 받은 직후부터 원금을 꾸준히 갚아가는 방식도 있다. '원금균등 상환'과 '원리금균등 상환'이 대표적인 예다. 원금균등 상환은 대출금 총액을 대출기간으로 나눠 원금을 매달 갚아가는 방식이다. 원금총액이 매달 균등하게 줄어들면서 매달 이자금액도 조금씩 줄어든다. 일반적으로 만기일시 상환 방식과 비교해볼 때 대출기간 중에 지급하는 이자의 총액은 약 40% 정도 적다. 이자 부담이 크게 줄어드는 셈이다. 하지만 대출을 받은 직후부터 대출상환 금액이 큰 만큼 대출자에게는 부담이 될 수 있다는 단점이 있다. 또한 매달 상환하는 금액이 일정하지 않아 대출상환 계획을 짜는 데 혼선을 가져올 수 있다.

이런 연장선에서 원리금균등 상환은 계획적으로 대출을 갚는 데는 가장 쉬운 방법이다. 매달 상환하는 원금과 이자금액이 동일하기 때문이다. 1,000만 원을 1년간 금리 10%에 빌렸다면 1년간 갚아야 하는 이자는 총 100만 원이다. 이 경우 매달 갚아야 하는 금액은 1,000만 원을 12분의 1로 나눈 금액과 100만 원을 12분의 1로 나눈 금액의 합으로, 매달 91만 6,666원(83만 3,333원 + 8만 3,333원)을 갚으면 된다.

매달 통장에서 빠져나가는 돈이 일정하기 때문에 계획적으로 대출을 받아 상환하는 데 유리하다. 물론 원금균등 상환과 마찬가지로 대출 초기부터 상환 부담이 커진다는 점은 단점이다.

주택담보 대출을 받을 경우에는 '거치기간'이라는 용어도 반드시 숙지하는 것이 좋다.

거치기간에는 이자만 내면 된다. 다시 말해 원금균등 상환이나 원리금균등 상환 방식으로 주택담보 대출을 받을 때 거치기간을 설정할 수 있다. 보통 3년에서 5년을 설정하는 경우가 많다. 이럴 경우 원금 또는 원리금균등 상환을 하기 전에 거치기간 중에는 이자만 내다가 거치기간이 끝나는 시점부터 원금과 이자를 동시에 납부하면 된다.

예를 들어 3년 거치기간에 7년 원금균등 상환을 선택하게 되면 3년간은 이자만 내다가 이후 7년간 원금과 이자를 같이 나눠서 내는 방식으로, 거치기간이 끝나면 그만큼 대출상환 압박이 커진다. 거치기간 설정은 어디까지나 고객의 자금계획에 따라 결정할 문제이기는 하지만 신중하게 결정하는 것이 바람직하다.

대출을 받을 때 또 한 가지 확인해야 할 사항은 바로 '중도상환 수수료'다. 말 그대로 만기 이전에 돈을 갚았을 때 은행에 내야 하는 일종의 '벌금'이다. 돈을 빨리 갚겠다는데 왜 벌금을 물리냐고 반문하는 사람도 있겠지만 은행 입장에서는 자금운용 계획에 차질이 생기기 때문에 고객의 중도상환을 일정 부분 억제하기 위해 장벽을 세운 것이다.

중도상환 수수료는 일반적으로 대출상품 등에 따라 모두 다르지만 대출받은 후 1년 안에 모두 갚으면 2~3%, 2년 안에 갚으면 1~2%, 3년 안에 갚으면 0.5% 안팎의 수수료가 부과된다. 그렇다면 만기 전 중도상환은 반드시 나쁜 것일까? 결론부터 말하면 그렇지 않다. 혹시나 대출을 받고 난 후 목돈이 생겼는데, 이걸 예금에 넣어둔 다음에 만기 때 대출금을 갚을 때 사용해야겠다고 생각하는 사람도 있을 것이다. 이럴 경우 예금금리(물론 세후금리)와 대출금리, 중도상환 수수료 등을 꼼꼼히 따져봐야 한다.

일반적으로 대출금리가 예금금리보다 높기 때문에 예금을 넣는 것보다는 대출을 갚는 편이 유리할 수 있다. 만약 대출금리에 중도상환 수수료를 뺀 수준보다 은행의 세후 예금금리가 더 높다면 예금을 유지하는 것이 더 낫다.

은행 프리워크아웃이란

요즘 언론에 은행과 관련해 자주 등장하는 용어 중 하나가 프리워크아웃이다. 각종 논란으로 고객의 신뢰를 잃어가는 은행들이 고객 편에 서겠다며 내세운 제도 중 하나다. 당연히 고객 입장에서는 잘 쓰면 '약'이 될 수 있다. 프리워크아웃은 부실 가능성이 있거나 단기연체를 하는 채무자에 대해 만기연장과 연체이자 감면 등을 통해 정상화를 유도하고 회생 기회를 주는 제도다. 은행들이 자체적으로 고객들이 채무불이행자(옛 신용불량자)로 전락하는 것을 막기 위해 사전에 완충지대를 제공하는 것이다. 여기에 해당되는 주요 대상은 곧 만기가 도래하는 만기일시 상환대출 고객이다. 원금을 한꺼번에 갚을 여력이 안 될 경우 은행과 협의해 10년 원금균등 상환대출로 전환하는 것이다.

프리워크아웃을 가장 활발하게 진행하고 있는 곳은 국민은행이다. 국민은행은 부실 가능성이 높거나 단기연체를 하는 대출자가 채무조정을 신청하면 금리를 조정해주고 10년 원금균등 상환으로 대출을 전환해준다. 연체자의 경우에도 일반적으로 10% 후반대인 연체이자보다 낮은 10%대 초반대 이자로 장기분할 상환을 할 수 있게 된다. 예를 들어 2,000만 원 신용대출을 한 A씨가 연체를 하면 금리 18%가 적용돼 매달 30만 원씩 이자를 부담해야 한다. 물론 원금상환 부담은 그대로 남아 있다. 하지만 채무조정 프로그램을 신청하면 10년 만기 원금균등 상환으로 전환된다. 이자는 14.5%로 낮아져 매달 이자 부담은 24만 1,666원으로 줄어들고 원금은 매달 16만 6,666원씩 갚으면 된다.

특히 국민은행은 채무조정을 신청한 대출자가 1년간 성실하게 원리금을 갚으면 이를 금리가 훨씬 낮은 '새희망홀씨' 대출로 전환해주기로 했다. 새희망홀씨 대출로 전환되면 금리가 11% 수준으로 낮아지는 한편 '정상계좌'로 전환돼 국민은행과 다른 거래도 정상적으로 진행할 수 있다. 하지만 일각에서는 은행들의 프리워크아웃 제도가 채무자의 도덕적 해이를 부추길 가능성이 높다는 우려도 나오고 있다.

담보가 없다면
신용이 최후의 무기가 될까

누구에게나 예상치 못한 급전이 필요한 상황이 닥칠 수 있다. 이때 여유자금이 없다면 결국 대출을 받는 방법밖에 없다. 만약 금리를 최대한으로 낮추려면 담보대출이 최선이다. 하지만 이미 담보대출 한도가 넘었거나 부동산과 같은 담보가 없다면 결국 신용대출로 눈을 돌려야 한다. 많은 직장인들이 신용대출 시장의 문을 두드리는 이유다.

신용대출과 마이너스 통장

직장인들이 은행권에서 담보 없이 대출을 받는 가장 대표적인 방식은 신용대출과 마이너스 통장 사용이다. 마이너스 통장은 직장인들에게 가장 친숙한 대출 형식이다. 마이너스 통장은 매달 들어오는 월급을 담보로 은행이 제공하는 대출 혜택이라고 생각하면 된다. 이 때문에 대부분 급여통장만 마이너스 통장으로 만들 수 있도록 제한되며, 한도는 개인의 신용등급 등에 따라 결정된다.

　마이너스 통장의 가장 큰 장점은 편리함이다. 사전에 은행에서 부여한 한도까지는 통장에 마치 자기 돈이 있는 것처럼 편리하게 사용할 수 있다. 마이너스 통장을 만든다고 해서 무조건 대출을 받는 것도 아니다. 일부 직장인들은 마이너스 통장을 만들면 이자를 내야 한다고 착각하는 경우도 있는데, 계좌잔액이 마이너스가 아니라면 전혀 이자를 낼 필요가 없다. 잔액이 마이너스가 되면 나중에 원금과 이자가 통장에서 빠져나간다. 하지만 마이너스 통장의 한도만큼은 이미 대출이 있는 것으로 간주돼 나중에 다른 대출을 추가로 받으려 할 경우 마이너스 통장 한도만큼 총 대출금액이 줄어들 수 있다는 점은 유의해야 한다.

　마이너스 통장 이외에 직장인이 담보 없이 대출을 받으려면 신용대출을 이용해야 한다. 신용대출은 자신의 신용을 담보로 일정액을 한번에 대출받아 차후 상환하는 형태로 이뤄진다. 신용대출의 금리는 주로 개인의 신용등급에 따라 결정되며 해당 은행과의 거래실적 등에 따라 우대금리를 제공받을 수 있다.

　금리 면에서 두 가지 대출 방식을 비교해보면 대출금리는 마이너스 통장이 더 높다. 금융감독원 통계에 따르면 시중 은행 마이너스 통장 평균 대출금리는 신용대출 평균 대출금리보다 시중 은행이 1%포인트 내외, 지방 은행이 3%포인트 내외 수준까지 높았다. 이는 은행들이 마이너스 통장 금리를 산정할 때 건별 신용대출 금리에 일정 수준 가산금리를 부과하기 때문이다.

이 때문에 편리성 면에서는 마이너스 통장, 금리 면에서는 신용대출이 유리하다는 것이 일반적인 평가다. 그렇다면 금액적으로 마이너스통장 방식 대출이 항상 불리한 걸까? 은행 전문가들의 답은 '그렇지 않다'이다. 매달 들어오는 월급에서 생활비를 제외하고 여유자금이 많이 남는 직장인이라면 마이너스 통장이 더 유리할 수 있기 때문이다.

예를 들어 직장인 A씨가 1,000만 원을 대출받으려고 한다. 은행 창구를 찾아 문의한 결과 신용대출 시 금리는 6.8%, 마이너스 통장 금리는 7.5%다. 이때 A씨 마이너스 통장에 여유자금 100만 원이 들어와 대출액수가 900만 원 수준을 유지한다면 한 달 이자는 5만 6,250원이다. 이는 신용대출을 1,000만 원 받았을 때 한 달 이자인 5만 6,666원보다 적은 금액이다.

1년 뒤 여유자금이 생기는 직장인이라면 신용대출이, 매달 월급에서 일정 부분 여유자금이 생기는 직장인이라면 마이너스 대출이 유리하다는 것이 전문가들의 조언이다.

카드론과 현금서비스

은행권 신용대출이 어렵다면 대안으로 '카드론'이나 '현금서비스'를 고려해볼 수 있다. 물론 이자가 은행권 신용대출의 두 배 내외 수준이라는 것은 사전에 명심해야 한다. 한번 쓰기 시작하면 쉽게 끊지 못하는 만큼 애시당초 이용하지 않는 것이 좋지만 부득이한 경우 현명하게 계획을 세워 대출을 받는 것이 좋다. 카드론이나 현금서비스 모두 신용카드회사로부터 신용을 바탕으로 돈을 빌린다는 점에서는 동일하지만 사용자에 따라 조금씩 차이가 있는 만큼 자신에게 어떤 서비스가 더 유용한지 사전에 점검해볼 필요가 있다.

금리부터 비교해보면 일반적으로 카드론이 현금서비스보다 금리가 좀 더 낮다. 국내 대표 카드회사인 신한카드의 경우 현금서비스 이자율이 7.89~28.19%, 카드론 이자율이 7.80~24.90%로 이자율 최고치 기준으로 카드론이 현금서비스보다 3%포인트 이상 낮다. 다른 카드회사들도 이와 유사한 이자율을 적용하고 있다. 실제로 자신의 신용도에 따라 적용되는 금리도 카드론이 더 낮은 경우가 대부분이다.

두 상품의 가장 큰 차이는 대출금의 상환 방식이다. 현금서비스를 이용했을 경우에는 돌아오는 결제일에 전액을 상환해야 하지만 카드론은 수개월에서 수십 개월까지 나누어 상환이 가능하다.

과거에는 두 상품의 이용 방법에서도 큰 차이가 있었다. 현금서비스는 현금지급기에서 바로 돈을 찾아 쓸 수 있는 반면 카드론은 대부분 지점을 방문하거나 ARS 등의 절차를 거쳐야 했다. 하지만 최근에는 카드론도 현금지급기를 통해 바로 돈을 인출할 있는 방식으로 개선되고 있어 편리성에서는 두 상품이 큰 차이가 없다.

전문가들은 소액을 짧은 기간 사용할 때는 현금서비스가 유리하다고 평가한다. 굳이 상환기간을 길게 잡아 이자를 계속 부담할 필요가 없기 때문이다. 반면 목돈을 오랫동안 사용할 때는 카드론이 더 유리하다고 볼 수 있다.

하지만 카드론이나 현금서비스 모두 자주 사용할 경우 신용등급에 악영향을 줄 수 있다는 점은 명심해야 한다. 카드론, 현금서비스 등 카드회사 현금대출을 자주 사용하면 정작 필요할 때 은행에서 돈을 빌리기가 힘들어질 수 있다는 점도 유의하자.

은행에서 담보 없이 돈을 빌리려면?
마이너스통장 – 매달 월급에서 여유자금이 남는 고객에게 유리하다.
신용대출 – 일정 기간이 지나고 목돈이 들어오는 직장인들이 이용한다.

카드회사에서 담보 없이 돈을 빌리려면?
카드론 – 목돈을 오랜 기간 사용하려 할 때 유리하다.
현금서비스 – 짧은 기간 사용할 소액을 대출할 때 유리하다.

환전에도
기술이 필요하다

비행기를 타는 일이 일생일대의 대사건이었던 시절이 있었다. 하지만 지금은 시대가 변했다. 휴가철이면 인천공항을 이용하는 하루 이용객이 10만 명을 넘는다. 그만큼 휴가나 출장 때문에 비행기를 타고 해외로 나가는 사람들이 크게 늘어난 것이다.

해외에 나갈 때 반드시 거쳐야 하는 통과의례 중 하나가 바로 '환전'이다. 그런데 환전이란 것이 일상적인 금융거래가 아니다 보니 대부분 사람들이 크게 관심을 두지 않는다. 그 결과 인천공항이나 김포공항의 은행 지점이나 출장소에는 환전은 으레 공항에서 하는 일이란 안일한 생각을 하는 사람들이 줄지어 서 있는 모습이 연출되곤 한다.

환전으로도 재테크가 가능하다
하지만 금융기관을 현명하게 이용하는 재테크족이라면 환전에도 노하우를 키울 필요가 있다. 잘만 하면 한 끼 식사 값이나 여행 기간 팁 정도는 아낄 수 있기 때문이다. 우선 명심해야 할 사항이 공항에서는 환전을 하지 않는다는 원칙을 세울 필요가 있다. 공항 지점 은행은 환전수수료가 일반 시중 은행보다 비싸기 때문이다.

이유는 간단한다. 일단 공항에서는 대부분의 고객이 1년에 한두 번 스쳐가는 사람들일 뿐 단골고객이 없다. 당연히 단골을 위한 혜택이 없으므로 환전수수료가 비쌀 수밖에 없다. 더욱이 공항측은 공항 내에 입점하는 점포들의 임대료를 높게 책정한다. 서로 공항에 입점하려고 하다 보니 아무리 임대료가 비싸도 빈 점포가 없다. 이런 높은 영업비용은 결국 고객의 부담으로 이어진다. 실제로 대다수 공항 지점 은행들은 높은 환전수수료를 받아도 적자라고 한다.

또한 공항이 대부분 외부와 단절된 구역에 위치하는 만큼 공항에 위치한 은행들은 독과점적 지위를 누린다. 해외에서 직접 환전을 할 계획이 아니라면 사실상 환전을 할 수 있는 마지막 창구가 공항 지점 은행인 것이다. 환전수수료를 비싸게 받아도 고객은 울며 겨자 먹기로 환전을 할 수밖에 없다.

부득이한 경우에는 미리 인터넷을 통해 환전예약을 하고 공항 지점 은행에서 외화를 찾아가는 인터넷 환전서비스를 이용해보자. 이럴 경우 환율수수료 우대 혜택을 받을 수 있다.

여행이나 출장 전, 일반 시중 은행 점포를 이용할 때도 노하우가 필요하다. 일단 주거래은행을 찾아가는 것이 바람직하다. 대다수 은행들이 단골고객들에게는 환전수수료를 깎아주는 정책을 시행하고 있기 때문이다. 고객등급이나 사용하는 신용카드 이용금액 등에 따라 환전 수수료가 크게 내려간다. 대부분 30~50%까지, 최대 70%까지도 인하 혜택을 받을 수 있다.

만약 30%만 깎아준다고 하면 이렇게 말해보자. "다른 은행에서는 40% 해준다고 하던데요." 아마 그 직원은 40%까지 환전수수료를 깎아줄 가능성이 높다. 은행에 아는 직원이 있다면 그곳을 찾아가는 것도 한 방법이다. 은행이 자사 직원들에게만 제공하는 환율수수료 우대혜택을 받을 수도 있기 때문이다.

동전을 활용하라!

약간의 불편이 따르지만 환전비용을 크게 낮추는 방법도 있다. 바로 동전으로 환전을 해가는 것이다. 동전으로 환전을 하면 지폐로 환전했을 때보다 최대 30% 더 많은 외화를 손에 쥘 수 있다. 은행들이 동전으로 환전을 할 경우에는 파격적인 가격을 책정하고 있기 때문이다.

이유는 은행들이 외국 동전을 싸게 매입하기 때문이다. 은행들은 외국 동전의 경우 지폐에 비해 거의 반값으로 매입하는데, 동전을 구입해도 국내에서 마땅한 수요처가 없어 다시 외국으로 보내야 하기 때문이다. 동전을 외국으로 되보내는 물류비 때문에 한국에 있는 동전가격이 떨어진다는 이야기다. 은행 입장에서는 차라리 일정 마진을 붙여 고객에게 동전을 되파는 것이 나은 셈이다.

참고로 동전으로 환전하고자 할 경우 사전에 지점에 전화를 걸어 해당 지점이 동전을 충분히 보유하고 있는지 여부를 먼저 확인할 필요가 있다는 점도 알아두자.

　이제는 현지에 도착한 이후에 할 일을 살펴보자. 눈치 빠른 독자라면 이미 짐작했겠지만 동전은 최대한 모두 쓰고 오는 것이 현명하다. 앞에서도 언급했듯이 동전을 들고 귀국해도 은행들이 이를 거의 반값에 매입하기 때문이다. 여행 마지막 날이라면 호텔이나 음식점의 팁을 최대한 남아 있는 동전으로 해결하는 것이 바람직하다. 기념품 용도라면 몰라도 특히 달러, 유로가 아닌 통화는 환전에서 더 손해를 볼 수 있으니 유념하자.

　또 우리나라에서 기준환율 고시가 안 돼 은행에서 환전이 안 되는 돈들도 있다. 아프리카나 아시아 일부 국가 등 주로 제3세계 국가 화폐가 이에 해당한다. 이들 나라 화폐는 국내 은행에서 바꿀 수 있는 방법이 극히 제한돼 있어 가능한 한 현지에서 모두 소진하는 것이 좋다. 만약 불가피하게 돈이 남는다면 반드시 현지에서 달러로 되바꿔 와야 국내에서 다시 환전을 할 수 있다.

기러기 아빠라면 적립식 펀드처럼 외화를 분할매수하라

우리나라는 해외 어느 나라보다도 환율변동성이 큰 나라 중 하나다. 그만큼 환율이 출렁거릴 때가 많다. 이런 맥락에서 환율이 가장 낮을 때 달러를 사면 좋겠지만 현실에서는 불가능하다. 신마저도 정확히 맞히기 어려운 것이 환율이라고 하지 않던가. 그래서 모든 금융 전문가들은 기러기 아빠들에게 외화분할 매수를 추천한다. 해외에 있는 가족들에게 항상 생활비, 등록금 등으로 목돈을 보내야 하는 수요가 있는 만큼 평소 틈틈이 달러를 분할매수하라는 것이다. 적금을 붓듯이 외화를 사모으는 것이다. 적립식 펀드처럼 환율이 높을 때는 외화를 조금만 사고 환율이 낮을 때는 좀 더 구입해 평균 매입단가를 낮출 수 있다. 기러기 아빠라면 환율이 높을 때 어쩔 수 없이 급하게 환전하기보다는 평소부터 외화통장을 만들어놓는 것이 바람직하다는 얘기다.

외화통장 이야기가 나왔으니 한마디 덧붙이자면 일반 사람들도 외화통장 하나쯤은 있는 것이 좋다. 해외여행이나 출장을 다녀온 후 외화를 무조건 환전하기보다는 외화통장에 예치하는 것이다. 소액으로도 통장을 만들 수 있다. 다음에 다시 해외로 나갈 때 환전수수료까지 내며 환전할 필요가 없을뿐더러 소액이지만 이자도 받을 수 있다.

새내기 직장인의 금융필수품, 급여통장

지난 2010년 현대건설을 인수하기 위해 현대자동차 그룹과 현대그룹의 한판 승부가 벌어졌다. 현대건설이 과거 현대그룹의 모기업이라는 상징성까지 더해져 양측은 피 말리는 접전을 펼쳤다. 1차전 승자는 현대그룹이었다(물론 나중에는 결국 현대자동차 그룹에 넘어갔지만 말이다).

이때 현대건설 매각의 실무를 담당했던 곳은 현대건설의 주채권은행이었던 외환은행이었다. 당시 현대건설을 빼앗긴 현대자동차 그룹은 외환은행이 불공정하게 매각절차를 진행했다며 외환은행에 대한 반격을 준비했다. 바로 급여계좌를 외환은행에서 다른 은행으로 바꾸겠다는 '엄포'였다. 도대체 급여계좌가 무엇이기에 현대자동차 그룹이 이를 공격수단으로 삼았고, 외환은행은 이런 현대자동차 그룹의 행태에 크게 당황했던 것일까?

은행 영업의 1순위, 급여계좌 유치

급여통장은 일반적으로 직장인들이 매달 자동이체를 통해 월급을 받아가는 통장을 말한다. 은행들이 이 급여통장을 탐내는 이유는 간단하다. 급여통장을 개설한 은행을 고객이 주거래은행으로 삼을 가능성이 높기 때문이다. 공과금, 휴대전화 요금 납부 등 각종 거래가 급여계좌를 통해 이뤄지면서 고객에게 가장 친밀한 은행이 되는 것이다. 이뿐 아니라 카드, 펀드가입, 대출 등 각종 금융거래에서 유리한 고지에 이를 수 있으며, 고객의 충성도가 높아진다.

이 때문에 은행들은 급여계좌 유치를 영업의 1순위로 꼽는다. 기업에 대출을 실행할 경우 직원들의 급여이체를 조건으로 내걸기까지 한다. 이처럼 은행 입장에서는 급여통장이 중요한 가치가 있는 만큼 여기에 많은 혜택을 담는데, 각종 수수료 면제는 물론 일반 수시 입출금 통장보다 훨씬 높은 금리를 제공한다. 고객 입장에서는 급여통장을 도외시한다면 재테크의 기본이 부족한 것이다.

우선 급여통장의 최대 강점 중 하나는 수시 입출금통장임에도 높은 금리 혜택을 부여한다는 것이다. 일반 수시 입출금통장 금리는 연 0.1~0.2%에 불과하지만 급여통장은 3~4% 이자를 지급한다. 하지만 상품마다 특별히 금리를 우대해주는 잔액구간이 있거나 이자지급을 할 때 선입선출 방식을 적용하는 '함정'도 있기 때문에 고객 입장에서는 각 상품에 대한 꼼꼼한 검토가 선행돼야 한다.

국민은행 'KB스타트 통장'은 연 4%(잔액 100만 원 이하) 금리를 제공한다. 대신 100만 원을 초과한 금액에 대해서는 연 0.1%의 기본금리만 적용된다. 신협도 소액예금에 이자를 더 주는 '불어나 예탁금'을 판매하고 있다. 100만 원 이하 소액에 대해서는 연 최고 3%의 이자를 지급한다. 각종 자동이체를 신청하면 건당 발생하는 수수료 수익의 일부를 조합원에게 돌려주는 '캐시백 서비스'까지 제공하기 때문에 실질적으로 고객이 누리는 금리는 더 올라갈 수 있다. 공과금이나 휴대전화 요금 등을 제하고 항상 급여통장에 100만 원 이하 소액이 남는 고객이라면 금리 면에서 가장 유리한 상품이다.

급여통장 평균잔액이 100만 원 이상이라면 하나은행 '빅팟슈퍼급여통장'이나 우리은행 '우리급여통장'을 눈여겨볼 필요가 있다. 빅팟슈퍼급여통장은 잔액이 50만 원 초과 200만 원 이하일 때 연 3.0% 금리를 제공하며, 우리급여통장은 잔액 100만 원 초과분 전액에 대해 연 2.2% 금리를 적용하고 있다.

자신이 직접 잔액구간을 설정할 수 있는 상품도 있다. 기업은행 'IBK급여통장'은 소액예금자를 우대하는 역발상 상품으로 잔액을 50만 원 이하로 설정하면 해당 금액에 대해 3.2%로 높은 금리를 지급한다. 잔액구간을 50만 원 초과, 500만 원 이하로 설정하면 해당 구간 내 금액에는 1.7%, 500만 원 초과, 2,000만 원 이하로 설정하면 2.4% 금리를 제공한다.

한국씨티은행 '참똑똑한A$^+$통장'은 연 3.3%의 높은 금리를 제공하지만 매월 월급이 대부분 소진되는 구조라면 고객에게 불리할 수 있다. 예치기간이 1~30일이면 연 0.1% 금리만 제공되고 31일 이상이어야 연 3.3% 이자율을 적용받을 수 있기 때문이다.

수수료를 아낄 수 있는 방법을 찾아라

급여통장의 또 다른 매력은 바로 수수료 면제 혜택에 있다. 목돈은 아니지만 가랑비 젖듯이 고객의 주머니를 얇게 만드는 수수료를 아끼는 것도 재테크의 첫걸음이다. 대다수 급여통장들이 인터넷, 스마트폰, 모바일, 현금자동지급기ATM 등을 통한 자행이체·인출 등에 부과되는 수수료를 면제해주고 있다. 타행 현금자동지급기 등의 사용까지 수수료를 받지 않는 사례도 있다.

신한은행 '신한직장인통장'은 타행 현금자동지급기 현금인출 수수료(월 5회)와 당행 현금자동지급기를 통한 타행이체 수수료 면제 서비스(월 10회)도 제공한다. 아울러 급여이체 고객에게는 목돈 마련을 위한 '신한직장인적금'가입 시 연 0.5% 금리를 우대해준다.

IBK급여통장은 일정 조건을 만족하면 모든 시중 은행의 현금자동지급기 수수료를 면제해준다. 또한 세 건 이상 자동이체 시 타행출금 수수료를 무제한 면제해준다. '참똑똑한A$^+$통장'도 타행 현금자동지급기를 통한 출금과 이체수수료를 월 8회까지 무료로 제공한다.

가정주부도 급여통장 만들 수 있다?

직장인만 급여통장을 만들 수 있는 것은 아니다. 가정주부도 급여통장을 만들어 이득을 볼 수 있는 방법이 있다. 한 사례를 보자.

전업주부로서 집에서 자녀를 양육하고 있는 김선미 씨는 남편에게 매달 생활비를 받아 생활하고 있다. 김 씨는 그동안 은행과 거래하면서 항상 수수료에 대한 부담을 느껴왔다. 친구들 모임 회비로 돈을 이체할 때나 급하게 현금을 찾기 위해 은행 현금자동지급기를 사용할 때에도 1,000원에 달하는 수수료를 지급해야 했기 때문이다. 또한 수시 입출금통장을 사용하다 보니 금리도 연 0.1%에 불과했다.

이렇게 직장이 없어 월급을 받지 못하는 주부들은 직장인 급여통장의 '빵빵한' 혜택을 마냥 부러워할 수밖에 없는 것일까? 우선 답부터 말하면 '노(NO)'다. 직장에서 매달 정기적으로 월급을 받지 않는 고객이라도 은행에서 급여통장을 만들 수 있기 때문이다. 물론 정상적인 방법이라기보다는 편법에 가깝다.

대다수 은행들의 급여통장 방식은 은행과의 계약에 의해 직원계좌에 급여가 이체되는 식이지만 다른 방식도 가능하다. 개인이 급여이체 날짜를 지정해놓고 전후 1영업일에 50~70만 원 이상을 매달 입금

똑똑한 급여통장에는 어떤 것이 있을까

은행	상품	특징
신한은행	직장인통장	각종 전자금융 수수료 면제, 현금자동지급기 인출·송금수수료 면제, 타행 현금자동지급기 인출수수료 면제, 육아휴직 때도 수수료 면제 혜택 6개월 유지
기업은행	IBK급여통장	전자금융 수수료·현금자동지급기 수수료 면제, 일정 요건 충족 시 모든 은행 현금자동지급기 출금수수료 면제
우리은행	우리급여통장	인터넷·전화·모바일뱅킹 이체수수료 매달 30회씩 면제
한국씨티은행	참좋은수수료제로통장	50~200만 원에 연 4% 금리 적용, 50만 원 미만 연 0.1%, 200만 원 이상 연 2%
국민은행	KB스타트 통장	100만 원 이하 금액에 연 4%, 100만 원 초과금액에 연 0.1% 금리 적용
하나은행	빅팟슈퍼급여통장	50~200만 원에 연 3% 금리
산업은행	KDB드림자산관리	기본이율 연 0.2%, 상황에 맞게 우대이율 적용구간 선택 가능

하면 은행은 이를 급여이체 통장으로 인정해준다. 이 규정을 활용하면 직장이 없어도 급여통장을 만들 수 있다. 물론 계좌이체를 할 때 급여, 월급, 상여 등의 문구를 반드시 삽입해야 한다는 점을 유념하자.

주부 김 씨도 매달 남편이 50만 원 이상을 급여라는 문구로 계좌이체를 해주면 급여통장을 만들 수 있는 것이다. 수수료 면제는 물론 3~4%의 높은 금리를 받을 수 있는데 주저할 필요가 있을까.

석 달 후에 쓸 목돈은
어떻게 운용할까

사례 1 두 달 후 딸을 시집보내야 하는 김 씨는 고민이 하나 있다. 결혼식에 사용하기 위해 보유하고 있는 목돈을 두 달간 그냥 은행 수시입출금계좌에 두기에는 너무 금리가 낮아 아쉬움이 남는다. 정기예금과 같은 1년 단위 상품은 당연히 논외의 대상이다. 잠시만 목돈을 넣어둘 만한 데가 없을까?

사례 2 유럽 재정위기 등으로 주식시장이 계속 불안하다. 투자자 박씨는 좀 더 때를 기다리기로 했다. 당분간은 주식투자를 접고 관망모드를 택한 것이다. 그렇다고 마냥 돈을 쉬게 할 수는 없는 노릇이다. 박 씨가 단기 자금운용에 적합한 금융상품을 찾는 이유다.

잠은 토막잠이 맛있다고들 한다. 하지만 금융에서는 단기상품은 찬밥이다. 잠시만 돈을 맡겼다가 금방 돈을 빼가기 때문에 은행 입장에서는 이런 자금은 제대로 운용하기가 힘들다. 은행들이 단기예금에 높은 이자를 주지 않는 이유다. 그렇다고 서랍에 넣어놓자니 왠지 손해를 보는 기분이다. 짧은 기간이나마 금리는 금리대로 챙기고, 인출은 수시로 할 수 있는 상품들은 없을까?

은행권 대표 단기상품에는 어떤 것이 있을까

수시 입출금식 예금 중 가장 높은 금리를 주는 상품은 KDB산업은행의 'KDB다이렉트 하이어카운트'로 연 3.25%(2012년 말 기준) 금리를 제공한다. 시중 은행들이 대다수 수시 입출금식 예금에 1%에도 못 미치는 이자를 주는 관행과 비교하면 파격적인 금리다. 이 상품이 출시되자마자 소위 '재테크 고수'들의 필수상품이 된 것도 바로 이 때문이다. 하지만 가입신청을 인터넷으로 해야 하고, 수도권이나 광역시에서만 가입할 수 있다는 단점이 있다.

KDB산업은행은 KDB다이렉트 하이어카운트가 공전의 히트를 치자 오프라인 영업점에서 판매하는 '드림어카운트'도 선보였다. 마찬가지로 수시 입출금식 예금이며 금리는 연 2.5%다.

이 밖에 한국씨티은행의 '참똑똑한 A⁺통장'도 눈여겨볼 만한 상품이다. 수시 입출금식 예금으로 예치기간이 한 달 이내면 연 0.1%, 예치기간이 한 달 이상이면 연 3.3% 금리를 제공한다. 회전형 상품도 단기로 자금을 운용하려는 고객들에게 적합한 상품이다.

우리은행이 내놓은 '키위정기예금'은 1개월 이상 2개월 미만이면 2.75%, 2개월 이상 3개월 미만이면 2.95% 금리를 지급한다. 월이자 지급식은 여기서 0.1%포인트가 깎인다. 3~6개월은 3.15%, 6~12개월은 3.35%로 회전형 상품이 가능하다는 것이 특징이다. 만약 3개월 예치기간을 정했다가 만기가 지나면 자동으로 6개월로 연장되는 것이다.

농협은행 'NH월츠회전예금2'는 시중 실세금리를 반영해 1~12개월 중 월단위로 회전주기를 정할 수 있다. 중도해지를 하더라도 회전주기 경과분에 대해서는 당초 약정금리가 적용된다.

국민은행 'KB국민UP정기예금'은 1개월 단위로 이율이 상승하는 계단식 구조로 짜인 상품이다. 예치기간 1개월이 지나면 분할인출 서비스도 제공해 단기자금을 운용하는 데 편리하다.

목돈은 통지예금을 활용하자

1억 원 이상 목돈이 있다면 스탠다드차타드은행 '원화통지예금'을 활용할 만하다. 마땅한 투자처를 찾지 못한 자금을 임시로 넣어두기에 적절하다. 통지예금은 예금주가 미리 예금을 인출할 시기를 은행측에 알려주는 예금을 말한다. 주로 외화예금 상품이 대부분이지만 스탠다드차타드은행에는 원화로도 상품을 구성해 내놓고 있다.

기간과 상관없이 2~5영업일 이전에만 예금인출 사실을 미리 알려주면 연 2.8% 금리가 적용된다. 미리 고지만 한다면 일반 수시 입출금식 예금보다 훨씬 높은 금리를 받을 수 있어 투자처를 찾지 못한 자금을 '임시 파킹'하는 장소로 활용하기 좋다. 다만 일별 잔액 1억 원 이상에만 해당되며, 사전예약 없이 출금하게 되면 예금잔액에 상관없이 연 0.1% 금리가 적용된다.

10일 단위로 예치기간을 쪼갠다면 '표지어음' 상품도 눈여겨볼 만

하다. 표지어음은 금융사가 기업이 발행한 채권을 사들인 뒤 이 채권을 근거로 별도 상품을 만들어 투자자에게 판매하는 상품이다. 시중 은행에서도 판매하고 있지만 금리 수준은 저축은행이 훨씬 유리하다.

아주저축은행은 연 3~4%대 표지어음을 내놓고 있다. 특히 10일만 예치하더라도 연 3%대 금리를 받을 수 있다. 10~60일은 3%, 61~90일은 3.4%, 91~120일은 3.6%, 121~180일은 4% 금리가 적용된다. 게다가 예금자보호법에 따라 최고 5,000만 원까지 예금보호가 되기 때문에 상대적으로 안전하며, 최소 가입금액은 500만 원이다. 일부 시중 은행에서 판매하는 표지어음 상품은 30일 이상 예치해야 가입할 수 있고, 이들 은행이 판매하는 정기예금 상품 금리와도 별반 차이가 없다.

서민이라면
맞춤형 상품을 노려라

신용등급이 5등급 이하이거나 연소득이 4,000만 원이 안 된다면 기대하지 못한 금리로 대출을 받을 수 있는 길이 열릴 수도 있으니 이번 장을 주목하자. 아직 홍보 부족으로 크게 활성화되지는 않았지만 은행 문턱을 넘기 힘든 저신용·저소득자들을 위한 전용상품들이 생각보다 많다. 글로벌 경제위기로 서민들의 삶이 더욱 팍팍해지고 금융권의 사회공헌 필요성이 커지면서 정부와 금융기관들이 서민 전용 상품들을 대거 출시했기 때문이다.

하지만 상품의 종류가 많고 조건이 다양하다 보니 자신에게 맞는 상품을 찾기가 쉽지 않다. 이번 장에서는 '서민금융 3총사'로 불리는 새희망홀씨, 햇살론, 미소금융에 대해 알아보기로 하자.

서민 금리 낮춰주는 새희망홀씨

우선 새희망홀씨부터 살펴보자. 새희망홀씨는 시중 은행들이 서민들을 위해 지난 2010년에 선보인 상품이다. 과거 은행을 이용하기 어려웠던 서민층을 상대로 은행들이 제2금융권보다 낮은 금리로 대출을 해줌으로써 서민들의 금리 부담을 줄여주겠다는 취지로 탄생했다. 국민, 우리, 신한, 하나, 기업, 외환, 한국씨티, 스탠다드차타드 등 국내 16개 시중 은행에서 새희망홀씨 대출을 실시하고 있다.

대상은 신용등급 5등급 이하로 연소득이 4,000만 원 이하이거나 신용등급과 관계없이 연소득이 3,000만 원 이하인 사람이다. 신용등급은 개별은행이 산정한 자체 신용등급이 아니라 나이스신용평가정보 등과 같은 신용평가 회사의 평가기준을 따른다. 다만 3개월 이상 연체자이거나 세금 및 과태료 체납 사실이 공공기관에 등재된 사람, 해외 체류자 등은 대출 대상에서 제외된다. 생계자금 등으로 대출을 받을 수 있으며, 대출한도는 최대 2,000만 원까지다. 실제 대출금은 소득 수준과 기존 대출금 규모 등을 고려해 은행 창구에서 최종적으로 결정된다.

대출금리는 은행마다 조금씩 차이가 있지만 평균적으로 11~14% 수준이다. 카드 현금서비스, 저축은행 등에서 신용대출을 받을 경우 금리가 20~30% 수준임을 감안하면 상대적으로 낮은 금리로 대출을 받을 수 있는 상품이다.

일단 새희망홀씨 대출을 받기로 했다면 여러 은행의 문을 두드려볼 필요가 있다. 은행마다 조금씩 금리나 대출 규모가 다를 수 있기 때문이다. 이럴 경우 일단은 주거래은행을 찾는 것이 바람직하다. 과거 금융거래 실적이 있다면 아무래도 우대형 금리를 적용받을 수도 있을 것이다. 새희망홀씨의 가장 큰 장점은 접근성이다. 1만 개에 달하는 시중 은행 지점이 대출 창구로 활용되기 때문이다.

저소득층을 위한 햇살론

새희망홀씨가 은행권의 서민금융 대표선수라면 2금융권에는 '햇살론'이 있다. 신협, 농수협, 새마을금고, 저축은행 등에서 햇살론을 취급한다. 햇살론은 새희망홀씨에 비해 대출 대상자 범위를 보다 저소득층에 맞췄다. 연소득 4,000만 원 이하인 저신용자(6~10등급)이거나 신용등급에 상관없이 연소득 2,600만 원 이하인 저소득 자영업자, 농림어업인, 기초생활 수급자 등이 대출을 받을 수 있다. 새희망홀씨 대출을 받을 수 있었던 연소득 4,000만 원 이하인 5등급 고객은 햇살론을 받을 수 없다. 연소득이 2,600~3,000만 원 구간인 사람도 마찬가지다.

금리는 10%대 초반으로 새희망홀씨와 비슷한 수준이며, 대출한도는 용도에 따라 차별화된다. 사업운영 자금은 최고 2,000만 원 한도 내에서 빌릴 수 있다. 점포 유무에 따라 대출조건이 달라지며 1년 거치 후 4년 이내에 원금을 나눠 갚아야 한다.

창업자금은 공공기관 등에서 창업교육을 받아야 대출 자격이 생긴다. 가게 임대차계약서를 제출하면 최고 5,000만 원의 자금을 지원받을 수 있다. 긴급생활 자금은 최고 1,000만 원까지 대출이 가능하다. 대부업체 등의 고금리대출을 저금리대출로 전환하기 위한 목적일 경우에는 대출한도가 3,000만 원이다.

금융소외 계층을 위한 미소금융

마지막으로 미소금융이 있다. 제도권 금융회사 이용이 곤란한 금융소외 계층을 대상으로 창업, 운영자금 용도로 자금을 빌려준다. 서민금융 3총사 중 금리 면에서는 가장 경쟁력이 있다. 대출금리는 연 4.5% 이내이며 무등록 자영업자에게는 연 2%의 금리가 적용된다. 대출 대상은 기본적으로 신용등급 7등급 이하 저소득·저신용계층이지만 5~6등급자라도 금융거래 실적이 없는 경우 미소금융을 이용할 수 있다. 대출한도는 사업운영 자금 1,000만 원, 창업자금 5,000만 원이다. 미소금융의 경우 접근성이 떨어진다는 단점이 있지만 최근에는 미소금융재단 지점들이 크게 늘어나고 있는 추세다.

보다 구체적인 사항을 파악하고 싶다면 한국자산관리공사(캠코)가 운용하는 '서민금융나들목(www.hopenet.or.kr)'이나 금융감독원의 '서

저소득층용 금융상품 비교

구분	새희망홀씨	미소금융	햇살론
대상자	연소득 3,000만 원 이하 저신용자(5~10등급)인 경우 연 소득 4,000만 원 이하	신용등급 7등급 이하 5~6등급자도 금융거래 실적 없는 경우 이용 가능	연소득 4,000만 원 이하이고 신용등급 6~10등급, 연소득 2,600만 원 이하 저소득 자영업자, 농림어업인 등
용도 (대출한도)	생계자금 및 사업운영 자금 (2,000만 원)	창업자금(5,000만 원), 사업운영 자금(1,000만 원)	창업자금(5,000만 원), 긴급생계 자금(1,000만 원), 전환대출(3,000만 원)
금리	연 5~14%(은행 자율)	연 4.5% (무등록 자영업자 연 2%)	연 10~13%
취급처	국내 은행(16개) 영업점	전국 50여 개 미소금융 지점	농수협, 신협, 새마을금고, 저축은행

민금융119서비스(s119.fss.or.kr)'를 이용하면 된다. 여러 상품에 대한 비교와 함께 개인별 상황에 따른 맞춤형 검색을 할 수 있다. 인터넷 사용이 어려운 경우에는 금융감독원에서 운영하는 서민금융종합지원센터(국번 없이 1332를 누른 후 3번 선택)에 전화를 걸어 상담을 받을 수 있다.

특히 이들 서민금융 대출상품은 한 상품을 이용할 경우 다른 상품의 중복대출이 제한되는 경우가 있기 때문에 자금 목적이나 조건 등을 잘 따져 자신에게 가장 적합한 상품을 신중하게 선택할 필요가 있다.

IBK기업은행의 리메이크 상품, 신新서민섬김통장

IBK기업은행은 2012년 '서민섬김통장'을 리메이크해 재출시했다. 이른바 '신서민섬김통장'이다. 당초 이 상품은 소액예금에 높은 금리를 준다는 '역발상'으로 탄생했다. 비록 금액은 적지만 예금자에게는 소중한 돈이기 때문에 적은 돈이라도 차곡차곡 넣어두면 금리를 조금이라도 더 챙겨주자는 아이디어에서였다. 리메이크를 하면서 가장 중점을 둔 부분은 사회소외 계층에 대한 우대 혜택을 대폭 강화했다는 것이다.

우선 소년소녀 가장과 기초생활 수급자가 신서민섬김 입출식통장에 가입하면 50만 원까지(매일 최종 잔액 기준) 연 2.5%의 금리를 제공한다. 일반인이 입출식통장에 가입하면 금리가 0.1~0.15% 수준인 것에 비교하면 파격적인 혜택이다.

서민섬김적금과 거치식예금으로 가입하면 일반인의 경우 최대 금리는 3년 만기 적금 기준 4.2%, 1년 만기 적금 기준 3.6%이지만 사회소외 계층은 500만 원까지 연 4.0%포인트 우대금리가 더해져 3년 만기 적금 기준 최고 8.2%, 1년 만기 적금 기준으로 7.6%의 금리를 받을 수 있다.

또한 사회소외 계층은 조건 없이 전자금융 수수료와 기업은행 현금자동지급기 이용수수료, 타행 현금자동지급기 출금수수료(월 10회)를 면제해준다.

대출, 저금리로 갈아타야 할 때

돈을 버는 것 못지않게 중요한 것이 빚을 지지 않는 것이다. 하지만 가계부채 1000조 원 시대에 빚 안 지고 사는 가정은 흔치 않다. 만일 대출을 일으켰다면 매달 나가는 이자부터 줄이는 것이 재테크의 시작이다. 연령대에 따라 빚을 지는 이유는 제각각이다. 20대는 학자금, 중장년층은 주택 관련 대출이 주를 이룬다. 소득이 없는 대학생·청년층에게 고금리 제2금융권 대출은 미처 사회에 진출하기도 전에 쓰게 되는 굴레다. 제대로 된 직업을 갖기도 전에 무거운 이자 부담에 신용불량의 늪에 빠지는 경우가 허다하다. 결혼한 이후에는 전세자금 마련이 돈을 빌리게 되는 큰 이유 중 하나다. 주택을 담보로 잡는 주택담보 대출과 달리 전세자금 대출은 신용대출의 성격을 띠고 있어 금리가 높은 편인 데다 신용도에 따른 차이도 크다. 하지만 눈을 크게 뜨고 보면 이들의 금리 부담을 덜어주는 금융상품이 있다. 고금리의 늪에서 벗어날 수 있는 좋은 기회가 있는 셈이다.

고금리 빚더미에 올라앉은 20대

대부업체를 통해 연 30% 금리로 500만 원 대출을 받은 대학생 강지윤 씨는 매년 이자만 150만 원을 갚아야 한다. 하지만 2012년 6월에 출시된 '청년·대학생 고금리 전환대출'을 이용하면 강 씨는 이자를 연간 150만 원에서 32만 5,000원으로 크게 줄일 수 있다.

은행연합회와 17개 회원은행은 강 씨처럼 고금리대출을 이용하고 있는 대학생·청년을 지원하기 위해 500억 원의 기금을 조성해 연 6.5% 수준의 전환대출을 가능하게 했다. 은행권은 대출운용을 위해 500억 원의 보증재원을 조성하고 이를 통해 최대 2,500억 원 규모의 전환대출을 공급하게 된다. 전환대출 시행일 이전 연 20% 이상 고금리대출을 받고 신청일 기준으로 연체가 없는 대학(원)생이나 연소득 2,000만 원 이하의 20~29세 청년은 은행연합회의 보증을 통해 혜택을 받을 수 있다.

금융당국에 따르면 2011년 기준 전국 대학생 298만 명 중 고금리대출을 이용하는 대학생은 11만 명에 이른다. 이 중 대부업체 및 사채를 이용하는 대학생은 3만 9,000명에 이르는 것으로 추정된다. 전환대출을 받으려면 우선 신용회복위원회 지부나 미소금융 지점에서 상담을 받으면 된다. 여기서 발급받은 보증서를 들고 은행에서 전환대출을 신청할 수 있다. 전환대출이 가능한 은행은 산업, 농협, 신한, 우리, 스탠다드차타드, 하나, 기업, 국민, 외환, 한국씨티, 수협중앙회, 대구, 부산,

광주, 제주, 전북, 경남은행이다. 전환대출 신청한도는 1인당 1,000만 원 이내이고 원금은 최장 7년 이내로 분할상환하면 된다.

제2금융권 전세대출을 받은 30대

얼마 전 결혼한 한기선 씨와 윤진수 씨는 전세자금을 마련하기 위해 저축은행에서 5,000만 원을 빌렸다. 두 사람 모두 신용등급이 6등급 아래인 데다 국민주택기금의 전세대출을 받을 수 있는 자격(부부합산 연소득 3,500만 원 이하)도 되지 않아 울며 겨자 먹기로 연 12%에 대출을 받았다. 이들이 당장 관심을 가져야 하는 상품은 주택금융공사의 '징검다리 전세보증'이다. 징검다리 전세보증은 2012년 6월부터는 지원 자격도 확대됐다. 과거에는 부부합산 연소득이 3,000만 원 이하였지만 5,000만 원 이하로 조건이 완화된 것이다.

한 씨 부부가 부부합산 소득이 연 5,000만 원 이하라면 징검다리 전세보증을 이용해 저금리대출로 갈아탈 수 있다. 주택금융공사의 보증을 통해 연 4%대의 은행권 전세대출로 갈아탈 수 있게 된 것이다. 한 달에 이자만 50만 원을 내던 이들 부부는 대출을 갈아타면 이자 부담을 20만 원 이하로 줄일 수 있다.

징검다리 전세보증은 2012년 2월 26일 이전에 대출받은 사람에 한해 신청할 수 있으며 제2금융권 대출잔금 가운데 1억 5,000만 원 한도 내에서 임차보증금의 80%까지 보증을 받을 수 있다. 농협·국민·우리·하나·외환·기업·경남·광주은행에서 보증상담과 신청이 가능하다.

빚에 허덕이는 40대

안성우 씨는 한국자산관리공사(캠코)에서 운영하는 '바꿔드림론' 상품으로 채무 네 건을 모두 시중 은행대출로 전환했다. 그동안 총 채무 1,500만 원을 갚는 데 이자를 25%씩 냈으니 연간 이자만 375만 원이라 부담스러웠다. 하지만 바꿔드림론 상품으로 금리를 연 10%로 적용받게 된 뒤부터는 매달 갚아야 할 이자가 기존 31만 2,500원에서 12만 5,000원으로 크게 줄어들었다.

제2금융권에서 높은 금리로 대출을 받던 사람이라면 전환대출 상품인 바꿔드림론을 활용해볼 필요가 있다. 바꿔드림론은 대부업체나 저축은행 등에서 받은 연 20% 이상 고금리대출을 8.5~12.5%(평균 11%) 대출로 전환해주는 서민금융 상품이다. 당초 지원 대상은 신용등급 6등급 이하이고 연소득이 4,000만 원을 넘지 않아야 했다. 대출을 받은 후 6개월이 경과하고 연체도 없어야 한다.

하지만 2012년 6월부터는 정부가 서민금융을 강화하면서 바꿔드림론의 지원 자격을 일부 완화했다. 연소득이 4,000만 원 기준에서 10%를 초과하더라도(예를 들어 연소득이 4,400만 원) 부양가족 수, 가처분소

고금리대출 전환상품

상품	신청조건	금리
청년·대학생 고금리 전환대출	고금리대출을 받고 신청일 기준으로 연체가 없는 대학(원)생, 연소득 2,000만 원 이하인 20~29세	연 6.5% 수준
징검다리 전세자금	연소득 5,000만 원 이하, 2012년 2월 26일 이전 전세자금 대출자	연 4.6~6% 수준
바꿔드림론	연소득 4,000만 원, 신용등급 6등급 이하, 연 20% 이상 고금리대출자	연 8.5~12.5%

득 등을 감안해 지원대상에 포함된다. 또 고금리채무를 성실히 상환해야 하는 기간을 6개월 이상에서 3개월 이상으로 단축했다. 특히 검찰 기소 등 불법(미등록)업체로 인한 피해 사실이 명백한 경우에도 바꿔드림론을 지원받을 수 있다.

　대출한도는 고금리대출 원금을 기준으로 1인당 3,000만 원까지다. 바꿔드림론 이용을 원할 경우 한국자산관리공사 본사와 지사, 6개 은행(우리·하나·신한·농협·국민·기업은행) 전 지점 또는 지자체 서민금융 상담창구를 방문하면 된다.

모바일 시대,
스마트하게 움직여라

2012년 미국의 저명한 일간지 〈워싱턴포스트Washington Post〉는 정보기술 IT 분야 10대 핫이슈를 선정해 발표했다. 그 첫머리에 올라와 있는 단어는 '전자지갑'이었다. 신용카드 등을 탑재한 스마트폰 지갑이 실제 지갑을 대체할 것이라는 얘기다.

구글은 2010년 9월 '구글 지갑Google Wallet'을 시장에 내놓아 큰 관심을 끌었다. 구글 지갑을 개발한 엔지니어 조녀선 월Jonathan Wall은 당시 구글 지갑을 소개하는 동영상을 유튜브에 올렸다. 월은 동영상에서 '휴대전화가 대체한 것들'이라며 유선전화기와 CD플레이어, 전화번호부 등을 던져버리고, 마지막에는 지갑마저 내던진다. 그는 광고 전단에 붙은 할인쿠폰도 휴대전화로 터치하면 구글 지갑 안으로 쏙 들어오는데 왜 무거운 지갑을 쓰냐고 되묻는다.

모든 금융 기능을 스마트폰으로 할 수 있는 '손 안의 금융' 시대가 활짝 열리고 있다. 스티브 잡스Steve Jobs의 모바일 혁명이 금융권의 생태계까지 바꾸고 있는 셈이다.

스마트폰으로 예금통장을 만들어보자

직장인 이민주 씨는 최근 은행 영업점을 방문하는 횟수가 크게 줄었다. 계좌조회나 이체 등 기본적인 금융거래를 모두 스마트폰으로 처리하고 있기 때문이다. 이뿐만이 아니다. 자신이 가입한 펀드수익률이나 환율, 대출금리 조회까지 스마트폰뱅킹이 해결해준다.

우리나라의 스마트폰 보유 대수는 2,000만 대를 넘어섰다. 지난 2011년 말 기준 스마트폰 모바일뱅킹 등록자 수도 1,000만 명에 달한다. 2010년 260만 명에서 네 배 가까이 급증한 것이다. 앞으로도 스마트폰 모바일뱅킹은 더욱 빠른 속도로 확산될 것으로 예상된다. 물론 아직은 초기 단계이긴 하지만 스마트폰 모바일뱅킹은 끊임없이 진화할 것으로 예상된다. 이와 같은 거대한 트렌드를 모를 리 없는 은행들도 이 때문에 스마트폰 뱅킹을 차세대 핵심사업으로 선정하고 있다. 일단 은행들은 스마트폰족들을 자신들의 고객으로 끌어들이는 작업에 여념이 없다. 새롭게 열린 스마트폰 금융시장을 하루라도 빨리 선점하겠다는 의도다.

은행들이 마음이 급하다 보니 당연히 '당근'이 따라붙는다. 소비자들 입장에서는 놓치기 아까운 기회다. 가장 대표적인 당근이 높은 금리다. 시중 은행들이 판매하는 스마트폰 전용 예금의 1년 만기 정기예금의 금리 수준은 연 4% 수준이다. 시중 은행들이 오프라인에서 판매하는 정기예금보다도 약 0.5%포인트 이상 높을 뿐 아니라 시중 은행보다 금리가 높다는 저축은행 정기예금 금리보다도 후한 편이다.

또한 스마트폰 사용에 친숙한 젊은 고객들을 끌어 모으기 위해 재미 있는 요소를 가미했다. 국민은행의 'KB Smart★폰 예금'은 계좌 현황을 농장으로 형상화했다. 만기일이 가까워질수록 동물 수가 증가하고, 이율에 따라 나무, 먹이 수가 증가하는 농장육성 서비스를 게임처럼 즐길 수 있다. 특히 농장에 아이들 사진과 같이 원하는 사진을 올릴 수도 있고, 농장 이름을 자유롭게 지정하는 등 인기 게임처럼 스마트폰에 나만의 농장을 만들 수 있다.

신한은행의 스마트폰 전용 예금상품인 '신한 두근두근 커플예금'의 경우 커플사진을 등록하면 0.1% 우대금리를 지급한다. 농협은행의 '채움사이버 예금'도 전용 앱에 마련된 게임 레벨에 따라 우대금리에 차이를 뒀다. 또한 대다수 은행들이 스마트폰 뱅킹으로 계좌이체 등을 할 경우에는 수수료 면제 혜택도 제공하고 있다. 그야말로 '꿩 먹고 알 먹고'인 셈이다.

혹시 아직 스마트폰을 가지고 있지 않지만 스마트폰 전용예금의 높은 금리 혜택을 누리고 싶다면 포기할 필요는 없다. 자신의 PC에 있는 공인인증서를 지인의 스마트폰으로 옮긴 후 그 스마트폰으로 은행 홈페이지에 로그인해 가입하면 된다. 이럴 경우 은행 시스템에서 스마트폰으로 접속이 들어온 것으로 간주해 스마트폰 전용예금의 높은 금리를 적용해준다.

성큼 다가온 전자지갑 시대

모바일뱅킹 시대의 또 다른 변화의 중심에는 전자지갑이 자리하고 있다. 전자지갑 서비스는 쉽게 말해 현금을 지갑 대신 스마트폰에 넣고 다니는 기능이다. 이용 방법은 어렵지 않다. 우선 은행별 홈페이지에 들어가서 회원가입을 한 뒤 본인 명의의 스마트폰에 전자지갑 애플리케이션을 내려받는다. 그 후 간단한 본인 인증을 거쳐 본인 계좌에서 현금을 전자지갑에 넣기만 하면 된다.

이 같은 전자지갑 서비스는 기업은행(모바일머니), 신한은행(ZooMoney), 하나은행(하나N Wallet) 등이 이미 실시하고 있다. 전자지갑의 제일 유용한 점은 소액을 간단히 송금할 수 있다는 것이다. 일반적인 인터넷뱅킹, 모바일뱅킹 등은 공인인증서 인증을 받은 후 비밀번호를 여러 차례 넣고 상대방 계좌번호를 입력하는 번거로운 절차를 거쳐야 한다.

하지만 전자지갑 서비스를 이용할 때는 상대방 스마트폰 번호만 알면 간단히 송금할 수 있다. 별도의 송금수수료가 들지 않는다는 점도 매력적이다. 다만 전자지갑 서비스 충전 한도가 금융사고 예방 등의 목적으로 50만 원 이내로 제한되어 있어 고액송금에는 적합하지 않다.

이외에도 여럿이서 선물을 같이 산다든지, 식사를 같이했을 때 간단하게 비용분담을 할 수 있다는 점도 매력이다. 일행 중 한 명이 대표로 결제하면 나머지는 계산한 금액을 즉석에서, 결제한 사람에게 문자 메시지를 보내듯 송금하면 된다.

온·오프라인 가맹점에서 물건을 결제할 때도 이용할 수 있다. 온라인 제휴 가맹점에서는 간단한 인증절차를 거친 뒤 대금을 낼 수 있다. 오프라인 제휴 가맹점에서는 영수증에 찍힌 가맹점 번호나 QR코드 등 바코드를 이용해 결제할 수 있다. 아직 시행 초기단계라 이용 가능한 가맹점 숫자는 제한적이지만 앞으로 전자지갑 서비스가 활성화되면 가맹점 숫자가 늘어날 것으로 예상된다.

스마트폰뱅킹을 이용할 때 유의해야 할 점

스마트폰을 활용한 다양한 금융서비스는 고객들에게 과거에는 상상할 수 없었던 '편리함'을 제공하지만 반대로 어두운 측면도 있다. 자칫 스마트폰을 분실했을 경우 큰 봉변을 당할 수 있다. 또한 스마트폰은 상대적으로 PC에 비해서는 보안이 취약하기 때문에 해킹을 당할 가능성도 배제할 수 없다.

이 때문에 스마트폰을 통해 금융서비스를 이용하고자 할 때는 몇 가지 주의사항을 반드시 숙지해야 한다. 우선 스마트폰을 통해 금융프로그램을 다운받을 때는 금융회사의 공식 배포처를 이용해야 한다. 블로그나 게시판 등에서 배포되는 스마트폰 금융 애플리케이션은 반드시 피한다.

또한 계좌번호, 계좌비밀번호, 보안카드번호와 같은 금융정보는 스마트폰에 저장하지 말고 자동로그인 기능은 가급적 사용하지 말아야 한다. 비밀번호를 전화번호나 생년월일 등 쉽게 노출되는 번호로 설정하지 않는 것은 상식이다.

스마트폰을 수리하거나 교체할 경우에는 사전에 주요 정보를 삭제해야 한다. 공인인증서와 관련 프로그램을 삭제하고 스마트폰에 모바일신용카드 기능이 탑재돼 있는 경우 해당 카드회사에 연락해 사용중지 신청을 하는 것이 바람직하다. 아울러 스마트폰 운영체제, 백신 및 금융프로그램(애플리케이션)을 주기적으로 최신 버전으로 업데이트하고 백신프로그램을 이용해 수시로 바이러스 검사를 하는 것이 좋다.

은행의 대여금고는
그림의 떡인가

'가로 15.6cm, 세로 60cm, 높이 7.5cm'

은행에서 고객들에게 제공하는 대여금고의 표준규격이다. 책상 서랍만 한 대여금고 안에는 돈 좀 있다는 사람들의 '비밀'들이 가득 담겨 있다. 이 때문에 은행 대여금고는 현대판 '판도라 상자'라고 불리기도 한다.

과거에는 돈이나 보석, 집문서 등 귀중품들을 장롱 깊이 숨겨놓곤 했다. 하지만 혹여 도둑이 들지는 않을지, 불이 나지는 않을지 항상 마음을 졸였다. 더욱이 남에게 보여주고 싶지 않은 비자금이나 무기명 채권, 귀금속, 유서 등은 한층 은밀히 보관해야 했다.

이런 사람들이 찾는 것이 바로 은행 대여금고다. 대여금고는 고객이 돈이나 유가증권 등 귀중품을 은밀히, 안전하게 보관하기 위해 은행에서 빌려 쓰는 소형금고를 말한다. 은행 대여금고가 첩보영화나 재벌들이 등장하는 드라마에 종종 나온다고 해서 왠지 모를 거리감이 느껴질 수도 있다. 하지만 대여금고는 생각보다 우리 가까이에 있다. 주변에서 흔히 볼 수 있는 각 은행 지점들이 대부분 대여금고를 보유하고 있기 때문이다. 은행들은 고객들의 눈에 띄지는 않지만 구석이나 지하 은밀한 곳에 대여금고를 운영하고 있으며, 규모에 따라 보통 100~300여 개를 보유하고 있다. 국민·신한·우리·하나 등 4대 은행 전체로는 전국적으로 약 37만 개에 달한다.

은행의 가장 깊숙한 곳에 있는 대여금고

그렇다면 어떤 사람들이 이런 대여금고를 이용하고 있는 것일까? 영화에서는 대여금고가 범죄조직 거물들의 전유물인 것처럼 묘사되고 있지만 실제로 은행에서는 대여금고 이용에 별다른 제한을 두고 있지 않다. 원칙적으로 은행 고객이 본인임을 확인한 뒤 보증금과 수수료를 내면 누구나 은행의 대여금고를 이용할 수 있기 때문이다. 심지어 해당 은행에 거래계좌가 없더라도 돈을 지급하면 대여금고 이용이 가능하다.

비용은 각 은행의 정책이나 금고 종류에 따라 조금씩 다르다. KB국민은행의 경우 연간 수수료는 2~5만 원, 보증금은 20~50만 원 수준이다. 신한은행도 50~70만 원 수준의 보증금과 5만 원 안팎의 수수료를 내면 누구나 대여금고를 이용할 수 있다. 다른 은행들에서도 이와 비슷한 수준의 보증금과 수수료를 내면 금고를 대여할 수 있다. 하지만 현실에서는 이와 같은 보증금과 수수료를 지급하면서까지 대여금고를 이용하는 사람들이 많지 않다. 대다수 은행들이 주요 고객들에게 제공하는 무료서비스의 일환으로 대여금고를 활용하고 있기 때문이다.

KB국민은행은 KB스타클럽 로얄 이상 등급 고객, 플래티넘카드 고객, 지점장이 승인한 고객 등에게는 비용면제 혜택을 제공한다. 신한은행의 경우에도 등급이 프리미어, 에이스인 고객들과 영업점장이 인정하는 고객은 보증금과 수수료가 면제된다. 한마디로 우량고객들에게는 공짜로 대여금고를 제공하는 것이다. 또한 각 은행의 지점장에게 금고 무료 대여권이 주어져 있는 만큼 장래에 우량고객이 될 가능성이 높은 고객들에게도 지점장 전결로 무료 이용 혜택이 주어지기도 한다. 이런 이유 때문에 일반 서민 고객들에게는 은행의 대여금고가 '그림의 떡'에 불과한 경우가 많다. 서민 고객들은 무료로 금고를 대여받을 수 있는 가능성이 적은 데다 만만치 않은 보증금과 연간수수료를 지급하기도 적잖이 부담스러울 수밖에 없다.

그렇다고 무조건 대여금고를 그림의 떡 보듯이 할 필요는 없다. 앞서도 언급했듯이 은행은 '우는 아이에게 떡 하나 더 주는 기관'이다. 일단 앞으로 해당 지점과 거래를 열심히 하겠다고 큰소리를 치며 대여금고 사용을 요구하거나, 안면이 있는 직원에게 살짝 부탁을 하는 것도 방법이 될 수 있다.

특히 지점장이 무료로 대여금고를 제공하는 데는 명확한 기준이 없다. 쉽게 말해 지점장에게 눈도장을 찍거나 말만 잘 건네도 대여금고 무료 이용권을 얻을 수 있는 가능성이 존재한다는 말이다. 또한 휴가철이나 설, 추석과 같은 명절 기간에는 은행들이 무료로 금고대여 서비스를 제공한다는 사실도 알아두자. 집을 장기간 비워 불안해하는 고객들을 위해 은행들이 홍보 차원에서 일종의 무료서비스를 제공하는 것이다. 대부분 은행들은 해당 은행의 거래고객뿐 아니라 거래가 없는 고객들에게도 이와 같은 서비스를 제공하고 있다.

대여금고 안에는 어떤 물건이 들어가나

대여금고의 종류는 크기와 잠금 방식 등에 따라 나뉜다. 크기는 가장 작은 표준형부터 높이만 60cm에 달하는 대형까지 다양하다. 열쇠는 필수지만 추가로 지문인식 장치를 갖추거나 비밀번호를 입력하는 전자동식을 선택할 수도 있다. 이와 같은 대여금고에는 도대체 어떤 물건들이 들어 있을까? 그러나 대여금고는 철저한 비밀보장 차원에서 운영되므로 정확한 내용물은 은행도 알지 못한다. 일반적으로 거액의 현금 또는 외화, 결혼 폐물과 같은 고가의 귀금속, 주요 통장, 비밀문서 등일 것으로 은행은 파악하고 있다.

지역에 따라 차이가 있다는 이야기도 있다. 성북동과 같은 부자 동네는 귀금속이나 유가증권을, 종로 등 상업지구에서는 거래통장을 대여금고에 보관하는 사람이 많다는 것이다. 명동 주변 지점에서는 달러나 채무자 명부를 대여금고에 보관하는 환전상이나 사채업자가 주요 고객이라는 관측도 나온다.

이와 같은 비밀유지 기능 때문에 대여금고가 악용되는 사례도 적지 않은 것으로 추정된다. 흔적이 남지 않아 불법적인 외화자금이나 뇌물로 받은 현금을 보관하는 장소로 사용될 수 있기 때문이다. 이 때문에 대여금고는 항상 수사당국이 주시하고 있는 대상이다. 본인의 동의가 없더라도 압수수색 영장을 발부받은 경찰이나 세금징수 담당 공무원은 대여금고를 강제로 개봉할 수 있다. 실제로 변양균·신정아 사건 당시, 검찰이 신 씨 명의로 된 대여금고를 압수해 2억 원 상당의 외화를 찾아냈는가 하면, 태광그룹 비자금 수사 때는 검찰이 이호진 회장 모친인 이선애 상무의 대여금고를 압수수색하기도 했다.

얼마 전에는 지자체에서 세금을 장기 체납하는 사람들의 은행 대여금고를 압류해 개봉한 결과, 순금 16돈으로 만든 골프공과 순금 거북, 다이아몬드 반지 등 다양한 귀금속이 발견돼 사회적인 파문을 일으키기도 했다.

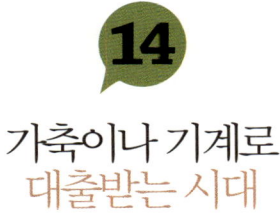

가축이나 기계로
대출받는 시대

중소기업이나 개인사업을 하는 독자라면 지금부터 기존 대출에 대한 상식을 바꿔야 한다. '동산·채권 등 담보에 관한 법률(동산담보법)'이 2012년 6월 1일부터 시행됐기 때문이다. 과거에는 사실상 부동산 담보가 있어야만 은행에서 대출을 받을 수 있었지만 앞으로는 기계나 소와 같은 동산動産으로도 돈을 빌릴 수 있는 시대가 열린 것이다.

동산담보법은 자금난을 겪고 있는 중소기업들에는 한 가닥 희망이 될 것으로 예상된다. 부동산 자산이 부족한 중소기업들이 보다 손쉽게 기업활동에 필요한 자금을 조달할 수 있게 될 것으로 전망되기 때문이다.

은행권대출의 한 축이 될 동산담보 대출

국내 중소기업이 보유한 자산 중에서 동산이 차지하는 비중은 59%

수준이다. 동산담보 대출이 중소기업에 큰 힘이 될 수 있는 셈이다. 과거에도 매출채권이나 대형 공작기계 등을 중심으로 담보대출이 이뤄지기는 했다. 하지만 그 비중은 전체 기업대출의 0.01%에 머물 정도로 미미한 수준이었다.

하지만 동산담보법 시행으로 앞으로는 상황이 달라질 것이다. 동산담보 대출도 부동산담보 대출처럼 은행권대출의 한축으로 자리 잡게 될 가능성이 높다. 미국의 경우 1980년대 이후 동산담보 대출이 활성화되면서 2009년에는 취급 규모가 4,800억 달러(약 560조 원)로 급증했다. 일본도 시행초기인 2006년에는 530억 엔에 불과했지만 2010년에는 2,982억 엔(약 4조 4,000억 원)으로 급성장했다. 물론 한국은 이제 걸음마 단계다. 법적 기반은 이제 막 갖춰졌지만 아직 다른 제반 여건들이 완비되지 않은 탓이다.

우선 관련 상품 출시부터 시동을 거는 단계다. 은행권은 당초 법 시행시점에 맞춰 6월부터 동산담보 대출을 출시하기로 했었다. 하지만 대법원의 동산 등기예규 마련 등의 일정이 당초 예상보다 늦어지면서 전체적으로 준비절차가 미뤄졌다. 이에 따라 은행권은 8월부터 동산담보 대출 상품을 출시했다.

또한 담보로 인정되는 동산도 초기에는 최소한의 범위로 한정된다. 중소기업 입장에서는 대출을 위해 담보로 제공할 수 있는 동산의 범위가 축소된다는 얘기다. 동산담보 대출은 기업이 기계나 원자재, 재고자산, 농축수산물, 매출채권 등 모든 동산과 채권을 담보로 돈을 빌릴 수 있는 제도다. 하지만 은행권은 리스크가 크다는 이유로 담보 대상

범위를 제한하기로 했다. 동산은 부동산과 달리 종류와 특성이 다양하고 부동산에 비해 훼손될 가능성도 크기 때문이다. 이 때문에 초기에는 최대한 담보가치가 있는 동산만 담보로 인정한다는 계획이다.

예를 들어 기계류나 재고자산의 경우 공작기계, 철강 등 평가가 상대적으로 수월한 품목만 동산담보 대출 대상이 된다. 농축수산물은 쌀과 소, 냉장농축산물로 한정됐다. 돼지나 닭, 밀, 과일, 채소 등이 제외된 것이다. 매출채권은 사업 목적에 맞는 매출채권으로 전자 방식으로 발급된 채권만 담보로 인정된다.

담보인정 비율은 일단 초기에는 감정가의 40% 이내로 제한하기로 했다. 시장에서 100원의 가치가 있는 동산이라도 40원 수준만 담보가치로 인정된다는 셈이다. 부동산은 쉽게 그 가치가 변하지 않지만 동산은 시시각각 가치가 변할 수 있고 가축의 경우 병이 들어 죽어버리면 가치가 완전히 소멸되는 위험이 있기 때문이라는 논리다.

물론 시간이 지나면 담보인정 비율은 차츰 높아질 것으로 예상된다. 미국의 경우 매출채권의 담보인정 비율은 70~80% 수준에 이르고 재고자산은 50% 안팎이다. 일본에서도 이와 유사한 수준으로 동산에 대한 담보인정 비율이 정착되고 있다. 초기에는 동산담보 대출을 받을 수 있는 중소기업이나 개인사업자의 자격도 까다롭게 규정될 전망이다.

우선 현재 은행들이 정한 최하 여신與信 취급등급보다 1~3등급이 높아야 대출을 받을 수 있다. 동산담보 대출의 경우 담보회수 가능성이 불투명한 만큼 최대한 신용등급이 높은 고객을 대상으로만 동산담보 대출을 실시하겠다는 계획이다. 또한 은행권은 기계, 설비 등 유형 자산을 담보로 대출을 받기 위해서는 업력 3년 이상(법인등기 기준) '제조업'을 운영해야 한다는 기준을 세웠다. 재고자산의 경우에도 3년간 결산재무제표가 있어야 대출 자격이 주어짐에 따라 신생 회사의 경우 동산담보 대출을 받기 어려울 것으로 예상된다.

동산담보 대출 금리 수준은 은행에서 각자 산정하는 구조이지만 부동산담보 대출과 신용대출의 중간 수준으로 신용등급이 BB^+일 경우 6%대 수준에서 결정된다.

동산 전문 감정평가사의 육성이 필요하다

아울러 가치가 쉽게 변하는 동산에 대한 정교한 감정평가도 동산담보 대출 활성화의 필수조건으로 거론된다. 이를 위해 은행권과 감정평가 업계는 동산별 평가 방법 등을 협의해 향후 양측이 협약을 체결한다는 계획이다.

하지만 감정평가 업계도 아직까지는 동산에 대한 가치평가의 노하우가 크게 부족한 것이 현실이다. 매출채권의 경우 은행권에서 어느 정도 평가가 가능하지만 기계나 재고자산, 소나 쌀 같은 동산의 경우에는 정확한 평가가 어렵다. 이 때문에 정부는 동산 전문 감정평가사를 적극 육성한다는 계획을 갖고 있다. 한편으로는 동산담보 평가를 전문적으로 할 수 있는 전문인력을 별도로 선발해야 한다는 이야기도 나오고 있다.

중고시장 활성화도 동산담보 대출 활성화를 위한 과제로 제기되고 있다. 예를 들어 동산을 담보로 돈을 빌려간 차주가 돈을 갚지 않을 경우 은행이 이를 처분해 대출금을 회수할 수 있는 구조가 만들어져야 동산담보 대출이 보다 확대될 수 있다. 아직까지는 아파트나 토지와 같은 부동산담보는 경매 등을 통해 은행권이 손쉽게 매매가 가능하지만 동산의 경우 처분이 쉽지 않은 것이 현실이다.

금융당국은 은행권에서 동산담보 대출이 정착되면 향후 보험사, 저축은행 등 제2금융권으로도 이를 확대한다는 계획인 만큼 앞으로 동산대출 시대가 활짝 열릴 것으로 기대된다.

동산담보 대출 개요
담보 대상
– 일단 최소 범위로 시범적으로 운영
– 예를 들어 기계류에서는 공작기계, 농축수산물에서는 쌀과 소, 냉장농축산물, 재고자산은 철강 위주로
담보인정 비율
– 우선 초기에는 감정가의 40% 이내 수준만 인정
대출 대상
– 은행 최하 여신 취급등급보다 1~3등급 높은 우량 중소기업
동산담보 대출 금리 수준
– BB+등급의 경우 6%대(부동산담보 대출과 신용대출 금리의 중간 수준)

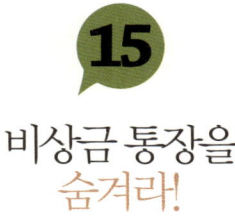

비상금 통장을 숨겨라!

대기업에 다니면서 아내 몰래 마련한 비자금을 급여통장과는 별도 계좌로 A은행에서 관리하고 있는 박 부장은 최근 고민이 생겼다. 아내가 노후대비 차원에서 자산 리모델링을 위해 함께 인터넷뱅킹을 통해 재산 현황을 파악해보자고 조르고 나섰기 때문이다.

이런 박 부장의 고민을 한방에 해결해준 것은 바로 동료의 조언이었다. 계좌의 존재나 자산 현황이 인터넷으로는 나타나지 않는 은행 서비스가 있다는 사실을 알게 된 박 부장은 당장 이 서비스를 신청한 후 당당하게 아내 앞에서 인터넷뱅킹을 할 수 있었다.

눈에 보이지 않는 통장을 만들어라

직장인과 비상금이라는 두 단어는 생각보다 끈끈한 관계다. 한 취업포털 사이트의 설문조사에 따르면 기혼직장인 다섯 명 중 네 명은 비상금을 갖고 있는 것으로 나타날 만큼 비상금은 대한민국 월급쟁이들의 필수품으로 자리 잡았다. 아내나 부모님을 위한 큰 선물을 살 수 있는 종잣돈을 마련하겠다는 목적에서부터 부족한 술값을 충당하기 위한 용도 등 그 이유도 각양각색이다.

하지만 비상금을 배우자 몰래 관리하기는 생각보다 쉬운 일이 아니다. 과거에는 장롱의 이불 속이나 깊숙한 서랍, 두꺼운 책 사이 등에 비상금을 몰래 보관하는 사람들도 있었다. 하지만 이자를 한 푼이라도 더 받아서 비상금을 불리겠다는 직장인들이 늘어나면서 최근에는 별도 통장을 통해 비상금을 관리하는 것이 가장 보편적인 방식으로 자리 잡고 있다.

자신만이 알고 있는 별도 통장으로 비상금을 관리하면 일단 집안에서 돈이 발각될 일은 없다. 하지만 인터넷뱅킹이나 폰뱅킹 등이 널리 활용되면서 배우자가 비밀통장의 존재를 눈치챌 수 있는 가능성이 높아졌다. 고객의 이 같은 마음을 알아챈 은행은 통장을 몰래 관리하고 싶은 사람들을 위한 다양한 서비스를 제공하고 있다. 가장 대표적인 방식이 보안계좌 서비스나 숨김계좌 서비스다.

우선 보안계좌란 은행에는 계좌가 있지만 인터넷뱅킹이나 모바일뱅킹 등 전자금융상에는 나타나지 않는 계좌다. 오로지 은행 영업점 창구나 현금자동입출금기를 통해서만 입출금이나 조회가 가능하다. 조금 번거롭지만 비밀을 유지하기 위한 대가라고 볼 수 있다.

숨김계좌 서비스는 이보다는 보안 수준이 낮은 것으로, 인터넷뱅킹을 할 때 해당 계좌를 등록하면 인터넷뱅킹 화면상으로는 보이지 않아

조회나 거래가 되지 않게 만드는 서비스다. 숨김계좌의 경우 인터넷뱅킹으로 들어가 클릭을 하면 신청 및 해지가 모두 가능하다.

따라서 인터넷뱅킹 비밀번호 등을 공유하는 사람이 있는 경우에는 숨김계좌의 보안유지가 어려울 수 있다는 점에 유의해야 한다.

비상금을 숨기고 싶은 직장인을 위한 금융상품

은행권의 대표적인 상품으로는 우리은행의 '시크리트뱅킹Secret Banking' 서비스가 있다. 가장 비밀스러운 통장이라는 뜻에서 붙여진 이름이다. 보안계좌가 대부분 본인이 해당 은행의 영업점을 찾아가면 입출금이나 조회가 되지만 시크리트뱅킹은 해당 계좌를 만든 영업점 창구에서만 조회나 거래가 가능하다. 또한 우리은행 해당 영업점 직원도 시크리트뱅킹 계좌를 조회하거나 확인할 수 없다.

대다수 은행들은 별도의 수수료 없이 고객이 신청만 하면 이와 유사한 서비스를 제공하고 있으니 비상금을 숨겨놓은 계좌가 들킬까 고민하는 직장인은 관심을 가져봄 직하다. 혹시 이 서비스를 신청한 사람이 사망하면 돈이 공중분해되는 것은 아닌가 우려할 수도 있지만 걱정할 필요없다. 사망자에 대한 예금 및 보험 등은 은행연합회 등을 통해 확인하고 찾을 수 있다. 보안이나 숨김서비스가 되어 있는 통장도 이때는 공개된다. 상속자가 사망증명서와 가족관계확인서를 가지고 해당 은행을 방문하면 찾을 수 있다.

저축은행
버리지 마라

2011년 1월 14일, 금융위원회가 삼화저축은행 영업정지를 발표했다. 해결사로 불리는 김석동 금융위원장의 대규모 저축은행 구조조정이 시작된다는 신호탄이었다. 이후 저축은행 업계는 그야말로 고난의 행군이었다. 1년여 동안 20개의 저축은행이 문을 닫았다. 더욱이 거기에는 솔로몬·토마토·미래저축은행 등 이름만 들으면 아는 대형 저축은행이 포함돼 있었다. 외환위기 이후 최대 규모의 저축은행 구조조정이었다.

불법·부당행위가 드러난 저축은행 대주주들과 임원들은 줄줄이 쇠고랑을 찼다. 이 사건으로 국민들이 저축은행을 바라보는 시선이 싸늘해졌다. 하지만 무조건 저축은행을 피하기보다는 수익성과 건전성을 따져서 적절한 예·적금 상품에 가입하는 것이 저금리 시대에 좋은 전략이라는 것이 전문가들의 평가다.

여전히 저축은행은 저금리 시대에 좋은 전략

문을 닫는 저축은행이 속출하자 고객들의 저축은행 업계에 대한 불신은 극에 달했다. 언제 어디가 망할지 모른다는 위기감이 팽배해지면서 일부 저축은행에서는 뱅크런(bank run, 은행에 돈을 맡긴 사람들의 예금 인출이 대규모로 발생하는 현상)이 나타나기도 했다. 그 결과 2010년 말 105개였던 저축은행 수는 2013년 3월 93개로 줄어들었다.

그러나 시간이 지나면서 저축은행 업계는 새로운 모습으로 안정을 찾아가고 있다. 가장 큰 변화는 문을 닫은 저축은행 상당수가 국내 굴지의 금융지주사 우산 아래로 들어갔다는 점이다.

과거 은행들은 많은 상호신용금고(현 저축은행)를 소유하고 있었다. 하지만 외환위기를 거치며 합병이나 매각절차를 밟아 역사 속으로 사라졌다. 하지만 2011년이 되자 은행들이 다시 저축은행에 발을 담그기 시작했다. 은행을 주력 계열사로 두고 있는 KB, 우리, 신한, 하나, BS 등 금융지주사가 모두 저축은행을 인수한 것이다. 지주계열 저축은행 시대가 활짝 열린 셈이다. 막강한 자본력과 브랜드 파워를 앞세운 지주계열 저축은행은 앞으로 저축은행 업계 전체의 신뢰도를 회복하는 데 기여함과 동시에 리딩 저축은행으로 도약할 것으로 예상된다.

특히 이들의 등장으로 저축은행의 대출금리가 크게 낮아질 것으로 예상된다. 지주계열 저축은행들은 20%대 후반에서 30%대 대출금리를 적용하는 기존 저축은행들과 차별화하기 위해 10%대 중후반의 '중금리' 상품을 올해 출시한다는 계획이다. 이로써 소비자들은 보다 폭넓은 금리쇼핑이 가능해질 전망이다.

강화되고 있는 금융감독원의 저축은행 규제

과거 저축은행은 고금리의 상징이었다. 시중 은행보다 1~2%포인트 높은 예금금리를 제공했고, 저축은행이 발행하는 후순위채는 연 8%가 넘는 고금리상품이었다. 이 때문에 서민뿐 아니라 고액자산가들도 저축은행을 많이 찾았다.

하지만 저축은행 사태 이후 '저축은행=고금리'라는 등식이 깨지고 있다. 저축은행 업계의 1년 정기예금 평균금리는 3%대 중반으로 저축은행 사태 이전(5%대)보다 낮아졌다. 일부 저축은행들의 예금금리는 3%대 초반으로 사실상 시중 은행의 고금리 정기예금 상품과 금리 역전 현상까지 나타나고 있는 실정이다. 특히 과거 8%대의 높은 수익률로 저금리 시대에 고액자산가들의 투자수단으로 눈길을 끌었던 후순위채도 앞으로는 고객들의 시야에서 사라질 전망이다. 금융당국이 저축은행의 후순위채 발행을 사실상 금지했기 때문이다.

그렇다고 저축은행을 외면할 것인가? 꼭 그렇지는 않다. 과거처럼 막연히 금리쇼핑을 하기보다는 저축은행의 건전성과 연계해 적절한 포트폴리오를 구성한다면 재테크에 도움이 될 수도 있기 때문이다. 여전히 시중 은행보다 좋은 조건의 금리를 제시하는 저축은행들이 상당수 존재하기 때문에 건전성을 확인한 후 현명하게 저축은행을 이용하는 자세가 필요하다.

저축은행에 대한 시장의 불신이 커지면서 금융당국의 규제가 강화되고 있는 부분도 긍정적이다. 그만큼 저축은행의 부실 가능성이 낮아지게 되기 때문이다. 우선 우량 저축은행 기준으로 활용했던 8·8클럽

(BIS, 즉 국제결제은행 비율 8% 이상, 고정이하 여신비율 8% 이내)이 폐지됐다. 또한 저축은행 간 인수도 사실상 금지시켰고 부동산, 해외 유가증권과 같은 고위험 자산운용도 제한했다. 고객들의 알 권리를 보장한다는 차원에서 반기마다 이뤄지던 경영공시를 분기별로 하고 공시항목도 대폭 확대했다.

저축은행 예금보장 한도는 5,000만 원으로, 5,000만 원까지는 해당 저축은행이 망해도 정부가 전액 보장해준다. 그럼에도 불구하고 많은 고객들이 과거에는 5,000만 원보다 많은 돈을 저축은행에 맡겼다. 예금보장 한도를 인지하지 못했거나 고금리의 유혹에 넘어간 것이다. 예금보험공사에 따르면 2010년 말 기준 5,000만 원 초과 예금자는 총 14만 3,186명이다. 초과금액은 6조 8,917억 원이었다. 그러나 대형 저축은행들까지 문을 닫는 상황을 지켜보면서 고객들이 변하기 시작했다. 2011년 9월 말 통계를 보면 5,000만 원 초과 예금자 숫자는 4만 8,000명으로 크게 떨어져 3분의 1 수준으로 줄었다. 초과금액도 3조 1,814억 원으로 대폭 줄었다.

> **저축은행, 여전히 투자대상일까**
> 영업정지 사태를 겪으면서 저축은행에 대한 신뢰를 잃은 소비자가 많다. 그러나 문을 닫은 저축은행 중 상당수가 금융지주 계열에 편입됐고, 예금 대출 금리도 안정세를 보이고 있어 막연한 공포심을 품을 필요는 없다. 물론 예금보험 한도인 5,000만 원 이내를 지키는 것은 기본이다.

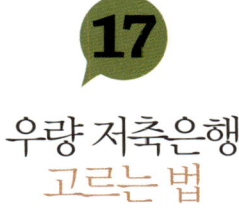

우량 저축은행
고르는 법

2011년 영업정지된 에이스저축은행은 당시 국제결제은행BIS 기준 자기자본 비율이 8.5%라고 공시했지만 금융당국의 경영진단 결과 실제 BIS 비율은 -51.1%로 드러났다.

영업정지 조치로 예금이 묶인 에이스저축은행을 찾은 고객들은 BIS 비율이 8% 이상이면 우량 저축은행이라고 하기에 안심하고 거래했는데, 하루아침에 이렇게 뒤집히는 수치를 어떻게 믿을 수 있느냐고 분통을 터트렸다.

국제결제은행 기준 자기자본 비율 8% 이상, 고정이하 여신비율 8% 이하를 뜻하는 '8·8클럽'은 그간 저축은행 건전성의 상징처럼 인식됐기 때문이다.

BIS 비율이 아닌 기본자기자본(Tier 1) 비율을 보라

BIS 비율은 1988년 바젤합의를 통해 국제금융 업무를 취급하는 은행의 재무건전성을 평가하는 기준으로 자리 잡았다. BIS 비율은 자기자본을 위험가중자산으로 나눈 뒤 100을 곱해 계산한다. BIS 비율이 높다는 것은 그만큼 부실 가능성이 있는 자산 대비 자기자본이 많다는 의미이므로 이는 건전성의 중요한 지표가 된다. 금융당국은 원래 BIS 비율을 은행에만 적용했다. 그러다 외환위기를 겪은 후 저축은행도 선진화된 기준으로 감독하겠다는 명분하에 1998년부터 BIS 비율을 공개하도록 감독규정을 개정했다.

하지만 저축은행 무더기 영업정지 사태를 계기로 BIS 비율의 변동폭이 크다는 것이 드러나면서 'BIS 비율 무용론無用論'이 고개를 들고 있다. 저축은행이 시중 은행에 비해 자기자본이 훨씬 적기 때문에 자기자본이나 위험가중자산에 약간의 변동만 있어도 BIS 비율이 큰 폭으로 오르내리기 때문이다. 실제로 영업정지를 당한 저축은행들의 경우 부실 대출의 회수 가능성을 금융당국이 종전보다 엄격하게 판단하자 순식간에 BIS 비율이 급락했다.

예를 들어 수백억 원짜리 부동산대출 한 건을 회수 가능하다고 보는지, 불가능하다고 보는지에 따라 BIS 비율이 순식간에 5~6%포인트씩 오르내릴 수도 있는 것이다.

금융계 일각에서 BIS 비율이 원래 저축은행 같은 소규모 국내용 금융기관을 평가하는 기준이 아니기에 근본적인 방향전환이 필요하다는 지적이 나오는 것도 이 때문이다.

또 영업활동에 소극적인 저축은행의 BIS 비율이 높게 나오는 점도 오해를 낳을 소지가 있다. 예컨대 서울의 삼보저축은행은 BIS 비율이 90.7%에 달하지만 우량 저축은행이라고 보기는 어렵다. 이 저축은행이 BIS 비율이 높게 나온 것은 대출영업을 거의 하지 않고 있어 위험가중자산이 적었기 때문이다. 이에 다라 BIS 비율에 대해 의문을 표시하는 목소리가 커지고 있는 상황이며, 특히 BIS 비율이 과연 저축은행의 건전성 지표로 적합한가에 대한 의문이 계속 제기돼왔다.

더 이상 8·8클럽을 신뢰할 수 없다면 무엇을 기준으로 저축은행을 골라야 하는 걸까? 일단 지금처럼 쉽게 고를 생각은 버려야 한다. 다양한 건전성 지표를 토대로 판단하는 노력이 필요하다. 우선 BIS 비율이 아닌 기본자기자본(Tier 1) 비율을 보는 것이 좋다.

BIS 비율 산정 근거가 되는 자기자본에는 후순위채 발행액이 포함돼 있다. 만기가 긴 만큼 후순위채 발행액의 일정 부분을 자기자본으로 인정해주기 때문이다. 하지만 이는 은행이 파산할 때 변제순위가 뒤로 밀리는 채권일 뿐 결국 갚아야 할 빚이다.

진정한 의미의 자기자본 비율은 이를 빼고 보는 것이 좋다. 이것이 후순위채를 뺀 진정한 자기자본 대비 자산의 비율인 Tier 1 비율이다. Tier 1 비율이 최소 5%를 넘어야 건전한 은행이라 할 수 있는데, 전문가들은 6%를 넘어야 한다고 권고한다.

저축은행의 부실 여부를 판단하는 기준

저축은행의 부실대출 여부를 판별할 때는 부실 가능 대출 비율까지 봐야 한다. 저축은행 대출은 원리금이 정상적으로 상환되고 있거나 연체되더라도 연체기간이 3개월 미만이면 정상 대출, 3개월 이상 6개월 미만이면 요주의 대출, 6개월 이상이면 고정이하 대출로 분류된다. 이 가운데 당국은 고정이하 대출만 건전성 지표로 삼고 있는데, 최소 요주의 대출 정도는 살펴야 한다.

전체 대출 가운데 요주의 이상으로 부실해진 대출이 20%를 넘으면 바람직하지 않다. 이와 관련해 은행들은 부실대출에 대해 실제로 떼였을 때 이를 벌충할 수 있도록 대손충당금을 쌓는데, 이 추이도 잘 살펴야 한다.

또 대출 비중을 살피는 것도 필요하다. 저축은행 대출은 크게 기업대출과 가계대출로 나눌 수 있다. 저축은행의 기업대출은 상당 부분이 PF대출(돈을 빌려줄 때 자금조달의 기초를, 프로젝트를 추진하려는 사업주의 신용이나 물적 담보에 두지 않고 프로젝트 자체의 경제성에 두는 금융기법)을 포함한 부동산 관련 대출이다.

이러한 대출 비중이 낮을수록 상대적으로 건전한 편이다. 이에 가급적 기업대출보다는 가계대출 비중이 높은 저축은행을 선택하는 것이 좋다. 이와 관련해 정부는 전체 대출 가운데 부동산대출은 50%, PF대출은 20%를 넘지 않도록 규제하고 있다.

유동성 비율도 점검해야 한다. 이는 저축은행으로 부채상환 요구가 들어올 때 소유자산으로 얼마나 대응할 수 있는지를 나타내는 비율로서 최소 100%를 넘어야 부채상환 요구에 응할 수 있다.

이 밖에 꾸준히 이익이 나는지를 살피는 것도 중요하다. 적자가 누적되면 각종 비용을 기존에 벌어놓은 돈으로 충당해야 하므로 자기자본이 줄어들고 이에 따라 자기자본 비율도 떨어지게 마련이다. 가급적이면 계속 이익을 내는 저축은행과 거래하는 것이 좋다.

튼실한 저축은행 고르는 5대 지표
- 기본자기자본 비율(Tier 1)
- 부실 가능 대출 비율
- 기업대출 비중
- 유동성 비율
- 꾸준한 이익 여부

18

거래하는 저축은행이
망했다면

저축은행 영업정지 사태가 본격화되면서 예금자들의 불안이 커지고 있다. 당장 저축은행이 영업정지를 당하면 돈이 상당 시간 묶이는 것은 물론, 최악의 경우에는 돌려받지 못할 수도 있다. 고객이 보상을 받을 수 있는지 여부는 영업정지가 된 저축은행의 해결 방식에 의해 좌우된다. 영업정지 저축은행의 진로는 크게 네 가지다. 영업재개, 피인수·합병, 자산·부채이전P&A, 파산 등이다. 영업재개, 피인수·합병의 경우 모든 예금자는 물론 후순위채 투자자까지 원래 약속받았던 이자까지 모두 보장받을 수 있다.

우량한 자산만 골라 인수하는 자산·부채이전을 할 때는 이전되는 원리금 5,000만 원 이하 예금에 가입한 사람은 인수 은행을 통해 가입 당시 이자율대로 전액 보장받을 수 있다. 반면 이전되지 않는 5,000만 원 이상 예금에 가입한 사람은 예금보험 기금을 통해 5,000만 원까지만 보장받을 수 있다. 5,000만 원을 넘는 부분은 부실 저축은행 정리 후 남은 금액을 차등 지급한다.

미리 알고 있으면 좋은 저축은행 파산 대비책
저축은행이 파산할 경우에는 모든 예금이 청산되고 예금보험 기금이 지급된다. 원리금 합계 5,000만 원 미만 예금에 대해서는 원금과 함께 원래 약속한 이자가 아닌 시중 은행 평균 이자율을 기초로 한 '소정'의 이자(2%대 수준)가 지급된다. 5,000만 원 이상 예금은 부채이전할 때와 같다. 후순위채 투자자들은 부채이전되거나 문을 닫을 경우 보상받지 못한다. 가족 명의로 분산 예치한 예금도 금융실명법에 따른 실명확인 절차를 거쳐 예금계약을 체결했다면 당연히 보호대상에 포함된다. 비밀번호, 인감, 이자를 받는 계좌가 동일해도 예금 명의자별로 원리금 5,000만 원까지 보장된다.

해당 저축은행에 대출이 있더라도 당장 상환해야 하는 것은 아니다. 저축은행이 문을 닫더라도 신규수신, 예금지급 등이 중지될 뿐, 대출상환, 만기연장 등의 업무는 그대로 이뤄진다. 특히 예금과 대출을 동시에 갖고 있는 경우라면 예금을 돌려받지 않고 대출금을 줄이는 상계 요청을 하면 된다. 예금에서 대출을 제한 금액이 5,000만 원 미만이라면 상계 후 전액 보장받을 수 있다.

당장 급전이 필요하다면 가지급금을 활용하면 된다. 예금보험공사는 당장 자금이 필요한 예금자들을 위해 예금잔액 가운데 일부를 가지급한다. 예전에는 한도가 1,500만 원이었지만 고객의 불편을 줄이기 위해 2,000만 원까지 늘렸다. 2,000만 원 이상으로 당장 돈이 필요한 사람은 예금담보 대출을 받으면 된다. 예금보험공사가 지정하거나 지방자치단체와 제휴한 인근 금융회사에 신청하면 예금액의 70~90%까지 대출을 받을 수 있다.

가지급은 중도해지가 아니라 원금의 일부를 미리 가져가는 것이다. 따라서 당초 약정한 이자율에는 변화가 없다. 저축은행이 정상화되면 약속받았던 이자율대로 이자를 받을 수 있다. 다만 가지급 받은 후 만기까지 해당 기간의 가지급분에 대해서는 이자가 쌓이지 않는다.

또 영업정지 기간에 만기 도래한 예금을 찾지 못하면 만기 후 예금을 찾을 때까지 저축은행이 당초 약속한 '만기 후 이자율'이 추가로 적용된다. 정상화되지 않아 예금보험금을 타는 경우라면 돈이 예치된 전체 기간에 대해 소정의 이자율이 적용된다.

예금 명의자가 미성년자, 해외 거주자, 외국 시민권자, 군인, 망자亡者일 경우 가족 등이 관련 서류를 제출하면 예금을 모두 받을 수 있으며, 통장 등을 분실한 경우라도 확인절차를 거쳐 수령할 수 있다.

다만 문제가 되는 경우는 후순위채 보유자다. 그동안 저축은행은 자본을 늘리기 위해 무리하게 후순위채를 발행했고, 7~8%대 고금리의 유혹에 넘어가 이를 대량 구매한 고객이 적지 않다. 그러나 후순위채는 기본적으로 예금이 아니기 때문에 예금보험 대상이 아니다. 더욱이 이름 그대로 예금 등 선순위채권에 비해 보장순위가 밀리기 때문에 돈을 돌려받을 가능성이 높지 않다. 즉 영업정지된 저축은행이 자체정상화에 실패해 부채이전 방식으로 다른 금융회사에, 계약이 이전되더라도 5,000만 원이 넘는 일반예금과 후순위채 등은 인수 대상에 포함되지 않는 경우가 많기 때문이다.

후순위채 보유자라고 해서 아예 돈을 돌려받을 수 없는 것은 아니다. 파산재단으로 넘어가는 채권은 파산배당률에 따라 일정 금액을 돌려준다. 하지만 5,000만 원을 초과하는 일반 예금채권과 선순위채권 등이 있는 만큼 후순위채까지 변제순위가 돌아오는 일은 없다.

하지만 저축은행들이 후순위채를 팔면서 원금보장이 되지 않는다는 설명을 제대로 하지 않았다면 '불완전 판매'를 주장할 수 있다. 이런 경우에는 저축은행 책임비율만큼 채권의 효력을 인정받을 수 있다. 다만 저축은행 관계자들이 후순위채 판매로 처벌받는 것은 불완전판매와는 별개 문제다. 구제를 받기 위해서는 채권매입자가 신청서와 입증 자료를 첨부해 금융감독원에 분쟁조정을 신청해야 한다.

그렇다면 얼마나 구제받을 수 있을까? 가령 A저축은행에서 후순위채 1,000만 원어치를 구입한 B씨가 금융감독원에 분쟁조정을 신청했다고 하자. 이 경우 금융감독원은 서류검토와 현장조사, 관련자 면담 등을 통해 A씨와 은행측의 책임비율을 판정한다. 만약 B씨와 은행 책임이 6대 4로 결정되면 1,000만 원 후순위채의 40%인 400만 원 어치는 일반채권 자격을 얻게 된다. 그렇다고 B씨가 곧바로 400만 원을 손에 쥘 수 있는 것은 아니다. 다른 일반채권 및 5,000만 원을 넘는 예금채권과 경합을 벌여야 한다. 그 결과 파산배당률이 20%로 결정된다면 B씨는 400만 원의 20%인 80만 원을 돌려받게 된다.

5,000만 원이 넘는 저축은행 예금 어떻게 관리할까

5,000만 원 초과 저축은행 예금을 무작정 인출하는 것보다는 예금 중 일부만 인출하는 '분할해지'를 택하면 손해를 최소화하면서 위험도 줄일 수 있다. 전액을 한꺼번에 찾아가면 중도 해지에 따른 이자손해가 크기 때문에 5,000만 원을 넘는 액수만 따로 떼어 찾아가는 것이다.

저축은행들은 정기예금에 연 3~4% 안팎의 이자를 지급하지만 중도에 해지하면 1~2%만 지급한다. 5,000만 원을 저축은행 예금에 넣어뒀을 경우 만기 전에 해지하면 많게는 100만 원 넘게 손해를 볼 수도 있으며, 예금액이 5,000만 원 이상이면 손해 금액은 더 커진다.

예를 들어 예금보험 한도를 넘어 7,000만 원을 A저축은행에 맡긴 예금자라면 성급하게 7,000만 원을 전부 해약하기보다는 2,000만 원만 해약하고 5,000만 원은 그대로 두면 된다. 이 경우 2,000만 원에 대해서는 중도해지 이율을 적용받아 약간의 손해가 생기지만 나머지 5,000만 원은 약정한 이자도 받을 수 있고 정부로부터 예금보호도 받을 수 있다.

더 나아가 해지한 2,000만 원을 즉석에서 다른 가족 명의로 새로 가입하거나, 다른 저축은행에 분산예치하면 7,000만 원 전부에 대해 예금보험 혜택을 적용받을 수 있다. 다만 분할해지는 모든 저축은행에서 최대 3회까지 가능하다.

누가 대부업체를 이용할까

TV를 시청하다 보면 대부업체의 광고를 자주 접한다. 업계 1위인 러시앤캐시의 무대리를 떠올리는 사람들도 꽤 있을 것이다. 대부업이 빠르게 성장하고 있다. 금융당국의 대부업 실태조사에 따르면 2011년 6월 말 기준으로 247만 명이 8조 6,391억 원을 대부업체에서 빌려 쓰고 있다. 개인대출 규모로 봤을 때 저축은행의 두 배에 이른다.

일단 대부업체의 금리부터 살펴보면 최고금리가 39%다. 대부업의 금리가 법으로 규정된 것은 지난 2002년이다. 2002년 10월 이자상한선을 연 66%로 하는 '대부업 등록 및 금융 이용자 보호에 관한 법률(대부업법)'이 입법·시행된 것이다. 이후 대부업체의 상한금리는 꾸준히 내려갔다. 이자상한선은 2007년 49%로 강화됐고 2010년에는 44%, 2011년에는 39%로 줄어들었다.

계속 금리가 낮아지기는 했지만 연 이자가 40%에 육박하는 탓에 여전히 '살인금리'라는 말을 듣는다. 그렇다면 어떤 사람들이 대부업체를 이용하는 것일까? 금리 수준만 보면 도저히 제도권 금융회사에서 대출을 받기 어려운 고객들로 북적거릴 것 같은 느낌이 든다.

하지만 현실은 꼭 그렇지만은 않다. 금융당국이 주요 대부업체의 이용자 현황을 조사한 결과 대부업체 거래고객의 44%가 1~6등급 사이의 우량신용자인 것으로 나타났다. 또 신규대출자의 72%는 월급으로 빚 상환이 가능한 회사원이었다.

이들은 왜 대부업체보다 금리가 조금이라도 낮은 은행이나 저축은행, 카드회사 대신 대부업체를 이용하는 것일까? 이유는 크게 두 가지다. 우선 '편리함'을 꼽을 수 있다. 실제로 대부업체에서 대출상담을 시작해 승인을 받기까지 걸리는 시간은 약 6분에 불과하다. 번거롭게 지점을 방문해야 하는 것도 아니다. 전화 한 통이면 지하철을 타고 세정거장을 지날 만한 시간에 대출을 받을 수 있는 것이다.

입금절차까지 모두 포함해 급전을 손에 쥐기까지 10분이면 충분하다. 물론 금리가 높긴 하지만 고객 입장에서는 소액으로 대출을 받은 뒤 며칠 내로 금방 갚을 계획이라면 이자금액이 크게 차이가 나지 않는다는 인식이 높다.

또 다른 이유는 '보이지 않는 대출'이라는 점이다. 대부업은 금융업으로 분류되지 않아 금융사 정보망에 공유되지 않는다. 저축은행을 이용할 경우 정보가 모두 공유되어 은행에서 대출을 받을 때 불리하게 작용할 수 있지만 대부업체의 경우 대출이 있더라도 은행이나 저축은행에서는 이를 알기 힘들다. 그러므로 신용등급에 악영향을 미치는 일도 없어 우량신용자도 대부업체를 종종 이용하게 되는 것이다.

19
세법을 알아야 금융이 보인다

금융 알부자 A씨는 3억 원어치의 물가연동 국채(원금과 이자지급액을 물가에 따라 조정해 채권의 실질구매력을 보장한 국채)와 10억 원을 납입한 상속형 즉시연금에 가입했다. 연간 벌어들이는 금융소득이 3억 5,000만 원에 달하지만 A씨가 1년에 내는 세금은 4,860만 원에 불과하다. 세율로 계산하면 14%에 불과해 슈퍼 리치들이 부담하는 최고세율 41.8%(지방세 포함)에 크게 못 미친다. 이는 A씨가 비과세 혜택을 받는 즉시연금과 분리과세 적용을 받는 물가연동 국채의 혜택을 받았기 때문이다. 어떻게 이런 일이 발생하는 것일까?

재테크는 돈을 불리는 작업이지만 돈을 떼이지 않는 것도 중요하다. 예를 들어 예금을 통해 많은 이자수입이 생기더라도, 세금으로 다 떼어간다면 실제로 손에 쥐는 돈은 얼마 되지 않을 것이다. 특히 고소득자일수록 누진세율에 따라 세금이 많아진다. 재테크의 핵심이 세테크라는 말이 나오는 것도 이런 이유 때문이다. 매년 기획재정부가 다음해의 세법 개정안을 내놓으면 금융사 창구는 상담을 받으려는 사람들로 북적거린다. 세금 관련 제도가 바뀌면 재테크의 향방도 달라지기 때문이다.

슈퍼 리치의 세금피난처가 되는 금융상품들

그중에서도 특히 2013년 세법 개정안은 의미가 크다. 지금까지 누적된 금융 관련 세제의 모순을 바로잡기 위해 정부가 마침내 칼을 뽑았다. 타깃은 바로 즉시연금과 물가연동 국채다. 두 상품은 종합소득세를 내야 할 슈퍼 리치들이 합법적으로 세금을 내지 않도록 도와주는 사각지대 역할을 해왔다는 것이 전문가들의 지적이다.

2013년 세법 개정안에 따르면 어떤 이유에서든 저축성보험을 10년 이내에 중도인출할 경우 비과세 혜택을 주지 않기로 했다. 이는 중도인출 기능을 활용해 실제로는 돈을 빼서 쓰면서도 계약만 유지하는 방식으로 나중에 비과세 혜택을 받는 경우가 많다는 지적이 제기됐기 때문이다. 현행 제도에서는 원금을 인출할 경우 비과세 혜택이 폐지됐지만 이자만 인출할 경우에는 비과세 혜택이 유지돼왔다.

개정안의 주요 타깃은 즉시연금이다. 즉시연금은 많은 돈을 한꺼번에 납입한 뒤 매월 일정금액을 월급처럼 받는 금융상품이다. 여기에서 이자만 나눠서 받고 원금은 자녀에게 상속하는 '상속형'은 이자 중도인출로 간주돼 비과세 혜택을 받아왔다. 동시에 10년이라는 가입 기간 유무를 구체적으로 판단할 수 없는 '종신형'에 대해서도 비과세 혜택이 주어졌다. 종신형 즉시연금이란 사망 시점까지 원금과 이자를 분할해서 받는 상품이다.

그러다 보니 즉시연금은 고정소득이 없는 은퇴자의 노후대책을 돕는다는 본래 취지에서 벗어나 고액자산가들의 세금피난처 역할을 해온 것이다. 얼마를 가입하던 상속형 또는 종신형 즉시연금에 가입하면 전액 비과세 혜택을 받아 4,000만 원 기준의 금융소득종합과세 합산에 포함되지 않았기 때문이다.

그러나 2013년부터는 상속형과 종신형 즉시연금 모두 10년 내 인출한 금액만큼 세금을 물리겠다고 한다. 이에 따라 상속형에 대해서는 비과세 혜택이 완전 철폐되고 이자 및 종합소득세를 납부해야 한다. 다만 실제 노후자금 쓰임새가 인정되는 종신형의 경우 55세 이상 가입자에 대해 이자소득이 아닌 연금소득으로 과세하기로 함에 따라 1200만 원까지는 5%의 세율이 적용된다.

물가연동 국채에 관한 달라진 세법을 알아두자

물가연동 국채도 대표적인 종합소득세 회피 상품으로 손꼽혀왔다. 원금과 이자를 물가에 연동해 인플레이션 위험에 대비하는 물가연동 국채는 이자는 과세 대상이지만 물가연동에 따른 원금증가액은 과세 대상에서 제외됐다.

예를 들어 표시이자 1.5%의 10년 만기 물가연동 채권 3억 원어치를 보유한 A씨는 지금까지는 물가인상에 대한 원금증가분 750만 원에 대해서는 세금을 내지 않아도 됐다. 다만 원금(3억 원+750만 원)의

1.5%인 460만 2,750원에 대해서만 174만 9,045원(종합소득세율 38% 적용)을 세금으로 내면 됐다. 그러나 내년부터는 여기에서 원금증가분 750만 원에 대해서도 추가로 180만 원의 세금을 내야 한다.

  이에 대해 기획재정부는 '물가연동에 따른 원금증가분도 사실상의 이자'이며 '채권과세 실효성을 제고하기 위해 이자소득세를 매길 것'이라고 밝혔다. 다만 시장 충격을 줄이기 위해 2년간 시행을 유예하고 세금징수는 2015년부터 하기로 했다. 더욱이 비과세 및 분리과세 한도가 줄어드는 동시에 금융소득종합과세 기준 금액도 현행 4,000만 원에서 3,000만 원으로 내려간다는 점도 유념해야 한다. 따라서 내년부터는 금융소득 3,000만 원까지 원천징수(15.4%)가 되고 3,000만 원을 넘는 금융소득은 종합소득세 합산에 포함돼 누진세율(6~38%)이 적용된다.

  예를 들어 설명해보자. 고액자산가인 B씨는 A씨가 내는 세금이 자신보다 적다는 사실에 배가 아파 A씨의 포트폴리오를 따라하기로 했다. 부동산과 같은 자산을 정리한 3년 뒤인 2015년에 B씨는 물가연동 국채와 즉시연금에 가입했지만 A씨와 같은 절세 혜택을 보지는 못했다. 일단 3억 원어치를 보유한 물가연동 국채의 원금증가분 750만 원과 10억 원의 상속형 즉시연금에서 나오는 연 3,564만 원의 소득이 종합소득세에 포함된 것이다. 더욱이 금융소득종합과세 기준마저 4,000만 원에서 3,000만 원으로 내려갔다. 이에 따라 박 씨는 2012년의 A씨보다 26%나 많은 6,135만 원을 세금으로 내야 한다.

  위에서 설명한 사례에는 중요한 체크포인트가 숨어 있다. 바로 세법은 소급 적용되지 않는다는 점이다. 이 때문에 보험사와 같은 금융회사들이 즉시연금을 앞세운 '절판 마케팅'에 열을 올리고 있다. 하지만 가입자들이 몰릴 경우 금리하락이 불가피하기 때문에 서둘러 가입을 고려하고 있다면 금리 움직임에 유념해야 한다.

여전히 분리과세가 유지되고 있는 금융상품을 찾는 것도 또 다른 대안이 될 수 있는데, 맥쿼리인프라로 대표되는 인프라펀드와 유전펀드, 선박펀드 등이 대표적이다. 이들 상품은 2014년까지 분리과세 혜택이 이어진다. 장기 국채 역시 만기 10년 이상일 경우에는 분리과세가 적용된다. 또한 이번 세법 개정안에는 포함됐지만 물가연동 국채는 한시 유예를 받았다는 측면에서 '시한부 투자처'로 여전히 고려할 만하다.

> **즉시연금이란**
> 한꺼번에 목돈을 예치한 뒤 곧바로 매달 월급처럼 이자를 받을 수 있는 보험상품이다. 만기 10년을 조건으로 비과세 혜택을 받을 수 있어 종합과세를 피하고자 하는 슈퍼 리치들의 주요 재산목록에 이름을 올려왔다.

세금 깎아주는 금융상품

저출산·고령화 시대를 맞아 장수가 축복이 아닌 재앙으로 다가오고 있다. 100세 시대를 맞아 장수 리스크가 무섭게 다가오면서 정부는 국민들의 노후준비를 돕기 위한 각종 금융상품을 내놓고 있다. 대표적인 것이 바로 '연금'이다. 그러나 국민연금만으로 노후를 대비하기에는 턱없이 부족한 것이 사실이다. 국민연금의 소득대체율(국민연금 가입기간의 평균소득 대비 연금의 지급비율)은 이미 40% 수준까지 떨어졌다.

이 때문에 정부는 국민들이 민영 개인연금에 가입해 스스로 노후를 대비하도록 각종 유인책을 내놓고 있다. 그러나 연금저축 등 가입단계에서는 각종 공제 혜택을 준다더니 정작 노후에 이르러 연금을 받고 보니 세금을 떼어내 연금가입자들의 불만이 높았다. 이에 따라 정부는 2013년 개정 세법을 통해 연금소득 1,200만 원까지 분리과세를 적용해 최고 5%의 낮은 세율로 세금 부담을 대폭 줄여주기로 했다. 또 연금소득의 기준도 국민연금, 공무원연금 등 공적연금을 제외하고 사적연금만으로 계산하기로 했다.

세법을 개정하기 이전에는 공적연금만으로 이미 월 50만 원인 분리과세 기준을 넘는 경우가 많아 사실상 사적연금은 모두 높은 누진세율(6~38%)이 적용돼왔다. 그러나 달라진 세법에 따라 2013년부터는 사적연금 가입자는 55세 이상이라면 연금을 받을 때 매월 100만 원까지는 5%(주민세 포함 시 5.5%)의 낮은 세율로 세금을 내면 된다.

노령화에 대비해 달라지는 연금제도

예를 들어 매월 국민연금 80만 원과 개인연금 100만 원을 받아 연간 2,160만 원의 연금수입을 올리는 A씨의 경우 현행 제도에서는 600만 원의 연금소득 분리과세를 제외하고 15%의 누진세율이 적용돼 매년 86만 원을 세금으로 내야 한다. 그러나 내년부터 분리과세 한도가 확대될 경우 세금 부담은 66만 원 수준까지 낮아진다.

이와 함께 평균수명이 점차 길어지고 있다는 점을 대비해 연금을 70세 이후에 받거나, 15년 이상 장기에 걸쳐 나눠 받는 수령자에게 유리하도록 세법이 개정됐다. 이는 사람들이 단기간에 연금을 모두 받아서 빈곤층이 되는 것을 막기 위해서다.

앞으로는 연금의 원천징수 세율이 연금수령 기간에 따라 차등화될 것이다. 가령 60대에 근로활동을 하고 70세부터 연금을 받을 경우 4%, 80세 이후부터 받을 때는 3%의 세율이 적용된다. 앞에서 예를 든 A씨의 경우에는 70세 이후 연금을 받는다면 연간 53만 원을, 80세 이후부터 받는다면 매년 40만 원만 세금으로 납부하면 된다. 아울러 연금 수급을 늘리기 위해 종신형 연금에는 4%, 퇴직금을 연금으로 전환했을 때는 3% 세율이 적용된다.

세제 적격 상품인 연금저축도 바뀐다. 재원을 늘리고 장기 연금 수령을 늘리기 위해 기존 10년 이상 납입, 5년 이상 수령이라는 기준이 5년 이상 납입, 15년 이상 수령으로 바뀐다.

또한 연금저축에 대한 해지요건도 강화된다. 현재는 연금저축을 계약일로부터 5년 내 해지할 경우 해약환급금에 대해 20%의 기타소득 과세를 내고, 자신이 낸 납입보험료의 2% 수준의 해지가산세를 내면 됐다.

그러나 앞으로는 연금소득세(5%) 적용을 받았던 모든 금액의 10%를 해지가산세로 내야 한다. 예를 들어 2,000만 원을 이미 연금으로 받은 B씨가 연금저축을 해지해 4,000만 원의 환급금을 받는다면 현재는 880만 원만 세금으로 내면 됐지만 앞으로는 200만 원 기지급분에 대한 220만 원(지방세 포함)을 세금으로 더 내야 한다.

재형펀드와 재형저축을 기억하자

2013년부터 도입되는 서민 재산형성 상품도 주목할 만하다. 재형펀드와 재형저축이 그것이다. 장기 재형펀드는 총 급여 5,000만 원 이하 근로자나 종합소득 금액 3,500만 원 이하 자영업자만 가입할 수 있다. 국내 주식형펀드에 10년 이상 적립식으로 투자하면 납입액의 40%에 대해 소득공제 혜택을 주는 상품이다.

즉 공제 혜택을 최대한 받으려면 매달 최소 50만 원씩(연간 600만 원)은 불입해야 한다는 얘기다. 결론적으로 말해 연봉 4,000만 원을 받는 샐러리맨 A씨가 매달 50만 원씩 600만 원을 재형펀드(본인·배우자 기본공제 가정, 소득세율 16.5% 기준)에 묻어놓는다면 연말정산 때 총 39만 6,000원을 돌려받을 수 있다.

재형펀드 공제 폭은 연간 400만 원까지 소득공제 혜택을 주는 기존 연금저축에 비해 낮지만 중복가입이 가능하다. 재형펀드와 연금저축에 동시 가입해 세제 혜택 폭을 넓히는 전략이 가능한 셈이다. A씨가 재형펀드에 불입한 것과 같은 조건으로 연금저축에 투자한다면 연간 66만 원을 환급받을 수 있으며, 두 상품에 모두 가입하면 총 105만 6,000원의 세금 혜택을 받을 수 있다.

재형저축에는 이자·배당소득세 비과세 혜택이 따른다. 연간 1,200만 원(분기별 300만 원)까지 10년간 저축할 경우에 한해서다. A씨가 납입한도를 꽉 채워 한 달에 100만 원씩 재형저축에 투자한다면 10년 뒤에는 총 372만 7,000원(연 단리 4%·이자소득 세율 15.4% 가정)의 비과세 혜택을 볼 수 있다. 다만 재형펀드처럼 소득공제 혜택을 줄 것인지에 대한 여부는 2013년 2월 말 시점에서는 아직 미정이다.

다만 두 상품 모두 의무보유 기간이 있다는 사실을 명심하자. 재형펀드는 5년 안에 자금을 인출하면 그동안 감면받은 세액을 토해내야 한다. 재형저축 역시 10년 이내 중도인출하거나 해지하면 이자·배당소득 감면세액을 추징당한다.

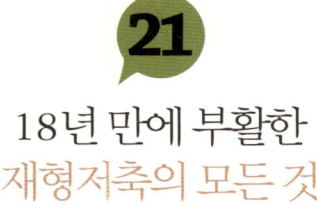

18년 만에 부활한
재형저축의 모든 것

2013월 3월, 재형저축(근로자 재산형성저축)이 18년 만에 부활했다. 물론 과거와 동일한 조건은 아니다. 1990년대 초반에는 재형저축 가입자는 연 10%의 기본금리에 정부나 회사에서 주던 장려금까지 포함하면 연 14~16% 수익을 올릴 수 있었다. 지금과 비교하면 꿈같은 일이다. 이제부터 말 많고 탈 많은 재형저축의 오해와 진실을 함께 알아보도록 하자.

재형저축이란 무엇인가

은행권이 출시한 재형저축의 기본금리는 연 3.4~4.3%로 결정됐다. 재형저축 납입액 자동이체, 신용(체크)카드 사용, 입출금식 통장 개설, 카드 결제대금 입금, 급여 자동이체 등에 따라 우대금리가 0.1~0.4%포인트까지 부여되면서 최대 연 4.6%까지 금리를 받을 수 있다. 시중 은행의 정기적금 금리가 약 3% 수준인 점을 감안하면 약 1%포인트 높은 수준이다. 은행 금리는 전국은행연합회 홈페이지 www.kfb.or.kr에서 확인할 수 있다.

　재형저축의 최대 강점은 비과세 혜택이다. 2013년 개정된 세법을 통해 도입된 재형저축은 한 해 1,200만원(분기당 300만 원)까지 이자소득세 14%가 붙지 않는 특혜가 주어진다. 단, 농어촌특별세 1.4%는 뗀다. 계약기간은 최소 7년에서 최대 10년까지다. 즉 가입자의 의무가입 기간이 7년인 셈이다. 1회에 한해서 3년 연장이 가능하기 때문에 10년까지 혜택을 볼 수 있다.

　재형저축에는 가입요건이 있다. 연봉 5,000만 원 이하 근로자나 연소득(종합소득) 3,500만 원 이하 자영업자만 재형저축 통장을 만들 수 있다. 이 때문에 재형저축에 가입하기 위해서는 국세청에서 발급하는 소득금액증명원이 있어야 한다. 국세청 홈택스 www.hometax.go.kr 사이트에서 발급받을 수 있다.

　그러나 매년 소득요건을 충족해야 하는 것은 아니다. 가입 직전 해의 연소득만 조건을 충족하면 된다. 가입 이후에 월급이 올라서 기준소득을 초과한다고 해도 비과세 혜택은 유지된다. 따라서 향후 소득이 넘을 가능성이 있다면 가입을 서두르는 편이 좋다.

　한 사람이 여러 은행 상품에 가입해도 상관없다. 합쳤을 때 1년 불입액 1,200만원까지는 여전히 비과세다. 또 소득 기준이 개인별로 적용되기 때문에 부부나 자녀가 각자 재형저축 통장을 만들어도 된다.

　이 때문에 고소득 가구라도 소득자 본인이 아닌 부인이나 자녀 명의로 재형저축 통장을 만드는 것은 위법이 아니다. 예를 들어 연소득 5,000만 원을 넘는 남편이 부인에게 부동산 중 일부를 증여해서 발생하는 임대소득으로 재형저축에 가입할 수도 있다. 다만 이 경우 종합소득은 가입요건인 3,500만 원보다 낮아야 한다. 종합소득이 3,500만 원을 넘더라도 필요경비를 차감한 후 소득이 3,500만 원보다 낮다면 가입할 수 있다. 하지만 재형저축이 언론에서 보여지는 것처럼 장밋빛인 것만은 아니다. '공짜점심은 없다'는 말처럼 은행이 손해를 보는 일은 절대 없다.

1. 7년 동안 동일한 금리가 아니다

현재 모든 은행에서 발표한 재형저축 기본금리는 최초 3년만 유지되고,

표로 정리한 재형저축의 모든 것

상품	은행 증권 저축은행 등 모든 금융회사가 취급하는 적립식 저축
금리	우대금리 포함 최고 4.5% 안팎
혜택	7년 이상 가입 시 이자소득세(14%) 면제
대상	총 급여 5,000만 원 이하 근로자, 종합소득 3,500만 원 이하 개인사업자
납입한도	연 1,200만원(분기당 300만 원)
저축기간	만기 7년 이상, 3년 연장 가능(최대 10년)
가입시간	2015년 12월 31일까지
증빙서류	국세청 소득확인증명서 또는 회사발급 근로소득원천징수영수증

이후에는 매 1년마다 금리가 변경돼 적용된다. 다만 제주은행은 4년간 고정금리를 제공한다. 향후 시장 상황에 따라 현재 금리 수준보다 대폭 금리가 낮아질 수 있으니 유의해야 한다.

우대금리의 경우도 마찬가지다. 은행마다 우대금리를 적용하는 기간이 다르다. 2013년 3월을 기준으로 했을 때 우리·농협은행은 우대금리를 7년 내내 적용하지만, 기업·신한·하나은행 등은 초기 3년만 우대금리를 제공한다.

국민은행의 경우 자동이체로 입금을 하면 연 0.2%포인트의 우대금리를 7년간 주고 재형저축 가입 때 패키지 상품을 갖고 있거나 새로 신청하는 경우에는 연 0.1%포인트의 우대금리를 3년 동안만 준다. 이런 차이 때문에 가입설명서나 계약서에 나와 있는 '최초 3년', '만기까

주요은행 재형저축 금리(단위 : %)

은행	기본금리	우대금리	최고금리
기업은행	4.3	0.3	4.6
외환은행	4.3	0.3	4.6
우리은행	4.2	0.3	4.5
국민은행	4.2	0.3	4.5
신한은행	4.1	0.4	4.5
하나은행	4.1	0.4	4.5
농협은행	4.3	0.2	4.5
우체국	4.2	0.3	4.5

지'와 같은 문구를 잘 살펴보아야 한다.

2. 최고금리에 현혹되지 마라

실제로 급여통장이나 신용카드 등 모든 조건을 갖춰 최고금리를 적용받기는 쉽지 않다. 그렇기 때문에 재형저축 가입자가 눈여겨봐야 할 부분은 기본금리다. 먼저 기본금리를 살펴본 후에 자신이 어느 은행의 우대요건을 충족할 수 있는지 따져봐야 한다.

그렇다고 우대요건을 맞추기 위해 신용카드를 발급받는 것은 그야말로 바보짓이다. 예를 들어 기업은행은 연 300만 원 이상 신용카드를 써야 금리 0.1%포인트를 더 준다. 이자 몇 천원 더 받자고 신용카드 사용을 늘리는 것은 옳지 않은 행동이다.

3. 중도해지하면 손해다

높은 금리와 비과세 혜택만을 보고 재형저축에 가입했다가는 도리어 낭패를 볼 수도 있다. 비과세 혜택을 받기 위해서는 최소 7년 동안 돈을 묵혀둬야 한다는 점을 잊지 말자. 중도에 해지하면 그동안 내지 않았던 세금을 모두 내야한다. 중도에 해지하면 금리 면에서도 손해를 볼 수 있다.

대개 3년이 되기 전에 해지하면 7년 만기를 전제로 한 기본금리가 아니라 은행이 각자 정한 중도해지이자율 계산방식에 따른 이자만 받게 된다. 예를 들어 1개월에서 1년까지는 1.0%, 1년부터 3년까지는 2%와 같은 식이다.

은행별로 차이가 심하기 때문에 반드시 가입 전에 살펴봐야 한다. 3년이 지난 뒤에 해지하면 3년까지는 기본금리를 받고, 이후 1년 초과 때마다 매겨진 변동금리를 적용받는다.

중도해지를 남의 이야기로만 생각해선 안 된다. 금융감독원에 따르면 5년 만기 적금을 들은 가입자가 단기까지 유지하는 비율이 11%에 불과하다고 한다. 10명 중 9명이 중도에 적금을 해지한다는 것이다. 분위기에 휩쓸려서 덜컥 가입했다가 불가피한 상황이 생겨 중도에 해지하는 일이 없도록 하자. 게다가 재형저축은 한 번 가입하면 다른 금융회사로 갈아탈 수도 없다.

4. 재형저축펀드에 눈여겨보자

재형저축 상품이 은행에만 있는 것은 아니다. 증권사에서 출시한 재형저축펀드는 가입조건은 동일하지만 저축이 아닌 펀드의 성격을 갖고 있다는 차이가 있다. 그러나 이 재형저축펀드는 소비자들의 관심을 받지 못하고 있다. 일반 소비자들은 원금 보장 심리가 강해서 손해 볼 수 있는 펀드 가입을 꺼리는 경향이 있으며 또한 펀드의 주 판매 채널인 은행이 재형저축 판매에만 집중하고 있기 때문이다.

재형저축펀드는 대부분 수익에 대해 이자소득세를 내야 하는 채권형펀드이거나 해외 펀드이다. 주식형 펀드의 경우 주식 매매 차익이 원래 비과세이기 때문에 재형저축의 절세 효과를 누릴 수 없는 까닭이다.

재형저축펀드는 금리가 확정된 은행의 재형저축과 달리 운용 결과에 따라 수익률이 정해진다. 일반 펀드보다 수수료가 30% 가량 저렴하다

재형저축과 재형저축펀드 비교

	재형저축	재형저축펀드
수익률	연 3~4%	펀드운영에 따라 달라짐 (작년 기준 해외 채권형펀드 수익률 5~10%)
원금손실가능성	없음	있음
수수료	없음	운용 및 판매보수 별도 부과
중도해지	과세	과세, 일부 상품은 환매수수료 별도 부과
판매창구	은행	은행, 증권사 영업점

는 것이 재형저축펀드의 장점이다. 증권사들은 고객유치를 위해 은행 통장과 같은 종합자산관리계좌 CMA에 1% 가산금리를 제공하는 등의 다양한 부가서비스를 제공한다.

 이런 차이 때문에 전문가들은 가입자들이 은행과 증권 상품에 적절히 분산해서 포트폴리오를 구성할 것을 권한다.

재형저축 가입 체크리스트
- 최고금리에 현혹되지 말고 기본금리, 우대금리 요건을 살펴보자.
- 초기 3년만 고정금리이고, 나머지 4년은 변동금리인 점을 기억하자.
- 우대금리가 7년간 적용되는지 따져보자.
- 중도 해지할 때 받게 될 이자율을 알아보자.
- 가입자격은 상품 가입 시점이 기준이다.
- 여러 금융회사에 동시 가입 가능하다. 다만 이후에 갈아탈 수 없다.

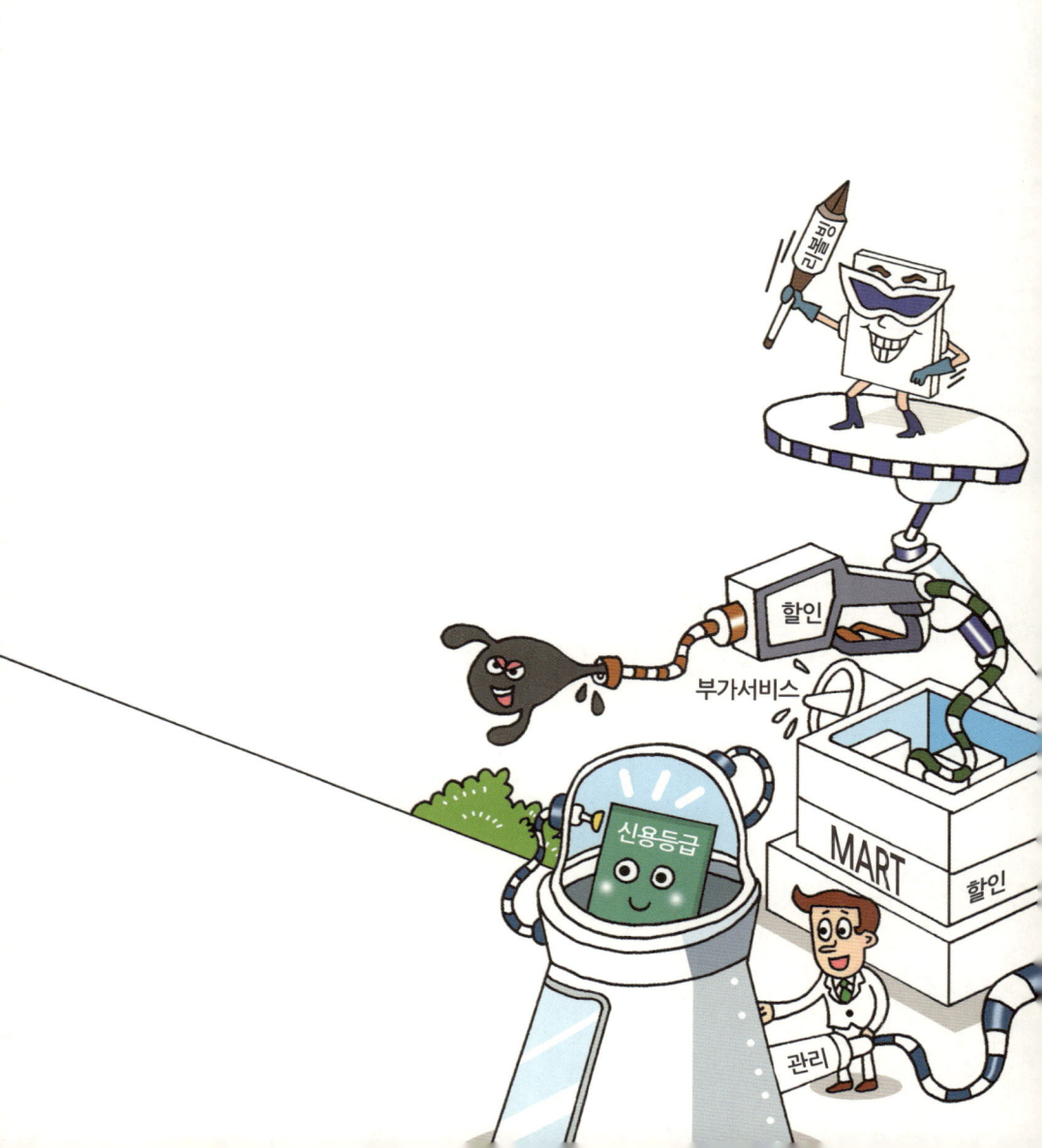

신용카드
제대로 알고 쓰자

카드회사의 경쟁이 갈수록 격화되면서 소비자를 현혹하는 다양한 부가서비스가 넘쳐나고 있다. 포인트 및 마일리지 적립, 백화점·대형할인마트·온라인쇼핑몰 할인, 영화관·주유소 할인, 놀이공원 무료입장 등 혜택은 많아졌지만 동시에 소비자가 알아야 할 조건은 더 복잡해졌다. 신용카드 부가서비스를 효율적으로 이용하기 위해 반드시 알아야 할 것들을 살펴보자.

부가서비스 조건 꼼꼼히 확인하기

부가서비스 이용의 기본은 조건을 꼼꼼하게 확인하는 것이다. 부가서비스 혜택은 대부분 전월 또는 직전 3개월 카드이용 실적이 일정 금액 이상이 돼야 주어진다. 이는 부가서비스만 이용하는 이른바 '체리피커'를 막기 위해서다. 체리피커란 케이크 위의 체리만 골라먹는 얌체 같은 사람을 의미하는 말로 카드업계에서는 결제, 할부 등 일반 기능은 이용하지 않고, 부가서비스 혜택만 골라서 이용하는 사람을 의미한다. 이 때문에 고객의 '충성도'를 검증하기 위해 실적을 부가서비스와 연동하는 방식이 일반적이다. 다만 무이자할부, 현금서비스나 카드론, 부가서비스 혜택을 받은 이용금액 등은 전월 이용실적 산정 시 제외되는 경우가 많다. 인터넷 쇼핑몰의 경우 건당 결제금액이 일정 금액 이상일 때만 할인혜택을 주는 것이 일반적이다.

카드회사는 돈이 안 된다 싶거나 체리피커가 몰릴 경우 부가서비스를 축소하기도 한다. 전월 이용실적 규정도 점점 더 엄격해지는 추세다. 평소 카드회사가 보낸 카드 이용대금 청구서나 이메일에 첨부돼 있는 부가서비스 축소 여부를 수시로 확인해야 한다. 현행 규정상 카드회사는 1년간 부가서비스를 축소하거나 변경할 수 없고, 변경 시에는 6개월 이전에 고객에게 고지해야 한다.

연회비가 적은 카드가 좋은 카드!

연회비는 회원관리나 부가서비스 비용을 충당하기 위한 것이기 때문에 부가서비스가 많을수록 연회비는 커질 수밖에 없다. 부가서비스를 거의 이용하지 않는다면 굳이 연회비가 비싼 카드를 발급받을 이유가 없다. 현재 부가서비스가 거의 없는 카드의 연회비는 2,000~3,000원 내외지만 혜택이 많은 카드는 통상 2~3만 원 수준이다. 더불어 부가서비스가 많은 카드는 그만큼 제휴하는 회사가 많기 때문에 개인신용정보 제공 범위가 확대된다는 점도 유의하자.

카드 포인트는 부록일 뿐이라는 걸 명심하자

상당수 부가서비스는 카드 이용실적의 일부를 포인트로 돌려주고, 적립한 포인트를 현금으로 전환해 할인해주는 방식이다. 이를 테면 현대·기아차를 구입하는 고객의 30%는 현대카드의 포인트 제도를 활용하고 있다. 이처럼 포인트 제도는 개인의 소비생활에 적지 않은 영향을 미친다. 그러나 일부 고객들은 포인트를 쌓기 위해 카드를 쓰기도 하는데, 이는 본말이 전도된 어리석은 짓이다. 차라리 절약을 위해 카드사용을 줄이는 편이 낫다. 더욱이 카드회사 간의 과열경쟁이 사회문제로까지 부각되면서 금융당국의 지도 아래 카드회사들은 포인트 제도를 축소하는 추세다. 40~50대가 받아야 할 혜택을 20~30대가 가져간다는 지적도 일리가 있다.

또한 신용카드 포인트는 유효기간이 지나면 소멸되고 카드해지 시 잔여 포인트 사용이 불가능하다는 점도 유념해야 한다. 유효기간은 통상 2~5년이다. 카드회사는 포인트 소멸 2개월 전에 고객에게 이를 고지하도록 돼 있다. 평소 대금청구서를 통해 소멸 예정 포인트를 확인하고 미리 사용해야 한다. 또 카드를 해지할 때는 미리 잔여 포인트를 모두 사용하는 것이 좋다. 특히 기부에 관심이 있는 소비자라면 각 카드회사 홈페이지나 ARS, 영업점 등을 통해 포인트를 쉽게 기부할 수 있다. 일부 카드회사는 기부 전용카드도 발급한다. 기부액은 연말정산 시 기부금 공제가 가능하므로 기부 신청 시점에 증빙서류도 함께 신청해야 한다. 일부 카드는 포인트 소멸을 막기 위해 포인트를 바로 현금으로 전환해 통장으로 입금해주는 경우도 있다.

자신의 지출항목에 부합하는 부가서비스를 찾아라

카드마다 지원하는 부가서비스는 각양각색이다. 포인트 대신 항공사 마일리지를 적립하는 카드부터, 아파트 관리비를 할인해주는 카드까지 종류가 셀 수 없을 정도로 많다. 그런데 만약 비행기를 거의 타지 않는 사람이 항공사 마일리지형 카드를 발급받으면 어떻게 될까? 개인주택에 사는 사람이 아파트 관리비를 할인해주는 카드를 쓴다면? 이런 사람들은 앉아서 돈을 날리고 있는 것이나 다름없다. 따라서 자신의 지출항목을 정확히 파악해 소비패턴에 맞는 '맞춤형 부가서비스' 신용카드를 선택하는 것이 좋다. 더욱이 카드회사들이 고객에게 부가서비스에 대한 선택권을 주는 옵션형 카드도 늘고 있어 소비자의 선택이 더욱 중요해졌다. 대형할인점 이용이 잦으면 원하는 할인점 할인을 제공하는 신용카드를, 주유소를 자주 찾는다면 주유소 이용금액을 할인해주는 카드를 발급받아야 한다.

금융감독원은 '부가서비스 혜택을 최대한 활용하려면 여러 개의 카드보다 자신에게 적합한 한두 개의 카드를 집중적으로 사용하는 것이 효과적'이라고 추천한다.

신용카드 부가서비스 이용법
1. 카드회사는 바보가 아니다. 조건을 확인하자.
2. 연회비가 적은 카드를 골라라.
3. 카드 포인트는 부록일 뿐 포인트를 위해 카드를 쓰지 마라.
4. 자신의 지출항목에 맞는 부가서비스를 찾아라!

해외에서
신용카드 사용하기

해외여행이나 출장을 떠나려는 사람들에게 '카드'는 필수품이 돼가고 있다. 카드를 사용하면 출국 전 먼저 은행에서 원화를 외화로 바꾸지 않아도 되고, 남은 외국 동전을 환전할 때 큰 손해를 감수하지 않아도 되기 때문에 여러 면에서 카드를 사용하는 것이 유리하다. 그런만큼 해외에서 카드를 이용하는 사람들이 급증하고 있다. 한국은행의 2012년 카드 해외 사용실적 자료에 따르면 내국인의 카드 해외 사용금액은 94억 4,000만 달러로 전년(2011년) 대비 9.5% 증가했다.

해외에서는 어떤 카드를 사용해야 할까

그렇다면 카드사용이 직접 환전하는 것보다 비용 측면에서도 더 유리할까? 이에 대한 답은 상황에 따라 달라질 수 있다. 일단 기본적으로 원화 값에 대한 예상이 중요하다. 카드는 대금이 확정돼 승인되기까지 일정 기간(3~7일)이 소요된다. 해외에서 카드를 사용할 경우 지급해야 하는 금액은 카드사용 당일이 아니라 최종 승인 시점의 환율에 따라 결정된다. 이 기간에 원화 값이 오르고 내림에 따라 손해를 볼 수도 있고 이익을 볼 수도 있는 구조다.

따라서 원화 값이 강세를 보이고 있는 시점이라면 신용카드가 유리할 수 있다. 그 사이에 원화 값이 상승하면 결제금액이 그만큼 줄어들기 때문이다. 반대로 원화 값의 하락이 예상된다면 카드사용보다 환전이 유리하다. 다만 해외에서 신용카드를 사용하면 비자, 마스타, 아멕스 등 글로벌 브랜드 카드회사들에 약 1% 수준의 수수료를 납부해야 한다는 사실을 염두에 두자.

신용카드 대신 체크카드를 사용하라

최근에는 해외에서 체크카드를 사용하는 고객들이 늘고 있다. 신용카드의 경우 국내 카드회사는 보통 결제금액의 0.5~0.7%를 환가료(환율변동 위험수수료)로 부과하는 반면 체크카드는 이를 부과하는 대신 건당 수수료(KB카드의 경우 0.5달러)를 부과한다. 따라서 만약 사용금액이 크다면 추가수수료가 일정액으로 고정돼 있는 체크카드를 사용하는 것이 유리하다.

또한 해외에서 카드를 사용할 때는 현지통화를 기준으로 결제하는 것이 유리하다는 점도 알아두자. 현지통화로 결제하면 해당 가맹점이 미국 달러로 전환해 비자, 아멕스와 같은 국제 브랜드 회사를 거쳐 마지막으로 카드회사에 청구한다. 즉 환전절차는 현지통화에서 달러로,

달러에서 원화로 두 단계를 거친다. 하지만 반대로 원화로 결제한다면 최초 원화를 현지통화로 결제하는 과정이 추가되면서 환전수수료가 한 번 더 부과된다.

많은 사람들이 결제를 해외카드로 하면 카드정보가 가맹점에 남아서 누군가 나의 개인정보를 도용할 것이라는 두려움을 갖고 있다. 이는 '출입국정보 활용서비스'를 통해 해결할 수 있는데, 소지하고 있는 카드의 회사 홈페이지나 전화로 신청할 수 있다. 신청 시 해외에서 카드를 분실하거나 도난당했을 때 체류 국가의 긴급 대체카드 서비스를 이용할 수 있다. 국내에서 발행되는 국내외 겸용 카드는 대부분 비자나 마스터카드와 연계돼 있기 때문에 각 나라의 긴급서비스 센터를 이용하면 이틀 이내에 새로운 카드를 발급받을 수 있다.

해외 신용카드 사용 10계명
1. 방문국 현지통화 기준으로 결제하는 것이 유리하다.
2. 출입국정보 활용서비스와 SMS 서비스를 이용하자.
3. 반드시 신용카드 회사 신고센터 전화번호를 메모하자.
4. 카드분실이나 도난 시 긴급대체 서비스를 이용하자.
5. 카드 유효기간과 결제일을 반드시 확인하자.
6. 카드 앞면에 국제 브랜드 로고를 확인하자.
7. 유럽 지역으로 갈 때는 IC칩 카드인지를 확인하자.
8. 여권과 카드상의 영문 이름이 일치하는지 확인하자.
9. 사용금액이 부담된다면 귀국 후 할부로 전환하자.
10. 카드회사에서 제공하는 혜택은 미리 확인하자.

가계부채의 적,
카드론과 현금서비스

대출은 아예 하지 않는 것이 최고의 방법이라는 것을 알면서도 상황에 따라 현금이 필요한 경우가 생기게 마련이다. 하지만 금융기관에서의 대출은 개인의 신용도와 밀접한 관련이 있기 때문에 신용등급이 낮은 고객이라면 은행에서 대출받기가 어려운 것이 현실이다. 이 때문에 많은 사람들이 신용카드를 통한 현금서비스나 카드론을 이용한다. 카드론과 현금서비스가 비교적 쉽고 편리하게 이용할 수 있다는 장점이 있긴 하지만 신용등급이 하락할 수 있다는 치명적인 단점도 있다. 이 두 가지 방법을 이용해 대출을 받으려는 사람이라면 그전에 반드시 각 상품의 금리나 상환 방식을 비교해야 한다.

카드론과 현금서비스는 무엇이 다를까

카드론은 신용카드 회사 또는 신용카드 회사와 업무제휴를 맺은 은행에서 회원의 신용도와 카드이용 실적에 따라 대출해주는 상품이다. 카드론대출 신청은 소지한 신용카드 회사나 해당 은행에 전화해 대출 가능 여부를 확인한 뒤에 필요한 돈을 입금받는 형식으로 진행된다. 이 과정에서 별도의 구비서류는 없다.

현금서비스 역시 카드론처럼 별도의 신청절차 없이 회원 본인의 이용한도에 따라 현금인출이 가능하다. 현금자동지급기에 신용카드를 넣고 현금인출 기능을 통해 바로 이용할 수 있다. 현금서비스는 체크카드처럼 자신의 은행 결제계좌에서 차감되는 것이 아니라 카드회사에서 돈을 빌리는 신용카드 고유의 기능이다.

똑같은 신용카드라고 하더라도 카드론과 현금서비스의 금리는 다르다. 결론부터 이야기하자면 현금서비스의 금리가 카드론보다 더 높다. 2012년 여신금융협회에 따르면 카드회사의 현금서비스 이용자 다섯 명 중 한 명은 30%에 달하는 이자를 부담하고 있다. 대부업의 최고금리가 39%라는 점에서 볼 때 상당수의 현금서비스 이용자가 대부업과 큰 차이가 나지 않는 이자를 내고 있는 것이다. 반면 카드론의 금리는 16~20% 수준으로 현금서비스 금리보다 낮은 편이긴 하나 은행권대출에 비교한다면 고금리에 속한다. 특히 심야에 급하게 현금이 필요할 때 간편하다는 이유로 현금서비스를 이용하는 경우가 있는데, 이는 절대 해서는 안 될 행동이다.

카드론과 현금서비스는 상환 방식에서도 차이가 있다. 현금서비스는 이용 후 다음 결제일에 전액을 상환해야 한다. 반면 카드론은 짧게는 3개월, 길게는 24개월에 걸쳐 상환할 수 있다. 다음 결제일에 전액을 상환해야 하는 현금서비스에 비해 카드론의 연체 가능성은 상대적으로 낮다. 특히 돈이 생겨서 카드론을 이용해 빌린 돈을 중도에 상환할 경우 수수료의 일부를 돌려받을 수 있다.

전화 한 통으로 현금서비스보다 더 낮은 금리를 적용받을 수 있다는 점 때문에 최근 5년간 카드론 이용자는 꾸준히 늘고 있다. 금융감독원에 따르면 2011년 말 카드론 이용실적은 24조 8,000억 원으로, 전체 카드대출(카드론+현금서비스) 규모의 23.2%를 차지했다. 반면 현금서비스 이용비중은 금융당국의 규제를 받으면서 감소세를 보이고 있다. 2007년 전체 카드대출에서 84.6%를 차지했지만 이후 꾸준히 감소해 2011년 43.7%, 2012년에는 40.8%까지 떨어졌다.

금융권 관계자는 현금서비스 이용자의 절대적인 비율은 여전히 크지만 금리나 상환 방식의 차이로 인해 카드론 사용자가 늘고 있는 추세라며 "두 상품 모두 신용등급 하락이나 가계대출 증가의 피해가 있기 때문에 이용을 자제하는 것이 좋다"고 말한다.

가계부채의 적

금융당국은 현금서비스와 카드론을 가계부채의 '적'으로 지목하고 있다. 은행권 신용대출이나 대부업의 고금리대출을 단속하는 동안 카드회사들이 빈틈을 노려 현금서비스와 카드론 사용을 부추김으로써 신용불량자를 양산한다는 것이다. 카드론과 현금서비스가 급증한 배경에는 카드회사의 적극적인 마케팅이 가장 큰 영향을 미친 것으로 보인다. 그동안 카드회사는 은행대출에 비해 돈을 빌리기가 상대적으로 편리하다는 점을 다양한 방법으로 홍보해왔다. 이와 함께 카드론의 경우 다른 서민대출 상품보다 금리가 높지 않은 것도 주요 증가요인으로 꼽힌다. 카드론 대출금리는 16~20% 내외로 은행대출보다는 높지만 제2금융권에서 받는 대출보다는 상대적으로 낮아 소액대출을 받기에 큰 부담이 없다. 이 때문에 금융당국은 카드론과 현금서비스에 대한 모니터링을 강화하고, 대출이자를 낮추도록 카드회사들을 압박하고 있다. 2010년 이후 대출이자는 평균 2~5% 정도 내렸는데, 이는 카드회사들이 취급수수료를 폐지·인하한 결과다.

특히 최근에는 카드론이 보이스피싱(Voice Phishing, 음성voice과 개인정보private data, 낚시fishing를 합성한 신조어로 전화로 개인정보를 빼내어 이용하는 신종 범죄)의 주요 타깃이 되고 있어 사용자들의 주의가 필요하다. 이는 경찰을 사칭한 사기범이 카드론을 통해 돈을 빌리도록 유도한 뒤 사기범의 계좌로 자동입금되도록 하는 방식이다. 이와 같은 범죄를 방지하기 위해 카드론 최초 사용자에 대해 300만 원 이상을 신청할 경우 승인 후 두 시간이 지난 뒤 지연 입금하도록 제도가 바뀌었다.

여신금융협회는 '카드론 최초 이용자가 카드론 보이스피싱 피해의 87%를 차지한다'며 피해자의 72%가 두 시간 이내에 피해 사실을 인지하는 만큼 지연입금제도로 인해 카드론 피해가 크게 줄어들 것이라고 말했다.

카드의 함정, 포인트 선지급 서비스

물품이나 서비스를 구매하면 20~70만 원을 깎아주고, 이 금액을 일정 기간 적립된 신용카드 포인트로 갚도록 하는 포인트 선(先)지급 마케팅이 카드업계에서 빠른 속도로 확산되고 있다. 적용대상도 자동차, 전자제품부터 최근에는 여행상품, 부동산 중개수수료에 이르기까지 범위도 매우 다양해졌다. 이 서비스는 당장 돈이 부족하더라도 갖고 싶던 물건을 사거나 서비스를 제공받을 수 있다는 장점이 있다.

카드회사의 조삼모사 전략

포인트 선지급의 본래 이름은 '선할인'이었다. 자동차와 같은 고가의 제품을 구매할 때 최고 70만 원까지 할인받는 측면을 강조한 것이다. 그러나 이 구조를 냉정하게 들여다보면 결국 선할인이 아니라 선할부라는 표현이 좀 더 정확하다는 것을 알 수 있다. 금융감독원이 '선할인'이라는 표현이 소비자들에게 오해를 불러일으킨다는 이유로 결국은 사용을 금지하기에 이르렀지만 여전히 현장에서는 '세이브'라는 표현이 난무하며 소비자들의 오해를 불러일으키고 있다. 당장 돈을 아낄 수 있다는 조삼모사 전략은 통했다. 2007년 5,800억 원, 이용자 187만 명이던 시장규모가 2010년이 되자 1조 8,000억 원, 456만 명까지 증가했다.

그러나 이 제도는 얼핏 보기에 느껴지는 긍정적인 이미지와 달리 여러 가지 함정이 숨어 있다. 가장 큰 문제는 포인트 선지급이 '빚'이라는 것을 소비자들이 제대로 인지하지 못한다는 점이다. 예를 들어 어떤 물건을 구입할 때 1만 원의 선할인을 받은 뒤에 포인트로 갚는다고 하자. 상품마다 차이가 있지만 신용카드의 평균 포인트 적립률은 1%에 불과하다. 결국 소비자는 최소 100만 원을 써야만 물건을 구입할 때 빚진 포인트를 쌓을 수 있다. 1만 원을 갚기 위해 100만 원을 써야 하는 것이다.

심지어 신용카드 이용실적이 부족하면 지원받은 금액을 모두 현금으로 토해내야 하는 상황도 벌어진다. 일반적으로 포인트 선지급 서비스를 이용한 뒤 연속 3개월 이상 카드 사용실적이 없으면 카드회사는 포인트 미상환액을 수수료까지 포함해 일시에 청구한다. 따라서 애초에 포인트의 사용범위를 평소 본인의 카드 이용금액이나 향후 예상 이용금액을 철저하게 분석한 후 분수에 맞게 책정해야 한다.

여신금융협회에 따르면 선지급된 포인트를 갚는 데는 최대 3년이 걸린다. 이 기간 동안 어쩔 수 없이 다른 신용카드를 사용하는 데 제약이 따를 수밖에 없다. 중간에 다른 카드로 바꿀 경우 할인받은 포인트를 현금으로 한꺼번에 갚아야 하기 때문이다.

또한 포인트 선지급 서비스를 이용하기 전에 적립돼 있던 포인트는 상환에 사용할 수 없거나 월별 포인트 적립한도가 정해진 경우도 있다.

따라서 포인트 적립 기준과 대상, 적립 제한 요건 등을 카드상품 안내장이나 선지급 서비스 약관을 통해 꼼꼼히 확인해야 한다. 심지어 포인트 선지급을 이용할 경우 할인이나 무이자 할부와 같은 다른 부가 서비스 혜택이 사라지는 경우도 있다.

금융감독원은 이와 같은 조건을 잘 알지 못해서 발생하는 소비자 피해를 방지하기 위해 '서비스 요건을 직원에게 직접 안내받았다고 하더라도 반드시 안내장과 약관 등을 통해 이용조건을 확인해야 한다'고 조언한다.

더욱이 포인트 선지급 서비스는 여러 카드회사의 것을 중복 이용해서는 안 된다. 이를 두 개 이상의 카드회사에서 이용할 경우 카드 이용실적 부족으로 선지급된 포인트를 현금으로 상환해야 할 가능성이 높아진다. 일시적인 할인에 현혹되지 말고 항상 '빚'이라는 사실을 염두에 두고, 가급적이면 하나의 카드회사 서비스만 이용하자.

포인트 선지급과 세이브 포인트
포인트 선지급과 자주 혼동되는 것이 바로 '세이브 포인트'로 불리는 포인트 연계 할부서비스다. 얼핏 들으면 같은 것 같지만 자세히 보면 내용이 조금 다르다. 포인트 선지급은 미리 지급받은 현금에 대해 약정기간(일반적으로 36개월) 내에만 상환하면 된다. 반면 세이브 포인트는 선지급된 포인트를 매월 '분할해서' 할부원금 및 수수료를 적립된 포인트로 상환해야 한다.

즉 세이브 포인트는 선지급과는 달리 매월 상환해야 하는 의무금액이나 상환한도가 정해져 있다. 다만 세이브 포인트는 분할상환 금액이 정해져 있기 때문에 상환부담이 분산된다. 하지만 약정기간 내에 상환하지 못할 때는 만기 일시상환 금액이 오히려 커질 수 있다.

만약 순간적인 구매충동으로 포인트 선지급 서비스를 이용했다고 하더라도 되돌릴 수 있는 방법이 있다. 카드회사는 소비자와 선지급 약정을 체결한 뒤 계약체결 여부 및 주요 상환조건에 대해 콜센터를 통해 재확인하는 절차를 진행한다.

서비스를 이용하고 싶지 않을 때에는 서비스 이용약정을 해지하거

신용카드 회사별 포인트 적립 서비스

회사명	명 칭
신한	HI-SAVE서비스
국민	포인트리 세이브, 금융포인트 선지급 서비스, 이코노 서비스
현대	세이브-오토, 세이브-유통/온라인, 세이브-특정 가맹점, 세이브-결제변경 서비스
삼성	페이백 세이브, 전자/쇼핑/여행/보험/온라인/애니/일반 세이브
롯데	e/백화점/면세점 쇼핑 세이브, AUTO/OBU/보험/여행/마트/프리/Lotte 세이브
하나SK	SAVE 서비스, 웨딩 SAVE 서비스
비씨	BC 세이브 서비스

자료 : 금융감독원

나 해당 가맹점에서 물품구매를 취소하면 된다. 다만 약정을 해지할 때는 선지급된 포인트 금액을 돌아오는 카드 대금 결제일에 상환해야 한다.

카드회사 선지급 서비스란
소비자가 물품을 구매할 때 카드회사가 70만 원 상당의 포인트를 지급하고, 이후 카드 사용실적에 따른 포인트를 통해 최대 36개월간 갚아나가는 서비스다. 사실상의 '빚'이기 때문에 사용에 주의를 요한다. 더욱이 만기까지 상환하지 못할 때는 일시에 현금으로 갚아야 한다.

가면 쓴 고금리대출,
카드 리볼빙 서비스

"리볼빙 서비스에 가입하시면 연체 위험을 피할 수 있습니다."

직장인 최모 씨는 자신이 쓰고 있는 카드회사로부터 한 통의 전화를 받았다. 신용카드 사용액의 일정액만 결제하면 나머지 금액은 대출 형태로 바뀌어 나중에 상환해도 되는 '리볼빙revolving 서비스'에 가입하라는 권유였다.

최 씨는 망설이다 가입했다. 매달 약 300만 원씩 카드를 쓰고 있지만 연체한 적은 없었다. 하지만 최근 경기가 좋지 않아 혹시나 하는 생각이 들었기 때문이다. 최 씨는 '만일의 상황에 대비하는 것도 필요하고, 상환 능력 안에서만 이용하면 괜찮지 않을까?'라고 생각했다.

연체를 피하려다 파산할 수도 있다

'회전결제'라고도 불리는 리볼빙은 카드사용 대금 연체를 피할 수 있는 대표적인 서비스다. 미국에서 처음 시작된 이 서비스는 회원이 결제금액의 일정 비율만 결제하고, 약정수수료를 부담하면 잔여 결제대금 상환을 계속 연장할 수 있도록 하는 것이다. 예를 들어 리볼빙 적용 비율을 10%로 설정해놓았다면 결제금액이 100만 원일 경우 이번 달에 10만 원만 결제해도 연체가 되지 않는다. 신용등급에도 영향을 주지 않고, 나머지 90만 원은 다음 달에 갚으면 되기 때문에 괜찮은 서비스라는 생각이 든다.

하지만 섣불리 가입했다가는 연체보다 더 위험한 상황에 빠질 수 있다. 이월된 금액에 대해 현금서비스와 비슷한 수준인 최고 20% 후반대의 수수료를 부담해야 하기 때문이다. 말만 수수료일 뿐 결국 다른 형태의 카드대출 서비스라고 할 수 있다. 최저 수수료율은 6%대지만 이는 신용등급이 가장 높은 사람에게만 해당되는 얘기다. 결국 리볼빙을 주로 이용하는 신용등급이 낮은 사람들은 높은 수수료를 내야 한다. 더욱이 매달 사용하는 신용카드 결제금액이 원금에 추가되기 때문에 카드회사에 내야 하는 돈이 눈덩이처럼 불어날 수도 있다. 결국 '연체'라는 이슬비를 피하려다 '파산'이라는 폭풍을 만날 수도 있는 셈이다.

카드회사들은 2011년 말까지만 해도 경쟁적으로 리볼빙 마케팅에 나섰다. 수수료율이 높아 수익이 많이 나기 때문이다. 사람들도 연체 위험을 피할 수 있다는 장점 때문에 앞다투어 가입했다. 금융감독원에 따르면 리볼빙 이용잔액은 2007년 3조 5,000억 원에서 2011년에는 6조 원을 넘어섰다. 카드회사의 한 관계자는 '새 금맥을 찾았다는 애기가 나올 정도로 마케팅 경쟁이 치열했다'고 회고했다.

더욱이 카드회사들은 고객유치를 위해 7~9등급 저신용자들을 상대로 최저 결제비율(5~10%)을 내세우며 리볼빙 서비스를 권유하는 반면, 우량고객들에게는 '리볼빙 결제비율을 100%로 해두는 것이 신용에 좋다'는 말로 접근한다. 100% 비율로 설정하면 이용금액 전액을 청구일에 결제하는 것이니 평소에는 리볼빙 금리를 낼 필요가 없고, 통장잔고가 부족할 때만 모자란 금액이 자동으로 이월된다며 만일에 대비해 리볼빙 서비스 가입을 권유하는 것이다.

하지만 신용평가 기관 관계자들의 말은 다르다. 나이스신용평가정보 관계자는 "과거 연체한 적이 없는 우량고객은 한 번 정도 카드 연체를 해서는 신용도가 별로 깎이지 않는다"고 말했다. 리볼빙 서비스로 가장 큰 이득을 보는 것은 결국 보이는 연체율은 줄이고, 금리 수익은 챙길 수 있는 카드회사인 셈이다. 반면 카드 사용자에게는 당장의 상환 부담감 완화가 결국 도덕적 해이로 이어지는 함정이 될 수 있다.

가입기준을 바꾼 카드회사

그러나 최근 리볼빙의 위험성에 대한 경고가 잇달아 나오는 가운데 금융당국이 카드회사에 압력을 가하기 시작했다. 2012년 6월에는 리볼빙 서비스에 대해 금융감독원이 처음으로 '소비자' 경고 사이렌을 울렸다.

카드회사들도 보수적인 입장으로 바뀌고 있다. 삼성카드는 신규가입 서비스를 아예 중단하고 기존가입 고객에게만 서비스를 하고 있다. 신한카드는 가입기준을 강화해 상환 능력이 충분한 우량고객들만 가입하도록 하고 있다. KB국민카드는 신용등급 평가를 강화시킨 것과 함께 나이제한도 두었다. 연령대가 너무 낮거나 높은 고객들은 리볼빙 서비스에 가입하지 못하도록 한 것이다.

전문가들은 상환 능력 범위 내에서만 리볼빙을 이용하고 약관과 금리, 수수료 등을 꼼꼼히 따져보는 것이 좋다고 조언한다. 결제자금이 생기면 그때그때 미리 결제해 수수료 부담을 줄이는 것도 한 방법이다. 본인의 신용등급이 6, 7등급 밑으로 떨어지면 리볼빙 금액을 일시에 상환해야 하므로 신용등급도 꼼꼼히 체크하는 것이 좋다.

카드 리볼빙 서비스
회원이 카드금액의 일정 비율만 결제하고, 약정수수료를 부담하면 잔여 결제대금 상환을 계속 연장할 수 있어 연체를 피할 수 있다. 그러나 20%대 후반으로 수수료 부담이 높고, 소비자의 연체율 착시를 불러올 수 있어 금융감독원이 사용경고 조치를 내렸다.

체크카드
전성시대

신용카드가 가계부채의 주범으로 지목되면서 체크카드에 대한 관심이 높아지고 있다. 체크카드는 은행계좌에 돈이 있어야만 결제가 되는 만큼 정부 입장에서는 가계부채를 줄일 수 있고, 소비자 입장에서는 외상구매를 줄이고 계획적인 소비가 가능해 일석이조인 셈이다. 체크카드에 대한 관심이 높아지면서 단순한 결제기능을 넘어 신용카드 수준의 부가서비스를 제공하는 체크카드가 많아지고 있다. 아직까지 우리나라의 체크카드 사용비율은 10%대로 유럽이나 미국(60~80%)에 비하면 현저히 낮다. 그만큼 성장 가능성이 높다는 얘기다.

체크카드로 세테크하자

체크카드의 가장 큰 장점은 '세稅테크'다. 신용카드는 2010년까지 총급여액의 20%를 초과하는 사용액을 공제해줬지만 2011년부터는

25%로 기준이 강화됐다. 카드를 지금보다 더 많이 써야 공제받을 수 있고, 500만 원이던 연간 공제한도도 300만 원으로 내렸다. 공제비율은 2012년 20%에서 2013년부터는 15%까지 떨어졌다. 신용카드로 공제를 받기가 점점 까다로워지고 있는 것이다. 반면 체크카드는 2011년까지 공제비율이 25%였지만 2012년부터는 30%까지 인상됐다. 만약 연봉이 4,000만 원이고 신용카드로 2,000만 원을 썼다면 200만 원만 공제되지만, 같은 연봉으로 같은 금액을 체크카드로 쓴다면 공제한도인 300만 원을 모두 공제받을 수 있다. 다만 현금영수증의 경우 2012년까지는 신용카드와 같은 공제한도가 적용됐지만 2013년부터는 체크카드와 같은 30% 한도 적용을 받을 수 있다.

더욱이 정부가 체크카드 활성화를 위해 소득공제 한도를 더욱 늘리는 방안을 추진 중이어서 체크카드의 절세효과는 갈수록 힘을 더할 것으로 예상된다. 정부는 이미 현재 13% 수준인 체크카드 결제비중을 2016년까지 50%로 늘린다는 목표를 세웠다. 이렇게 되면 몇 년 후에는 아예 신용카드는 소득공제 혜택을 받지 못하게 될 것이다. 김재진 조세연구원 전문위원은 '신용카드로 인한 사회적 비용이 연간 7조 원에 달한다'며 체크카드나 직불카드에만 소득공제 혜택을 줘야 한다고 주장한다.

카드회사에 체크카드는 사실 계륵鷄肋 같은 상품이다. 가맹점 평균 수수료율이 1.9%로 신용카드(2.2~2.6%)보다 낮고 할부나 현금서비스가 안 돼 수익이 낮기 때문이다. 그러나 체크카드를 찾는 고객이 크게 늘어나자 다양한 혜택을 보강한 체크카드가 출시됐다. 특히 은행계열 카드회사들은 체크카드와 신용카드를 동시에 사용할 수 있는 일명 '하이브리드카드' 판매에 집중하는 추세다. 체크카드 활성화와 카드시장 확보라는 두 마리 토끼를 잡을 수 있다는 판단에서다.

신용카드보다 좋은 체크카드 부가서비스

반면 은행의 협조를 얻기가 쉽지 않은 전업 카드회사들은 체크카드에 신용카드 못지않은 할인 혜택과 포인트 적립률을 제공하는 상품으로 경쟁하고 있다. 이 때문에 소비자 입장에서는 선택의 폭이 훨씬 넓어졌다. 일반 체크카드, 하이브리드카드, 다양한 혜택의 체크카드 중 자신의 소비성향과 자금사정에 따라 골라 쓰면 되기 때문이다.

다만 카드회사 입장에서는 신용카드에 비해 매력적인 상품이 아니

체크카드와 신용카드의 소득공제 비교 〈신용카드 소득공제 얼마나 바뀌나〉

	*연봉 5,000만 원 근로자 기준 신용카드 1,800만 원, 대중교통비 100만 원 카드결제, 현금영수증 100만 원 사용		소득공제 금액
2012년	신용카드 25% 초과사용액의 20% 공제 현금영수증, 대중교통비 20% 공제	신용카드(1,800만-1,250만)X20%(대중교통비 100만+현금영수증100만)X20%	150만 원
2013년	신용카드 25% 초과사용액의 15% 공제 현금영수증, 대중교통비 30% 공제	신용카드(1,800만-1,250만)X15%(대중교통비 100만+현금영수증100만)X30%	142.5만 원
	신용카드 1,800만 원 → 신용카드 1,500만 원+체크카드 300만 원		
2013년	체크카드 25% 초과 사용액 30% 공제 유지	신용카드(1,500만-1,250만)X15%(체크카드 300만+대중교통비100만+현금영수증100만)X30%	187.5만 원
2013년	체크카드 25% 초과 사용액 30% 공제 유지	신용카드(1,500만-1,250만)X15%(체크카드 300만+대중교통비100만+현금영수증100만)X30%	

기 때문에 종종 부가서비스를 축소하는 경우가 발생한다는 것을 유념해야 한다. 일단 금융상품을 출시하고 1년 이내에는 서비스를 변경할 수 없다. 다시 말해 1년이 지나면 서비스 축소가 가능하다는 의미다. 카드회사 입장에서는 조금 욕을 먹더라도 이윤을 택하는 것이다.

은행이나 카드회사만 체크카드를 발행하는 것이 아니다. 저축은행 체크카드도 주목할 만하다. 부실 저축은행이 어느 정도 드러나 있기 때문에 저축은행에 관심을 갖는 것도 좋다. 저축은행은 체크카드 사용실적과 연계해 보통예금에 우대금리를 제공하는 것이 일반적이다. 이 경우 보통예금만으로 4%대 수준의 정기예금 금리를 받을 수도 있다. 물론 휴대전화 이용요금 할인, 주유금액 할인, 출금수수료 면제 등 기존 은행권 체크카드와 같은 수준의 서비스도 제공된다.

꿩 먹고 알도 먹는 하이브리드카드

체크카드와 신용카드의 기능이 모두 들어 있는 일명 '하이브리드카드'가 잇따라 선을 보이고 있다. 카드 이용자들도 '발상의 전환'이 필요할 때가 된 것이다. 하이브리드카드는 2011년 금융위원회의 신용카드시장 구조개선 대책에서 나왔던 내용이다. 여기에는 신용카드를 쓰면서 발생하는 수수료 등 제반비용과 카드회원의 부채부담 등을 줄일 수 있도록 하이브리드카드를 확산시키겠다는 계획이 담겨 있다.

체크카드는 소득공제 혜택을 더 많이 받을 수 있지만 포인트 적립과 같은 혜택은 신용카드에 비해 부족한 것이 사실이다. 반면 하이브리드카드는 소득공제와 신용카드의 혜택을 동시에 누릴 수 있다는 장점이 있다. 일반적으로 하이브리드카드는 사용자가 사용할 금액을 미리 지정한 뒤 그 금액 이하까지는 체크카드로 거래하고, 통장잔액이 부족하거나 지정금액이 넘으면 신용카드 거래로 자동전환되는 시스템이다.

일정 수준까지는 체크카드로 소득공제 혜택을 받으면서 동시에 신용카드 포인트 적립과 각종 혜택을 누릴 수 있다는 장점이 있다. 또한 신용카드 수수료 문제로 인한 가맹점과 카드회사의 갈등도 일정 부분 해소할 수 있다.

신용카드로
신용등급 관리하기

아무리 강조해도 부족하지 않은 것이 바로 신용등급 관리다. 똑같은 직장에서 동일한 소득이 있다고 하더라도 신용등급에 따라 대출금리는 2% 안팎까지 차이가 발생한다. 예를 들어 1억 원을 빌렸을 때 200만 원을 더 내느냐 덜 내느냐가 신용등급에서 갈린다는 의미다. 말 그대로 신용은 돈이다. 신용등급을 잘 관리하지 않을 경우 심하면 신용카드조차 사용할 수 없는 신세로 전락할 수 있다. 가계부채 문제가 심각한 사회문제로 부각되면서 금융위원회는 2012년 4월부터 신용등급 7등급 이하 저신용자에 대해서는 신용카드 발급을 제한했다. 이에 따라 7등급 이하 저신용자 중 신용카드가 없는 392만 명이 신용카드를 신규 발급받을 수 없게 됐다.

이와 반대로 신용카드만 잘 써도 신용등급을 올릴 수 있는데, 이를 위해 바람직한 소비습관을 살펴보자.

신용카드 이용한도를 너무 낮게 잡지 마라

먼저 가장 중요한 첫 번째 습관은 신용카드를 이용할 때 자신의 이용한도를 적절히 조절하는 것이다. 많은 직장인들이 신용카드를 발급받을 때 이용한도를 실제 가능한 한도보다 낮은 수준으로 축소하는 경향이 있다. 과도한 소비를 사전에 막기 위해서다. 하지만 카드이용액이 신용카드 이용한도의 수준까지 육박하면 신용등급에 악영향을 미칠 수 있다. 신용카드 이용자가 자금이 부족하다는 신호로 비칠 수 있기 때문이다. 카드업계 관계자는 자신의 6개월치 평균사용액을 따져서 그보다 조금 높은 한도를 유지하는 것이 바람직하다고 말한다. 때문에 만약 목돈을 카드로 결제해야 하는 일이 생긴다면 먼저 신용카드 이용한도부터 늘려야 신용등급에 미치는 악영향을 막을 수 있다. 목돈을 쓰고 난 뒤 다시 이용한도를 낮추는 것도 방법이다.

주거래은행을 집중 거래하라

주거래은행을 정해 각종 금융거래를 한 은행에서 집중 거래하는 것도 신용등급에 긍정적인 영향을 준다. 신용카드 역시 본인의 주거래은행에서 발급받아 사용하는 것이 좋다. 단기간에 신용카드를 여러 장 발급받는 것도 좋지 않다. 예전에는 카드회사들이 신용카드를 세 장 이상 보유하고 있는 회원에 대해서는 정보를 공유했었다. 그러나 2011년 8월부터는 신용등급 관리가 강화되면서 정보공유 조건이 신용카드 두 장 이상 보유 회원으로 바뀌었다. 만약 두 장 이상의 신용카드를 소유하고 있다면 매달 여신금융협회가 개인의 인적사항과 카드사용 실적, 이용한도 정보 등을 종합해 각 카드회사에 통보하고 있다고 보면 된다. 뿐만 아니라 카드회사 리볼빙 이용잔액과 신용카드의 신용판매, 현금서비스의 이용한도까지도 공유한다.

우량고객과 비우량고객을 가릴 수 있는 정보인 만큼 이 같은 제도는 카드회사가 회원들의 정보를 더 다양하게 받을 수 있다는 측면에서 시행됐다. 유통업체 포인트카드나 체크카드는 이에 해당하지 않는다.

신용등급을 높이고 싶다면 카드론과 현금서비스는 절대 금물!
카드론이나 현금서비스는 신용등급 상승을 원하는 사람이라면 절대 이용해서는 안 되는 기능이다. 카드론은 신용대출로 간주되기 때문에 신청건수와 금액이 많아질수록 신용에 악영향을 미친다. 현금서비스 이용은 곧 여유자금이 없다는 것을 의미한다. 더욱이 카드정보의 공유가 확대되면서 카드론과 현금서비스 사용실적을 모든 업계가 공유하고 있다는 점을 유념하자. 이 때문에 카드를 현명하게 사용하려면 카드발급을 남발하기보다는 한두 장의 카드를 집중적으로 쓰는 것이 혜택이나 소비생활에서 여러모로 유리하다.

적절한 신용카드 사용은 신용등급 관리에 GOOD!
반대로 적절한 신용카드 사용은 신용등급에도 유리하다. 건전한 신용카드 실적이 장기간 축적되면 신용평가에 긍정적으로 작용하기 때문이다. 다만 단기간에 과도하게 카드사용을 늘릴 경우 신용평점에 부정적으로 작용할 수 있다. 집중적인 카드사용은 미결제금액을 늘리기 쉽기 때문에 이는 부채로 계산된다. 부채 수준이 증가하면 리스크가 높아져 신용도에 악영향을 미칠 수 있다.

신용카드 결제는 일시불 결제를 활용하는 것이 안전하다. 카드부채 수준이 적정한 상황이라면 일시불과 할부 결제가 신용평점에 미치는 영향은 별 차이가 없다. 하지만 할부 결제를 지속적으로 사용할 경우 일시불 대비 추후 결제해야 할 카드부채가 장기간 남게 된다. 따라서 신용평점에 부정적 영향을 줄 수 있으니 신용카드를 사용할 때는 되도록이면 일시불 결제를 이용하고 적절한 부채 수준을 유지해야 한다.

다만 세간의 편견과 달리 카드발급 거절은 신용등급에 영향을 주지 않는다. 예전에는 신용정보 조회만 해도 신용등급에 영향을 미쳤지만 이제는 제도가 바뀌어서 정보조회 건수는 상관이 없다. 즉 발급 거절은 상담에 국한되는 것이므로 신용등급에는 영향을 주지 않는다는 것이다.

현명한 신용카드 사용으로 신용등급 지키기
- 카드 이용한도를 너무 낮게 설정하지 마라.
- 한두 장의 카드로 금융거래를 집중해야 한다.
- 단기간에 신용카드를 여러 장 발급받지 마라.
- 카드론과 현금서비스는 되도록 쓰지 마라.
- 지나친 할부 결제 사용은 신용등급에 좋지 않다.

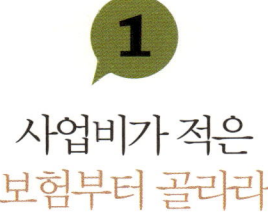

사업비가 적은
보험부터 골라라

서울에 사는 주부 김모(52) 씨는 지난해 변액보험에 신규가입했다. 설계사는 한 달치 보험료를 대납해주겠다며 가입을 권유했다. 첫 달 보험료인 20만여 원을 내지 않은 김 씨는 보험료를 절약했다며 좋아했지만 설계사수수료가 월납보험료의 다섯 배인 100만여 원에 달한다는 사실을 뒤늦게 알고 속은 느낌이 들었다.

바야흐로 보험상품의 홍수다. TV를 켜거나 신문을 펼쳐도, 심지어는 스마트폰에서도 우리는 다양한 보험상품을 볼 수 있다. 또한 주변에는 이런저런 인연으로 인해 알게 된 보험인들이 적어도 한 명씩은 있다. 하지만 좋은 보험상품 고르기란 절대 간단하지 않다. 금리만 비교하면 되는 은행 예·적금과 달리 보험은 이름부터 생소하고, 보장내역도 천차만별이다. 당연히 초보자 입장에서는 비교 자체가 불가능하다.

내가 낸 보험금을 모두 돌려받을 수 없다고?

보험업계 관계자들은 일단 잘 모르겠으면 사업비가 적은 상품이 좋은 상품이라고 귀띔한다. 물론 밖으로는 절대 드러내지 않는 말이다. 도대체 사업비가 무엇이기에 보험을 선택할 때 '제1척도'가 되는 것일까?

당신이 낸 보험료가 모두 보험금으로 적립된다는 것은 큰 착각이다. 보험회사가 설계사에게 수당을 지급하고 계약을 관리하며, 마케팅을 하는 데는 생각보다 많은 돈이 필요하다. 이런 돈은 하늘에서 떨어지는 것이 아니라 우리가 낸 보험료에서 나온다. 사업비란 고객으로부터 거둔 보험료 가운데 적립시키지 않고 보험회사가 쓰기 위해 따로 떼어 놓은 돈을 말한다.

좀 더 자세히 알아보자. 보험계약자가 내는 보험료는 순보험료와 부가보험료로 나뉜다. 순보험료는 만기에 돌려주는 저축보험료와 사고가 발생했을 경우 보험금을 지급하기 위한 위험보험료로 나뉜다. 부가보험료가 바로 앞에서 말한 사업비다. 계약 모집·관리에 쓰이는 비용은 보통 신계약비, 유지비, 수금비로 구분한다.

신계약비는 보험을 모집하는 데 들어가는 비용, 유지비는 보험계약을 관리하는 데 들어가는 비용이며 수금비는 보험료를 거둬들이는 비용을 말한다. 이 중 가장 비중이 큰 것은 신계약비다. 사업비가 높게 책정되면 당연히 고객의 보험료에서 떼는 돈이 많아지는 만큼 고객이 받는 보험금은 줄어들 수밖에 없다. 예를 들어 월 10만 원 보험료 가운데 사업비 편입 비중이 1만 원에서 2만 원으로 늘어나면 투자금액은 9만 원에서 8만 원으로 줄어드는 식이다. 이렇게 되면 당연히 보험가입에 따른 이익이 감소한다.

그렇다고 지금껏 속았다고 생각할 필요는 없다. 사업비는 필요악이다. 일종의 위험보장에 대한 프리미엄인 셈이다. 보험회사도 건물 임대료도 내야 하고, 직원들 월급도 줘야 한다. 상품을 팔려면 광고비용도 지출해야 한다. 보험회사 수입원인 보험료에서 사업비를 떼는 것은 어찌 보면 당연한 일이다.

그런데 이것이 왜 문제일까? 그동안 사업비가 '영업기밀'이라는 이름을 달고 '눈 먼 돈'처럼 취급돼왔기 때문이다. 일반적으로 사업비는 보험료의 20~30% 수준이다. 보험료 100만 원을 내면 일단 20~30만 원을 떼고 시작한다는 의미다. 하지만 정작 보험 가입 시 이 부분에 대해 자세히 알려주는 보험회사나 설계사는 없다.

그렇다 보니 보험가입자들은 자신의 보험금이 단시간 내에 많이 쌓이고 있을 것이란 착시현상을 겪게 된다. 적립식펀드와 변액보험을 비교하면 이해가 쉽다. 보험은 펀드수수료보다 훨씬 큰 액수의 사업비를 떼고 시작하기 때문에 투자원금 자체가 펀드보다 적다. 그런 만큼 단순히 이율이 높다고 투자수익이 펀드보다 크다고 단언할 수 없는 것이다. 저축성보험도 마찬가지다. 은행예금보다 금리(공시이율)를 높게 준다고 선뜻 가입해서는 안 된다. 전문가들은 통상 7년을 분기점으로 적립식펀드와 변액보험의 수익률이 같아진다고 본다. 투자기간이 7년이 안 된다면 펀드가 유리하다는 의미다.

보험을 중도에 해약할 경우 돌려받을 수 있는 환급금이, 낸 보험료보다 적어지는 것도 결국 사업비 때문이다. 가입자 입장에서는 이자를 쳐줘도 시원치 않은데 원금조차도 전액 돌려주지 않는다며 분통을 터트릴 수 있겠지만 뗄 것 다 떼고 남은 돈만 돌려주다 보니 환급금은 쥐꼬리 수준일 수밖에 없다.

이에는 이, 눈에는 눈 전략이 필요하다

사업비가 베일에 싸여 있는 동안 보험사는 사업비를 이용해 '땅 짚고 헤엄치기'식의 영업을 할 수 있었다. 방법은 간단하다. 해가 바뀌면 보험회사는 그해 예정사업비를 일단 부풀려서 책정한다. 만약 연말까지 사용한 실제 사업비가 예정사업비보다 적다면 남은 돈은 오롯이 보험회사의 수익이 된다. 이를 어려운 말로 '비차익'이라고 한다. 이렇게 예정사업비가 부풀려지면 한 해 동안 고객의 보험료에서 떼는 돈의 액수가 커지기 때문에 투자수익과 해약환급금은 줄어든다. 마치 은행들이 예금이자는 낮추고, 대출이자는 높여서 얻은 이자마진으로 손쉽게 돈을 벌었던 것과 마찬가지다.

특히 문제가 되는 것은 종신보험과 같은 보장성보험이다. 저축성보험이나 변액보험은 사업비가 투자수익에 직접적으로 영향을 미치다 보니 소비자들의 눈을 의식하지 않을 수 없다. 반면 지급액이 확정되는 보장성보험은 상대적으로 사업비에 대한 관심이 적은 데다 판매가 어려워 설계사들에게 높은 수당을 줘야 하기 때문에 책정된 사업비가 높다.

그렇다면 이 같은 상황에서 우리는 반대로 대응하면 된다. 보험료나 보험금 내역이 비슷해 선택하기가 어려운 상품이라면 둘 중 사업비를 덜 떼는 보험을 고르면 된다. 차이가 나는 금액만큼 고스란히 돌려받을 가능성이 높기 때문이다.

하지만 보험회사가 사업비를 제대로 공개하지 않는다면 이 같은 선택은 무용지물이 된다. 그러나 다행히 금융당국은 소비자 선택권 강화 차원에서 보험상품에 대한 사업비 공시를 늘려왔다. 그 결과 이제는 각 보험회사나 생명·손해보험협회 홈페이지에서 사업비 내역을 확인하고 상품을 비교할 수 있게 됐다.

2010년 10월 금융감독원 공시지침이 개정되면서 보장성보험과 저축성보험에 대한 사업비 공시가 강화됐다. 또한 2012년 9월부터는 변액보험에 대한 공시규정이 강화돼 보험회사의 운영보수, 자산운용사의 투자일임 보수, 은행 등 신탁업자의 수탁보수, 일반사무관리 회사의 사무관리 보수 등을 각각 확인할 수 있게 됐다.

보험료 사업비율 공시

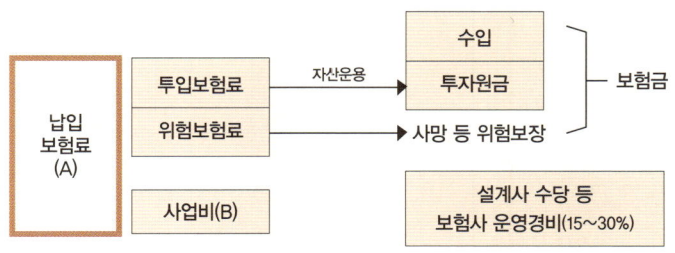

*사업비율 = $\dfrac{B}{A}$

(자료 : 매일경제신문)

왜 보험계약을 중도에 해지하면 무조건 손해일까

그렇다면 당장 급전이 필요해 보험을 해약할 위기에 처했을 때는 어떻게 해야 할까? 특히 경제적으로 어려운 상황일수록 사고에 대비할 능력이 떨어지게 마련이다. 이런 상황이 됐다고 무조건 보험을 해약하기보다는 보험회사가 운영하는 각종 제도를 활용해 보장은 유지하면서 보험료 부담은 줄이는 방법을 찾아야 한다.

1. 자동대출과 일시중지 제도를 활용하라

보험회사는 보험료 납입이 어려운 고객을 위해 보험을 해약하지 않고 유지할 수 있는 다양한 제도를 운영하고 있다. 대표적인 제도가 바로 '보험료 자동대출 납입제도'와 '보험료 납입 일시중지 제도'다. 보험료 자동대출 납입제도는 해약환급금 범위 내에서 대출을 받아 보험료를 대신 내는 방식이다. 보험료 납입일이 되기 전에 가입자가 서면으로 신청하면 보험료만큼 보험계약 대출이 이뤄지면서 보험료가 자동으로 납입된다. 다만 이때 대출이자가 발생하고 이 제도를 과도하게 이용하면 대출원리금이 해약환급금보다 많아져 더 이상 자동대출이 되지 않을 수 있다.

보험료 납입 일시중지 제도는 말 그대로 일시적으로 보험료 납입을 중지할 수 있는 제도다. 이 제도를 활용하면 형편이 어려울 때 기본 보험료를 납입하지 않아도 된다. 자동대출 납입과 달리 이자가 부과되지 않고 보장은 계속 받을 수 있는 것이 장점이다. 다만 이 제도는 보험회사가 정한 의무납입 기간(통상 18개월 또는 2년)이 경과해야만 이용할 수 있다.

2. 중도인출과 보험료감액도 대안

'중도인출 기능'은 약관대출과 달리 원금상환이나 이자납입에 대한 부담이 없다. 다만 통상적으로 보험을 계약한 후 1년이 넘어야만 활용할 수 있고, 중도금액은 해약환급금 범위 이내다. 적립보험료를 감액하는 방법도 있다. 이는 주로 민영 의료보험, 어린이보험, 운전자보험에 해당된다. 이들 상품은 보장보험료와 함께 적립보험료를 내게 되는데, 만일 만기 때 더 많은 돈을 돌려받기 위해 가입 시 적립보험료를 높게 설정했다면 이를 낮은 금액으로 변경할 경우 보험료를 대폭 줄일 수 있다. 하지만 민영 의료보험에서 80~100세까지 보장을 받는 상품은 적립보험료를 감액하면 향후 보험료 추가납입 부담이 생길 수도 있다.

3. 특약해지와 감액완납 제도

특약의 일부만 해약하는 방법도 있다. 여러 개의 보험에 가입하면서 주계약과 특약 보장금액이 중복되거나 과잉된 부분이 있다면 불필요한 부분을 감액해 보험료를 줄일 수 있다. 주계약이든 특약이든 실비보장 성격을 지닌 보험금은 보장금액 한도 내에서 실비만 지급하고 중복 지급을 허용하지 않기 때문에 불필요한 부분을 감액해야 한다.

주로 종신보험 가입자들이 많이 활용하는 '감액완납 제도'는 처음 가입한 계약에 대한 보장기간과 지급조건은 그대로 두고, 보장금액만 낮춰 보험을 유지하는 제도다. 그동안 낸 보험료만으로 만기까지 납입 완료한 것으로 간주하기 때문에 더 이상 보험료를 낼 필요가 없다.

4. 보험실효

이 밖에 보험을 일단 실효^{失效}시켰다가 다시 부활시키는 방법도 생각할 수 있다. 보험료가 연체됐을 때 해약하지 않고 그냥 두면 자연히 보험계약은 효력을 잃지만 2년 이내에 부활시킬 수 있다. 다만 부활시킬 때는 연체된 보험료와 그에 따른 이자까지 모두 부담해야 하고, 처음 가입할 때와 같은 기준으로 심사가 다시 이뤄지므로 실효기간 동안 피보험자의 건강이 나빠지면 부활신청을 거절당할 수도 있다.

사업비란
보험사의 보험료수입 가운데 사업자금(신계약비, 유지비, 수금비)으로 사용한 돈으로, 일반적으로 보험료의 20~30%가 사업비로 나간다. 내 보험금에서 떼는 돈인 만큼 일단 사업비가 낮은 보험을 고르는 것이 좋은 보험을 고르는 지름길이다.

해약하려면
보험은 도중에 해약하면 이미 낸 돈의 일부만 돌려받을 수 있다. 이미 사업비로 상당 부분 지출됐기 때문이다. 따라서 일단 가입했다면 되도록 해약하지 않는 것이 좋다. 급전이 필요하다면 보험을 선뜻 해약하기에 앞서 자동대출, 일시중지, 감액완납 등 각종 제도를 먼저 알아보는 노력이 필요하다.

보험가입 때
반드시 챙겨야 할 것

보험을 가입할 때와 달리 보험금을 받기란 영 쉽지 않다. 가입을 할 때는 간이라도 빼줄 것처럼 굴던 설계사들이 보험금지급을 요청할 때가 되면 마치 딴 사람처럼 안면을 싹 바꾼다. 예를 들어 보자. 직장인 박모 씨는 실손형 의료보험에 가입하면서 얼마 전 건강검진에서 고혈압 판정을 받은 사실을 설계사에게 알리지 않았다. 그로부터 1년 후 뇌졸중으로 입원치료를 받게 된 박 씨는 당연히 보험금을 청구했다. 하지만 보험사는 '고혈압 판정을 받은 사실을 알리지 않았기 때문에 고지의무 위반'이라며 보험금지급을 거절했다.

가정주부인 정모 씨도 마찬가지다. 그녀는 남편 이름으로 생명보험에 가입했다. 정 씨는 상담 과정에서 남편이 병원 치료를 받은 사실을 설계사에게 알렸지만 청약서에는 기재하지 않았다. 이 같은 사실이 밝혀지자 보험회사는 고지의무 위반을 이유로 해당 보험계약을 해지 처리했다. 보험가입에 앞서 반드시 챙겨야 할 부분을 짚어보자.

고지의무 – 자신의 병력病歷을 알려라

보험은 가입자와 보험사 간에 벌이는 제로섬 게임(zero-sum game, 한쪽의 이득과 다른 쪽의 손실을 더하면 제로(0)가 되는 게임을 일컫는 말)이다. 가입자는 보험금을 많이 받을수록 좋고, 보험사는 돈을 적게 줄수록 이익이다.

이 게임에는 서로가 지켜야 할 최소한의 규칙이 있다. 바로 '고지의무(계약 전 알릴 의무)'다. 고지의무란 보험계약자가 계약체결에 앞서 병력과 직업처럼 보험금지급 사유와 관련이 있거나 보험회사가 계약체결 여부를 판단하는 데 영향을 미칠 수 있는 중요한 사항을 보험사에 알리도록 한 의무를 말한다.

만약 고지의무를 위반할 경우 사고가 나도 보험금을 받지 못하거나 보험계약이 중도해지되는 등의 불이익을 받을 수 있다. 고지의무는 금융감독원에 접수된 보험 관련 민원 중 가장 큰 비중을 차지할 만큼 다툼이 빈번한 사안이다.

이 때문에 보험사는 '계약 전 알릴 의무 사항'이라는 별도의 청약서 양식을 마련해 가입자의 병력 등을 확인한다. 예를 들어 '최근 3개월 내에 의사로부터 진찰, 치료를 받거나 입원, 치료, 수술을 한 사실이 있습니까?'에 대해 '예, 아니오'로 답변을 기재하게 하는 식이다.

고지의무는 보험계약자와 보험대상자(피보험자)가 서로 다른 경우 전부 부담해야 하기 때문에 각각 보험사에 알려야 한다. 또 고지의무를 수령할 권한은 보험사나 보험대리점에 있으므로 반드시 청약서를 통해 사실을 알려야 한다. 보험설계사에게 구두로 전달하는 것은 법적인 효력이 전혀 없다.

물론 고지의무를 위반했다고 해서 항상 보험금을 받을 수 없는 것은 아니다. 고지하지 않은 사실과 보험금지급이 서로 인과관계가 없을 경우에는 보험금지급에 영향을 미치지 못한다. 예를 들어 심장병 판정을 고지하지 않은 피보험자가 뇌졸중으로 입원할 경우에는 보험금을 받을 수 있는 것이다.

자필서명 – 자신의 이름을 넣어라

자필서명도 빠트려서는 안 된다. 특히 문제가 되는 것은 보험계약자와 피보험자가 다른 경우다. 상법商法에서는 타인의 사망을 보험금지급 사유로 하는 보험계약을 체결할 때 피보험자에게 서면 동의를 얻어야 한다고 규정하고 있다.

따라서 아무리 가까운 가족관계라 해도 계약자와 피보험자가 다를 때는 반드시 피보험자도 청약서에 자필서명을 해야 한다. 만약 피보험자의 자필서명이 없으면 보험계약이 무효가 될 수도 있다. 홈쇼핑이나 인터넷 등을 통해 보험계약을 할 때에는 자필서명에 특히 유의해야 한다.

이런 경우에는 계약자의 음성 녹취로 자필서명을 대신할 수 있도록 돼 있지만 마찬가지로 보험가입자와 피보험자가 다르다면 반드시 피보험자의 자필서명을 받아야 한다.

보험약관 – 보험회사의 무기를 무력화하라

보험약관이란 보험회사가 다수의 가입자와 공평한 계약을 실행하기 위해 미리 마련해둔 계약 내용이다. 여기에는 보장개시일, 보험금지급 사유, 보험계약 해지 사유 등 계약 당사자의 권리와 의무 등이 상세하게 기록되어 있다.

하지만 세상에서 가장 읽기 어려운 책을 꼽는다면 십중팔구 보험회사의 보험약관이 1순위가 될 것이다. 사실 보험약관을 완독하는 일은 많은 인내심을 요구한다. 100쪽이 넘는 방대한 분량과 전암병소, 경계성종양과 같은 도무지 이해할 수 없는 어휘가 인내심의 한계를 시험한다.

이런저런 예외조항에 길고 깨알 같은 글씨체까지 합치면 웬만한 사람은 처음부터 포기해버리기 십상이다. 게다가 지금 당장 무슨 일이 생기겠는가 하는 안일한 생각에 약관에 신경 쓰는 가입자는 거의 없다고 해도 과언이 아니다.

그러나 일단 보험에 가입했다면 약관에 명시된 핵심 내용은 반드시 숙지하고 있어야 한다. 차후에 있을지 모를 보험사와의 분쟁을 방지하기 위해 보장내역을 명확하게 이해하고 있어야 하기 때문에 보험약관은 꼭 읽어야 한다. 보험금지급을 놓고 다툼이 발생할 때 계약자가 보험회사에 비해 불리한 이유는 대부분 보험약관 내용을 제대로 알지 못하기 때문이다.

보험회사는 애초에 보험계약 단계부터 약관 여기저기에 빠져나갈 구멍을 마련해둔다. 만약 가입자가 사전에 이런 점을 미리 파악해 계약을 하지 않거나 내용을 보완하지 않는다면 일이 터지고 난 뒤에는 속수무책으로 당할 수밖에 없다.

그래서 보험회사는 계약 시 보험약관의 주요 내용을 가입자에게 설명하고 보험약관을 반드시 전달하게 하고 있다. 만일 보험회사가 이를 이행하지 않으면 가입자는 청약일로부터 3개월 이내에 계약을 취소할 수 있다.

보험약관 읽기가 부담된다면 보험회사에서 보험약관과 함께 제공하는 10쪽 분량의 보험상품 설명서를 읽어볼 필요가 있다. 쉽게 말해 약관의 요약본이라고 할 수 있는 보험상품 설명서는 보험약관에 대한 소비자의 이해를 높이기 위해 지난 2007년 4월부터 도입됐다.

보험사마다 조금씩 차이는 있지만 설명서는 대개 여섯 가지 항목으로 구성된다. ⇨ 보험계약의 개요 ⇨ 보험가입자의 권리와 의무 ⇨ 주요 보장 내용 ⇨ 보험금지급 관련 유의사항 ⇨ 계약과 관련해 특히 유의할 사항 ⇨ 기타 계약자가 알아야 할 사항 등이다.

이 중 꼭 확인해야 할 부분은 바로 주요 보장 내용과 보험금지급 관련 유의사항이다. 특히 보험금지급 관련 유의사항은 보험금이 지급되지 않거나 일부 제한되는 사항을 담고 있다. 예를 들어 일부 보험의 경우 천재지변이나 자해·자살, 정신질환으로 인한 피해는 보상하지 않는다고 규정하고 있다. 보험금이 지급되는 경우보다 지급되지 않는 경우를 아는 것이 중요하다.

여기에 덧붙여 상품설명서로는 이해가 되지 않거나 표현이 애매모호한 부분은 반드시 약관을 찾아 확인해야 한다. 그래도 이해하기 어려운 부분은 설계사에게 자세한 설명을 요구해야 한다. 또한 기본보장에서 각종 특약을 더해서 가입한 경우에는 반드시 약관을 통해 구체적인 보장 내역을 점검해야 한다.

고지의무와 자필서명
보험에 가입할 때는 고지의무와 자필서명이라는 두 가지 의무조항을 꼭 지켜야 한다. 고지의무는 가입자의 병력을 반드시 미리 알리는 것을 말한다. 자필서명은 계약자뿐 아니라 피보험자도 서명을 해야 한다.

보험약관
보험금지급 사유, 보험계약 해지 사유 등 계약 당사자의 권리와 의무 등이 상세히 기록된 보험의 모든 것이라 해도 과언이 아니다. 만약 두꺼운 보험약관을 모두 읽기 어렵다면 보험약관과 함께 보험사가 제공하는 10쪽 분량의 보험상품 설명서라도 반드시 읽어야 한다.

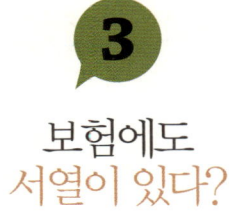

보험에도
서열이 있다?

금융상품 중에서 가장 종류가 많고 제일 고르기 어려운 것이 바로 보험이다. 종신보험, 연금보험부터 치아보험, 골프보험까지 무수히 많은 보험들이 있으며 지금 이 순간에도 새로운 보험상품이 끊임없이 개발되고 있다.

만약 당신이 억만장자라면 여러 보험에 가입해 언제 어디서 일어날지 모르는 위험에 대비하면 되겠지만 평범한 서민들에게는 불가능한 일이다.

그런 점에서 선택과 집중이 필요하다. 하지만 보험상품의 특성상 한번 고르면 되돌리기가 어렵기 때문에 보험상품을 잘못 선택해 정작 필요할 때는 보장을 받지 못하는 경우가 종종 발생한다. 보험가입에 요령이 필요한 이유다.

사고와 질병을 대비하기 위한 보험부터 시작하라

보험가입은 가장 치명적인 위험부터 대비하는 것에서 시작한다. 살면서 누구나 겪을 수 있는 가장 큰 위험은 질병과 사고를 들 수 있다. 질병에 걸리거나 사고를 당하면 거액의 치료비가 들 뿐만 아니라 경제활동이 중단되면서 커다란 어려움에 처할 수 있기 때문이다. 여기에서 가장 먼저 대비해야 할 부분이 치료비다. 돈이 없어서 치료를 받지 못하는 상황만큼은 피해야 하기 때문이다. 이런 경우를 대비하기 위한 보험이 바로 '실손형 의료보험'이다.

실손형 의료보험은 치료 후 병원에 내야 하는 비용 중에서 1~2만 원이 넘을 경우 이 금액을 제외한 금액의 90%를 보장해주는 보험이다. 예를 들어 병원비가 10만 원이 나왔다면 1~2만 원을 뺀 8~9만 원의 90%인 7만 2,000원~8만 1,000원을 받을 수 있다.

그런데 실손형 의료보험에는 보장한도가 있다. 지급하는 금액에 대해 하루, 연간 등 기간별 한도가 있으며, 치료 횟수에도 한도가 있다. 그러므로 거액의 치료비가 소요되는 질병에 대해서는 보장에 한계가 있을 수 있다.

이에 대비하는 상품이 '치명적 질병보험(Critical Illness Insurance, CI보험)'이다. 암, 뇌졸중과 같이 치명적 손실을 입힐 수 있는 중병에 걸리면 계약 당시 정해놓은 금액을 지급하는 보험으로, 이를테면 위암에 걸릴 경우 5,000만 원을 지급하는 식이다. 또한 특약가입에 따라 수술비, 입원비 등을 지급하기도 한다.

실손형 의료보험으로는 턱없이 부족한 치료비를 보장받으면서, 경제활동 중단에 따른 생활고를 해결하는 데 도움을 받을 수 있는 보험인 것이다. 이 보험은 나이가 들수록 가입하기가 어려우며 사실상 40세가 넘으면 가입 자체가 불가능한 경우가 많다. 나이가 많을수록 병에 걸리거나 사고를 당할 확률이 높아지기 때문이다. 치명적 질병보험에 대해서는 뒤에서 좀 더 자세히 다루도록 하겠다.

현대 사회에 꼭 필요한 연금보험과 사망대비 보험

다음은 연금보험이다. 저출산·고령화 사회에 진입한 만큼 공적 연금의 부족분을 메우기 위해서라도 연금보험은 필수상품이라고 할 수 있다.

마지막으로 가입을 고려해야 할 보험은 사망에 대비한 상품이다. 가입자가 사망할 경우 가족들에게 보험금이 지급되는 이 보험은 가족의 생계를 책임지는 가장이라면 가입을 고려해볼 만하다. 사망대비 보험은 크게 종신보험과 정기보험으로 나뉜다. 종신보험은 가입자가 사망하면 무조건 보험금이 지급되는 보험이다. 정기보험은 정해진 기간 내 가입자가 사망하면 보험금이 지급되는 보험으로 종신보험보다 보험료가 저렴하다.

일반적으로 보험사들은 종신보험을 앞세우는 경우가 많다. 가장이 사망할 경우 남겨진 가족이 경제적으로 커다란 타격을 받을 수 있으므로 종신보험 가입을 권유한다. 하지만 시대가 바뀌면서 사망한 뒤보다 생존 시 닥칠 수 있는 여러 위험에 대비하는 쪽으로 흐름이 바뀌고 있다.

즉 치료비보장 보험 등에 먼저 가입한 뒤 마지막으로 종신보험에 가입하는 것이 좋다.

그럼에도 일부 보험설계사들이 종신보험에 먼저 가입할 것을 권유한다면 다른 꿍꿍이가 있기 때문이라고 보면 된다. 종신보험은 다른 보험보다 금액이 크기 때문에 그만큼 팔기가 어려우므로 설계사 수당이 가장 높은 상품이기도 하다. 따라서 보험에 가입할 때는 설계사의 설명만 듣고 가입하기보다 자신에게 필요한 보험이 무엇인지 객관적으로 따져본 뒤에 가입하는 것이 좋다.

보험료는 월급의 10%를 넘으면 안 된다

보험 포트폴리오 다음으로 중요한 부분은 바로 보험료지출의 범위다. 보험은 일정한 돈을 보험사라는 창고에 묵히는 것이기 때문에 당장의 현금흐름, 즉 유동성에는 별 도움이 되지 않는다. 미래를 대비한다고 해서 여러 보험에 가입했다가, 당장 급한 돈을 쓸 수 없는 일은 없어야 한다.

이 때문에 전문가들은 보험료가 월급의 10%를 넘어서는 안 된다고 조언한다. 종신, 상해, CI 등 위험에 대비한 보험료지출이 월급의 10%를 넘어서면 큰 부담을 느낄 수 있기 때문이다. 따라서 보험은 무작정 가입하기보다는 신중하게 결정해야 한다. 물론 연금보험이나 저축보험은 필요에 따라 여러 개 가입할 수도 있다. 다만 보험은 중간에 납입을 중단하거나 해약하면 커다란 손실이 발생하므로 장기적으로 낼 자신이 있는 수준까지만 가입하는 것이 좋다.

보험료를 아끼는 방법

종신보험을 제외한 일반보험에 가입할 때는 사망보험금을 최소화해야 보험료 부담을 줄일 수 있다. 또한 보험은 만기가 되면 낸 보험료 가운데 일부를 돌려주는 '환급형'과 아예 돌려주지 않고 계약이 사라지는 '소멸형'으로 나뉜다.

환급형은 보험료 부담이 많고 재테크 효과는 미미한 경우가 많기 때문에 웬만하면 소멸형에 가입하는 것이 좋다. 상품 특성상 소멸형이 없다면 보험료환급을 최소화할 것을 요구하는 것이 좋다. 그래야 보험료 부담을 한 푼이라도 줄일 수 있기 때문이다. 소멸형과 환급형에 대해서는 뒤에서 좀 더 자세히 다루도록 하겠다.

보험에 가입할 때는 보장기간이 충분한지도 반드시 확인해야 한다. 질병 발생 확률이 높고 의료비 부담이 급증하는 노년기까지 보장받을 수 있도록 하는 것이 좋다.

납입기간도 잊어서는 안 될 부분이다. 납입기간을 고려하지 않고 자신에게 안 맞는 보장성보험에 가입했다가 훗날 후회하고 해약하는 경우가 많기 때문이다. 따라서 자신이 얼마나 오랫동안 보험료를 부담할 수 있는지도 고려하는 것이 좋다. 납입기간을 줄이면 보험료 부담은 커지지만 납부해야 할 기간이 짧아져 차후 부담을 줄일 수 있는 반면, 납입기간을 길게 선택하면 당장은 부담이 적지만 보험료를 오랜 기간 내야 하는 단점이 있으므로 자신의 직업 특성과 생활방식을 고려해 선택하는 것이 좋다.

납입 방법은 전기납(보장기간과 납입기간의 일치, 가장 오랫동안 보험료를 내는 방식), 일시납(한 번에 보험료를 내는 방식), 약정납(보장기간 안에 짧게 몇 년간 보험료를 나눠 내는 방식) 등이 있으므로 이 중 하나를 선택하면 된다.

보험가입 순서
보험은 일반적으로 실손형 의료보험 → 연금보험 → 종신보험 순으로 선택한다. 예전에는 '사망 시 1억 보장'이라는 종신보험이 인기였지만 시대가 바뀌면서 사후보다는 생전의 소득을 지키는 연금보험이 인기를 끌고 있다. 이 경우에도 전체 보험금 지출은 가계소득의 10% 내로 맞추어야 불필요한 부담을 사전에 방지할 수 있다.

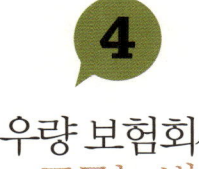

우량 보험회사
고르는 법

"오늘이 만기라서 찾아왔는데 내 돈은 어쩌나."

"은행에서 괜찮다고 해서 믿었는데……. 이렇게 부실한 곳이었으면 정부에서 미리 알려줬어야 하지 않나."

2011년과 2012년은 저축은행 사태로 시끄러웠던 해다. 이름만 들으면 누구나 아는 대형 저축은행들이 어느 날 갑자기 부실이 드러나면서 문을 닫았다. 갖은 횡령과 탈세를 벌인 은행 대표는 철창 신세를 지게 됐다. 물론 고객의 돈을 잘못 굴린 이들의 책임이야 이루 말할 수 없지만 자신의 돈을 맡길 금융기관에 대해 제대로 알아보지 않고 덜컥 돈을 맡긴 예금자들의 책임도 결코 작다고 할 수 없다.

은행의 사정이 이러한데 보험을 고르는 일은 더욱 신중해야 할 것이다. 은행이야 고작 1년 만기 정기예금이 대다수지만 보험은 보통 10년 이상을 납부해야 하며 평생을 함께 가야 하기 때문이다. 그럼에도 은행 금리나 건전성에는 신경 쓰면서 정작 더 중요한 보험은 '친구 따라 강남 간다'는 식으로 지인의 말만 믿고 가입하는 경우가 다반사다.

어떤 보험회사가 안전할까

그렇다면 큰 보험사가 안전한 보험사일까? 꼭 그렇지만도 않다. 우리나라의 예는 아니지만 세계 최대 보험사인 미국 AIG는 2008년 금융위기 직후 충격을 못 이겨 파산위기에 몰리기도 했다. AIG는 가입자들로부터 받은 보험료를 위험손실이 큰 금융상품에 집중 투자했고, 이것이 큰 손실을 불러오면서 사실상 문을 닫고 말았다. 미국 정부의 대규모 자금수혈로 아직까지 명맥은 유지하고 있지만 예전의 AIG와는 완전히 단절된 상태다. AIG 사태가 우리에게 주는 교훈은 대형 보험사도 얼마든지 망할 수 있다는 것이다. 따라서 무조건 대형 보험사만 찾을 것이 아니라 여러 지표를 통해 안전한 보험사를 선택하는 것이 바람직하다. 지금부터는 이를 위한 몇 가지 기준을 알아보자.

1. 지급여력 비율

시중 은행이나 저축은행의 건전성 지표는 국제결제은행 기준 자기자본 비율로서 은행은 BIS 비율이 10%를 넘으면 건전한 것으로 인식돼 왔다. 2008년 이후 글로벌 금융·경제위기를 겪으면서 BIS 비율은 일반인들에게도 널리 알려졌다. 그렇다면 보험사에도 BIS 비율과 같이 건전성 여부를 가릴 수 있는 기준이 있을까?

당연히 있다. 바로 '지급여력 비율'이다. 지급여력 비율이란 쉽게 말해 보험사가 가입자에게 보험금을 제때에 지급할 수 있는지를 나타내는 지표다. 계약자의 보험금지급 요청에 대비해 보험사들이 내부에 준비해두는 돈을 책임준비금이라고 하는데, 이 돈은 보험사고에 대비해 보험사가 적립하는 보증금이라고 할 수 있다. 따라서 지급여력 비율은 순자산 대비 책임준비금의 비율을 의미하며 동시에 보험사의 건전성 지표를 나타낸다.

보험회사의 경우 책임준비금이 최소 100%는 돼야 지급여력 비율을 맞췄다고 이야기한다. 지급여력 비율이 100%에 미치지 못한다면 현재 보험사가 보유한 돈으로 가입자들의 보험금지급 요구를 전부 대응할 수 없다는 뜻이다. 요컨대 지급여력 비율이 높을수록 재무적으로 안정적인 보험사라고 볼 수 있다. 이 때문에 금융감독원은 보험사 지급여력 비율이 150% 아래로 떨어질 경우 선제적으로 자본확충 등의 건전성 개선을 권고하고 있다.

더욱이 금융회사의 자산 건전성 기준이 점차 강화되는 추세에 따라 보험업계도 예외일 수 없다. 지급여력 비율을 대폭 강화한 위험기준인 자기자본 비율(RBC비율)이 바로 그것이다. 지금까지의 지급여력 비율은 보험과 금리 리스크만을 고려한 방식인 데 반해 자기자본 비율은 보험회사를 운영하는 데 있어 처할 수 있는 시장, 금리, 신용, 운영 리스크와 같은 다양하고 복합적인 위험을 수치로 계량화한다는 점에서 차이가 있다. 기존의 지급여력 비율이 리스크 측정의 정교함이 부족하다는 지적이 반영된 것이다.

자기자본 비율은 이미 2009년 4월부터 국내에 도입됐지만 2년간의 유예기간을 거쳐 2011년 4월부터 전면적으로 시행됐다. 자기자본 비율은 자산별, 등급별로 위험치를 차등 적용하기 때문에 포트폴리오에서 안전자산 비중을 높이고, 자산-부채 간 만기 불일치를 줄여야 유리하다. 특히 보험회사는 회사채와 주식과 같은 위험자산 투자를 줄이고 자산을 장기 및 국공채 위주로 바꿔야 한다. 이 때문에 자기자본 비율의 도입이 외국계 생명보험사들에 다소 유리할 것으로 관측되고 있다. 외국계 생명보험사들의 경우 10년 이상 장기채권 투자 비중이 높아 위험률이 낮게 평가되기 때문에 기존 지급여력 비율보다 오히려 자기자본 비율이 올라가는 경우가 많기 때문이다.

앞으로 보험시장은 건전성을 둘러싼 싸움이 될 것이다. 기존 제도보다 정교해진 자기자본 비율이 본격화되면서 보험회사들의 자산운용 포트폴리오를 통한 차별성이 뚜렷해질 것이기 때문이다. 그만큼 보험사의 홍보나 소비자의 보험선택 기준도 분명해지는 동시에 리스크가 높은 상품은 판매 자체가 어렵게 된다. 이런 상황을 미리 인지하고 준비한 보험사와 그렇지 못한 회사 간의 격차는 점점 커질 수밖에 없다.

2. 이익률과 수익률

보험회사의 이익은 두 가지 경로로 발생한다. 가입자에게 상대적으로 높은 보험료를 받으면서 보장을 적게 해주거나 받은 보험료를 잘 운용하는 경우다. 이때 단순히 이익 자체가 많은지에 대한 여부를 보는 것보다 '이익률'이 높은 보험사를 고르는 것이 좋은데, 대표적으로 총자산 순이익률(ROA), 자기자본 이익률(ROE)을 보는 방법이 있다. 아무래도 규모가 큰 보험사일수록 이익이 많을 수밖에 없다. 하지만 효율은 별개의 문제다. 자산과 비교해 이익이 얼마나 많은지, 자기자본 대비 이익이 얼마나 되는지를 살펴보면 보험사가 얼마나 효율적인 경영을 하고 있는지를 알 수 있다.

또한 보험사들은 가입자들로부터 보험료를 받은 뒤 이를 각종 금융자산에 투자함으로써 수익을 낸다. 결국 보험회사로부터 보험금을 안정적으로 지급받기 위해서는 보험회사의 보험료 운용수익률이 높아야 한다. 수익률이 떨어지면 보험회사는 경영에 어려움을 겪게 되고 보험금지급 여력이 떨어질 수밖에 없다. 특히 가입자들에게 부여한 이율 이하로 자산운용 수익률이 떨어지면 보험사들은 앉아서 손해를 보는 '역마진' 상태에 빠진다.

보험회사의 자산운용 수익률은 시장금리와 밀접한 관련이 있다. 보험회사는 주로 채권과 같은 안전자산에 투자한다. 이는 만일 가입자로부터 받은 보험료를 운용하다 손실이 생기면 자칫 지급불능 사태에 빠질 수 있기 때문이다. 채권투자는 당연히 금리가 오를수록 유리하다. 사실 보험사별로 자산운용 수익률은 큰 차이가 없다. 채권과 같은 투자대상은 단조롭기 때문이다. 하지만 운용 능력에 따라 다소간의 차이가 날 수 있으니 한 번쯤은 자산운용 수익률을 점검해보는 것이 좋다.

3. 신용등급

국제신용평가 회사들은 정기적으로 금융회사에 대한 신용평가를 내린다. 신용등급은 알파벳 순으로, 가장 높은 AAA부터 가장 낮은 D까지 다양하며, BBB 등급 이상은 돼야 안전한 보험사라 할 수 있다. 평가를 내리는 주요 신용기관으로는 스탠더드앤푸어스S&P, 무디스Moody's, 피치Fitch 등이 있다. 또한 보험회사 전문 신용평가 기관인 미국 에이엠베스트A. M. Best도 있다.

보험회사의 신용등급은 이익이 많고 영업이 잘될수록 올라간다. 이 밖에 보험회사가 경영을 잘못 하거나 부실판매를 하면 금융감독원으로부터 징계를 받는데, 이 같은 이력이 있는지도 살펴보는 것이 좋다.

> **지급여력 비율이란**
> 보험의 건전성 지표로서 지급여력 비율이 100% 이하면 현재 보험사가 보유한 돈으로 가입자들의 보험금지급 요구를 맞출 수 없다는 의미다. 이 때문에 금융 당국은 150%를 마지노선으로 관리하는 경우가 일반적이다. 최근에는 리스크 부문을 정밀화한 위험기준 자기자본 비율이 부각되고 있다.

설계사 vs 다이렉트

보험하면 인상부터 찌푸리는 사람이 적지 않다. 취직하기가 무섭게 전화를 걸어 각종 보험가입을 권유하는 보험설계사들 때문이다. 국내 보험시장은 다른 나라와 달리 설계사, 특히 '아줌마 부대'라고 할 수 있는 여성 설계사들의 손에 의해 좌우돼왔다. 남성 설계사들이 전면에 나선 것은 외국계 보험회사들이 본격적으로 국내에 진출하면서부터다. 1980년대 후반부터 국내 시장에 진출한 외국계 보험회사들은 판매망 구축을 위해 능력 있는 여성 설계사들을 확보하려 했지만 이미 기존 보험사에 자리 잡은 여성 설계사들을 빼오는 일이 쉽지 않았다. 대졸 남성 설계사는 애초 이와 같은 난관을 돌파하기 위한 외국계 보험사의 꼼수에서 출발한 시스템이었다 할 수 있다.

최근에는 설계사 없이 직접 가입하는 다이렉트보험이 인기를 끌고 있다. 특히 다이렉트보험이 급성장하고 있는 분야는 바로 자동차보험이다. 다른 보험에 비해 계약이 어렵지 않고 조항이 정형화되어 있어 복잡한 보험설계가 필요 없기 때문이다. 그렇다 보니 보험계약자들이 '설계사냐, 다이렉트냐'를 두고 고민하는 모습을 주위에서 심심찮게 볼 수 있다.

보험설계사의 유치경쟁에 새우 등 터지는 가입자

아직도 보험판매액의 절반은 보험설계사의 손에서 나온다. 보험설계사는 말 그대로 보험회사의 판매조직(지점)에 소속되어 보험상품만 판매하는 사람을 말한다. 흔히 보험사에서 사용하는 FP(Financial Planner, 재무설계사), FC(Financial Consultant, 금융 컨설턴트)와 같은 용어는 보험설계사에 대한 세간의 부정적 인식을 탈피하기 위해 만든 말일 뿐이다. 소위 '보험왕'이라고 불리는 유능한 설계사는 수백, 수천 명에 이르는 고객을 확보하고 있으며 회사 하나를 먹여 살린다는 말이 과장된 표현이 아니다.

그렇다 보니 보험사들의 설계사 유치경쟁이 과열되면서 여러 문제가 불거졌다. 특히 이미 틀이 잡힌 대형 보험사와 맞서야 하는 중소형 보험사들은 눈에 띄는 실적을 올리려다 보니 다른 회사의 설계사들을 끌어와야 했다. 그 과정에서 계약이 체결되면 보험료가 들어오기 전에 수당을 먼저 지급하는 선수당지급 관행이 일반화됐다. 결국 일부 설계사들은 수당만 받고 가입자를 나 몰라라 팽개친 채 회사를 떠나는 일이 벌어졌다. 이렇게 뻥튀기 된 높은 설계사 수당은 사업비라는 이름으로 고스란히 보험계약자가 지급해야 할 몫으로 돌아왔다. 결국 금융당국은 설계사 수당을 보험유지 기간 동안 나눠 지급하는 방안을 검토하기에 이르렀다.

새로운 상로를 개척하고 있는 보험회사

이렇게 보험설계사 조직이 삐걱대고 소비자들의 불신이 높아지자 보험회사들은 소위 '신新채널'이라고 부르는 새로운 상로를 개척하는 데 열을 올리고 있다. 대표적인 것이 텔레마케팅이나 인터넷을 통해 보험을 판매하는 다이렉트 채널과 홈쇼핑을 통한 보험판매다. 다이렉트와 홈쇼핑 보험판매는 설계사에게 들어가는 인건비나 관리비용이 절약되기 때문에 보험료가 저렴한 편이다. 또한 내용이 간단하고 보험계약 기간이 단기인 경우가 많다. 그러나 직접 얼굴을 보지 않고 상품을 판매하다 보니 불완전 판매와 같은 소비자 보호에 소홀해질 가능성도 높다. 쉽게 말해 인터넷 쇼핑몰에서 옷을 구입하는 것이 편리하긴 하지만 대신 몸에 맞지 않을 가능성이 높은 이치와 같다.

또한 경계를 뛰어넘는 금융의 겸업화가 본격화되면서 금융회사들이 취급하는 상품이 다양해지고 판매 방식도 점차 바뀌고 있다. 보험도 예외가 아니다. 대표적인 사례가 '방카슈랑스'다. 방카슈랑스는 은행의 판매망을 통해 고객을 대상으로 보험상품을 판매하는 제도를 말한다. 은행 업무도 보고 보험도 가입할 수 있으니 소비자로서는 일석이조인 셈이다. 방카슈랑스 채널에서는 고객이 이해하기 쉬운 저축성 보험이나 연금보험 판매가 주를 이룬다. 그러나 판매자인 은행이 우월적 지위를 악용해 보험회사에 과도한 수익배분이나 꺾기를 요구하는 등 문제점도 발생하고 있다.

　더 나아가 최근에는 '마트슈랑스'라는 개념까지 등장했다. 말 그대로 이마트나 롯데마트 같은 대형 할인마트에서 보험을 가입할 수 있다는 취지로 생겨난 것이다. 물론 아직까지는 뚜렷한 영업성과를 올리지 못하고 있다.

> **기억해 두기!**
>
> **설계사와 다이렉트**
> 설계사를 거치지 않고 텔레마케팅이나 인터넷을 통해 판매하는 보험을 다이렉트 보험이라고 한다. 설계사 수당 등이 필요 없는 만큼 저렴한 보험료가 장점이다. 다만 불완전 판매나 부족한 A/S 등은 아직까지 문제로 지적된다.

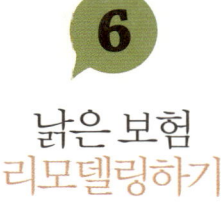

낡은 보험
리모델링하기

주위를 둘러보면 아는 사람들의 성화에 못 이겨 가입한 보험이 열 개가 넘는다는 푸념을 종종 들을 수 있다. 또 직장생활 초년생 시절에 보험이 필요하다는 말에 넘어가 무리하게 가입했다가 힘들어 하는 사람도 여럿 보았다.

이런 사람들 가운데는 꼭 필요한 보험은 없고 불필요한 보험만 가입해 정작 필요할 때는 혜택을 받지 못하는 일도 종종 생긴다. 바로 이런 이유 때문에 보험도 일정 시점이 지나면 리모델링이 필요한 것이다.

보험을 리모델링하는 과정

보험 리모델링이 필요한 이유는 단지 잘못된 보험가입 때문만은 아니다. 10년이면 강산이 변하듯 세월이 지나면서 가계재무 상황이나 필요한 보장 내역이 변하게 마련이다.

보험상품 역시 시대 상황이나 시장의 흐름, 소비자 요구에 맞춰 진화한다. 또한 각종 질병과 치료법이 개발되고, 새로운 위험이 발생할 수도 있으므로 거기에 맞춘 보험이 준비돼야 한다.

보험 리모델링은 말 그대로 현재 가입한 보험상품에 대한 정확한 분석과 진단을 통해 보험료에서 거품을 제거하는 과정이다. 기존에 가입했던 상품들을 다시 살펴봤을 때 보장 내역이 허술하거나 가계수입에 비해 보험료지출이 과다하다고 판단되면 과감히 재정비할 필요가 있다.

보험 리모델링은 현재 자신이 가입한 보험을 정확히 아는 데서 시작되는 만큼 먼저 생명보험 상품인지, 손해보험 상품인지를 확인하자. 경계가 허물어지고 있다고는 하지만 아직까지 생명보험과 손해보험은 여러 가지 면에서 차이가 있다.

생명보험은 특정 질병에 대해 정해진 금액을 보장하는 경우가 대부분인 반면 손해보험은 실제 손해액을 지급하는 실손형 보험이 주를 이룬다. 더불어 종신보험인지, 연금보험, CI보험인지 정확하게 확인해야 한다.

다음으로 보장 내역을 살펴야 한다. 보험의 본질적 기능은 투자가 아닌 위험보장이다. 만기에 돌려받을 수 있는 돈이 얼마인지 따지기보다는 정확히 어떤 위험을 보장받을 수 있는지를 꼼꼼히 따져야 한다.

보험기간과 납입기간도 확인 대상이다. 예를 들어 '20년납 80세 만기'라면 20년 동안 보험료를 내고 80세까지 보장받을 수 있다는 뜻이다. 납입기간은 보험기간보다 짧거나 같다. 생애소득(직장인이 첫 취업

후 평생 동안 받는 소득의 총액)과 생존기간을 따져 가능한 범위 내에서 보험기간과 납입기간을 설정해야 한다.

또한 불필요하게 중복된 보험은 없는지, 꼭 필요한 부분인데 빠진 보험은 없는지 반드시 들여다봐야 한다. 만약 재해와 같이 발생 가능성이 낮은 부분으로 보험이 몰려 있거나 암이나 뇌출혈 등 발생 확률이 높은 질병 보장이 부족하다면 리모델링을 해야 한다는 것이다.

보장기간이 적절한지도 판단해야 한다. 암이나 성인병 보험을 들면서 45세나 55세를 보장기간으로 했다면 당연히 보험가입 효과는 떨어질 수밖에 없다.

수입 대비 보험료지출이 과도한 경우에도 보험 리모델링이 필요하다. 특히 보험료를 마이너스 통장에서 자동이체할 정도로 현금흐름 사정이 악화됐다면 반드시 리모델링이 필요하다. 일반적으로 가계소득 대비 보험료 적정 규모는 월 소득의 10% 안팎이다. 만일 월 소득 대비 보험료가 15%를 넘는다면 보험을 과도하게 많이 가입한 것은 아닌지 점검해봐야 한다.

리모델링의 함정을 피하자

그러나 보험을 해지하고 새로운 보험에 가입할 때는 주의를 기울여야 한다. 일부 악덕 설계사들이 보험 리모델링을 핑계로 멀쩡한 보험을 해지하도록 유도하는 일이 빈번하게 발생한다. 특히 최근에는 여러 보험을 한데 묶은 '통합보험'이 인기를 끌면서 기존 개별보험을 해지하고 통합보험 가입을 권유하는 경우가 늘어났다.

저금리 기조도 보험회사가 가입자들에게 보험 리모델링을 권하는 '보이지 않는 이유'다. 요즘처럼 저금리 기조가 이어지면 보험회사들은 자산운용 수익률이 감소한다.

반면 2000년대 초반 고금리 시절 판매했던 상품에 지급하기로 한 7~10%에 달하는 약정이자율을 지급해야 하기 때문에 보험회사가 감당해야 할 이자 부담은 당연히 커진다.

그 결과 가입자들에게 보험 리모델링을 한다는 명목으로 고금리상품을 해지시킨 뒤 허울 좋게 포장한 저금리변동형 상품으로 옮기도록 유도하는 것이다.

'보험은 옛것이 좋다'는 말을 절대 잊어서는 안 된다. 고금리 저축성보험이나 2009년 보장한도가 90%로 축소되기 이전 가입한 실손형 의료보험과 같은 상품은 일단 해지하면 다시 가입할 수 없다.

또 종신보험과 의료보험처럼 재가입이 가능한 상품도 연령이 높아질수록 보험료가 엄청나게 오르는 경우가 많기 때문에 해지하기 전에 신중하게 판단해야 한다.

한 보험설계사는 가입자의 멀쩡한 보험을 해지시키고 새로운 보험에 가입시키는 보험설계사들이 등장하는 세태에 대해 결국 보험회사에 책임이 있다며 보험회사를 비난했다. 보험회사들이 해마다 연도대상을 개최하는 등 보험료를 많이 유치한 보험설계사를 우대하는 정책을 유지하고 있기 때문에 양심적으로 영업을 할 수 없는 상황이라는 것이다.

실제로 금융감사원의 감사 결과, 일부 보험회사들이 보험가입자의 이익이 아니라 보험사의 신상품 판매촉진과 이자 부담을 덜기 위해 가입자들에게 보험 리모델링을 권한 정황이 드러나기도 했다.

보험 리모델링이란
보험료의 거품을 빼고 꼭 필요한 보험상품 위주로 포트폴리오를 다시 짜는 것을 말한다. 보험의 종류와 보장기간, 납입 내역, 그리고 수입 대비 보험료지출 비율 등을 확인해야 한다. 보험사가 역마진을 피하기 위해 고객에게 리모델링을 권하는 경우도 있기 때문에 주의가 필요하다.

보장자산과
보장성보험의 세계

 몇 년 전, "10억을 받았습니다"라는 문구로 시작하는 한 외국계 보험회사의 광고가 텔레비전 전파를 타면서 사회적으로 거센 파장을 일으켰다. 이 광고는 한 가정의 가장이 사망하자 남은 아내와 자녀에게 종신보험금 10억 원이 지급됐다는 내용을 담고 있다. 하지만 엉뚱하게도 광고의 마지막에 등장하는 미남(?) 보험설계사가 아내와의 불륜을 암시한다는 엇나간 해석이 인터넷을 뜨겁게 달궜다.
 하지만 광고와 무관하게 이 보험사고는 업계에서도 상당 기간 회자됐는데, 바로 이 광고가 실화를 바탕으로 했기 때문이다. 1999년 강원도 어느 도시에서 한 남자가 P사 종신보험에 가입한 뒤 첫 회 보험료 203만 원을 내고 바로 다음 달에 심근경색으로 사망해 유가족이 보험금 10억 6,000만 원을 수령했다. 죽은 사람에게는 안 된 일이지만 갑작스러운 가장의 사망으로 경제적 난관에 봉착할 가능성이 높은 유가족에게 10억이라는 보험금은 가뭄 속의 단비나 다름없었을 것이다.

마음의 평안을 주는 심리적 안정자산, 보장성보험

최근 들어 사회·경제적 불안정성이 높아지면서 보험에 대한 관심이 부쩍 늘고 있다. 이럴 때 가장 먼저 떠오르는 단어가 바로 '보장자산'이다. 사실 공식 보험용어가 아니기 때문에 보장자산에 대한 명확한 정의는 없다. 다만 일반적으로 보장자산이라고 하면 가장의 사망으로 인한 유가족의 경제적 리스크를 해결해주는 안전자산이자 마음의 평안을 주는 심리적 안정자산을 말한다.

보장자산은 내가 사망했을 때 남게 될 '가족'의 미래를 위해 준비하는 자산이다. 일반적으로는 가장의 사후에 남게 되는 금융자산과 부동산에 사망보험금을 합한 것이다. 넓은 의미에서는 사망에 준하는 상태, 즉 중증 질병에 걸려 소득이 상실되는 것을 막고 막대한 치료비지출을 부담하기 위해 사전에 준비해놓은 자금도 포함된다.

이러한 보장자산 마련을 주목적으로 하는 보험이 바로 보장성보험이다. 특히 보장자산에 대한 넓은 의미의 정의에 맞추기 위해 경제적 사망도 보장성보험의 대상에 포함시키고 있다. 즉 경제활동을 하지 못할 정도의 고도 장해나 질병 상태에 대해서도 보험금을 지급하는 것이다. 최근에는 질병에 대비하기 위해 암, 수술, 입원 등 각종 특약을 부과해 보장을 강화할 수 있으며, 연금전환 특약을 이용해 해약환급금을 노후연금으로 전환할 수도 있다. 하지만 우리나라 국민들의 보장자산 준비는 다른 나라에 비해 매우 미흡하다고 한다. 보험업계에 따르면

2009년 기준 보장성보험에 가입한 세대는 전체의 48%에 불과해 미국(78%)에 훨씬 못 미친다.

충분한 보장자산이란 얼마를 말할까

그렇다면 충분한 보장자산의 기준은 무엇일까? 모든 가정마다 처한 상황이 다르기 때문에 당연히 일률적인 정답은 없다. 다만 원칙은 세울 수 있다. 보장성보험에 대한 준비는 긴 안목에서 가족의 생애를 설계하면서 필요자금과 준비자금을 산출하는 데서 시작된다. 먼저 가족생활비, 자녀교육비 및 결혼자금, 배우자의 노후생활 자금, 주택자금, 부채 등 앞으로 가족에게 필요한 자금을 현재 가치로 추산한다. 여기에서 금융자산, 부동산자산 등 현재까지 준비한 자산을 빼면 부족한 보장자산을 유추할 수 있다. 물론 이렇게 복잡한 계산을 비전문가가 하기란 쉽지 않다. 따라서 전문가들은 대략 연소득의 다섯 배 정도 수준의 가입금액이 적정하다고 권유한다. 유가족이 정신적, 경제적 충격을 극복하면서 정상적인 생활로 복귀하는 데 5년 정도가 소요된다고 보기 때문이다.

보장성보험에 가입할 때는 예정이율을 반드시 확인해야 한다. 이는 일종의 금리 개념으로, 저축성보험에 대해서는 '공시이율'이라고 하고, 보장성보험에서는 '예정이율'이라고 부르는 것이 일반적이다. 따라서 예정이율이 인하되면 보험금이 줄어들기 때문에 같은 보험금을 받으려면 보험료를 더 많이 내야 한다. 사망보험금 지급을 위해 쌓이는 위험보험료에 낮은 이자율을 적용해 운용하므로 지급받아야 할 보험금이 줄어들고, 이율인하 후에도 같은 보험금을 받기 위해서는 더 많은 보험료를 내야 한다. 예를 들어 1년 후 100만 원을 지급하는 보험이라면 예정이율이 20%였을 때 보험료를 83만 원 정도 내면 된다. 하지만 예정이율이 10%로 내려가면 90만 원을 내야 100만 원을 받을 수 있다.

 일반적으로 보험사의 예정이율은 시중 은행 예금금리와 비슷한 선에서 형성된다. 하지만 반응속도는 예금금리에 비해 느리다. 보험사의 한 관계자는 '예정이율은 다른 금리보다 변화가 늦으며, 다른 금리가 먼저 움직이면 이에 따라 보험사이율도 움직인다'고 설명한다.

 따라서 만일 시장금리가 하락하는 추세라면 빨리 보장성보험에 가입하는 것이 낫다. 앞으로 보험료가 올라갈 가능성이 크기 때문이다. 하지만 시간에 쫓겨 섣불리 가입하면 추후 문제가 될 수 있으니 설계사로부터 충분한 설명을 들은 뒤 자신에게 꼭 필요한 보험에 가입하자. 일반적인 보장성보험은 가입 후 예정이율에 변화가 생겨도 보험료나 보험금에 변화가 없는 확정형이지만 예정금리 변화에 따라 보험료나 보험금에 변화가 생기는 변동형도 있다.

> **보장자산과 보장성보험이란**
> 예측하지 못한 위험이 발생했을 때 가족이 받을 수 있는 사망보험금의 총액이자 부동산, 금융자산 등의 재정적 실물자산을 일컬으며, 심리적 안정자산을 포함하기도 한다. 이런 보장자산 마련을 주목적으로 하는 보험이 바로 보장성보험으로, 최근에는 사망뿐만 아니라 경제적 사망도 포함하는 것이 일반적이다.

속지 말자, 저축성보험

텔레마케터 : 안녕하십니까. A은행입니다. 저희 회사 우량고객이신 고객님께 특별히 비과세 한도를 다 채우셨더라도 혜택을 추가로 받으실 수 있는 금융상품을 소개해드리려고 합니다. 특별히 고객님께는 요즘 시중 은행 금리보다 훨씬 높은 5%대 금리로 제공해드리려고 합니다.
소비자 : 금리도 높고 괜찮은 상품이군요. 다른 제약조건은 없나요.
텔레마케터 : 예. 즉시 가입 가능하십니다.
소비자 : 혹시 저축성보험을 말씀하신 건가요?
텔레마케터 : (잠시 침묵) 예. 그렇습니다. 그러나 은행 예금상품과 비교하더라도 별 차이가 없고……(이하 생략)

이런 전화를 받으면 당연히 귀가 솔깃해진다. 비과세 한도를 넘어서도 돈을 넣을 수 있는 데다 시중 은행 금리보다 높은 금리라니 갑자기 자신이 은행 VIP 고객이 된 듯한 착각이 들기도 할 것이다.

돌다리도 두들겨보고 건너라

비과세저축은 이자소득에 대해 세금이 부과되지 않는 금융상품이다. 만 20세 이상으로 농·수협이나 신협, 새마을금고 등에서 판매하는 비과세상품에 가입하면 이자소득세가 면제된다. 다만 비과세저축은 세수에 직접 영향을 미치는 만큼 3,000만 원으로 정해져 있다.

그런데 정부도 아닌 일개 금융회사가 추가로 비과세 혜택을 주다니 그게 가능한 일일까? 당연히 아니다. 이 말을 믿고 덜컥 가입했다가는 후회하기 십상이다. 텔레마케터가 선전하는 상품은 예금이 아니라 보험, 바로 '저축성보험'이기 때문이다.

저축성보험은 약속된 공시이율에 따라 납입보험료 원금보다 많은 금액의 보험료를 되돌려주는 보험상품이다. 질병이나 재해로 인한 경제적 손실을 보전하는 목적의 보장성보험과 달리 출발선 자체가 재산 증식에 목적이 있는 투자상품이다. 저축성보험은 가입 후 10년이 지나면 차익에 대해 전액 비과세 혜택을 받는다.

이런 점을 악용해 텔레마케터들이 당연히 비과세 혜택을 받을 수 있는 저축성보험을 판매하면서 특별히 혜택을 주는 것처럼 소비자들을 부추기는 경우가 많다. 특히 텔레마케터들은 소비자가 먼저 '보험' 여부를 확인하기 전까지는 절대로 '보험'이라는 말을 입에 담지 않는다. 거짓말을 하는 것은 아니지만 진실을 건너뜀으로써 소비자가 마치 예·적금 상품인 양 착각하도록 유도하는 것이다. 나중에 문제가 발생하면 '예금이라고 말한 적은 한 번도 없다'고만 하면 그만이다.

하지만 예금과 별 차이가 없다는 텔레마케터들의 말은 새빨간 거짓말이다. 저축성보험으로 비과세를 받으려면 10년간 중도해지없이 계약을 유지해야 한다. 저축성보험 자체로 만기가 10년이 안 되거나, 10년 이상인 저축성보험이라도 중도해지할 경우에는 비과세 혜택을 받을 수 없다. 만기보험금이나 해지환급금을 받을 때 예·적금의 이자소득과 동일하게 15.4%의 세금을 원천징수하게 된다는 의미다.

중간에 해지할 경우 투자손실 비율이 다른 상품들보다 크다는 점도 유의해야 한다. 저축성보험을 중도해지하면 보험사는 계약자적립금에서 공제액을 차감한 금액(해약환급금)만 지급한다. 그런데 저축성보험은 보험가입 10년 이내에는 공제액이 크고, 갈수록 공제액이 줄어드는 구조다. 따라서 가입한 지 수년 만에 저축성보험을 해지할 경우 해약환급금이 원금에 모자라는 경우가 대부분이다. 따라서 10년이나 돈을 한곳에 묵혀둘 정도의 여력이 없거나, 불입하는 돈이 적어 비과세 혜택을 보더라도 큰 차이가 없는 경우에는 저축성보험은 결코 유용한 상품이 아니다.

또 저축성보험은 일반 예적금에 비해 복리가 붙는 원금 자체가 적다. 예·적금은 계약자가 납입한 원금 전액을 이자율에 따라 적립한다. 이에 비해 저축성보험은 보험료에서 사업비 등을 먼저 떼어내고, 남은 금액만 예정금리(공시이율)에 따라 적립된다. 이것저것 제외하고 나면 가입 10년 정도의 저축성보험 적립률은 91% 수준으로, 복리라고 하더라도 예적금에 비해 이자가 붙는 원금이 상대적으로 적다.

물론 보험가입자들이 저축성보험의 이런 단점을 장점과 함께 인식한다면 문제가 되지 않는다. 그렇지만 생명보험사들은 저축성보험을 판매하면서 소비자들에게 계약 내용을 제대로 설명하지 않는 경우가 많다. 한국소비자원이 2011년 상반기 소비자상담센터에 접수된 저축성보험 관련 상담 549건과 저축성보험 계약 경험자 500명을 조사한 결과, 보험가입자의 28.8%가 '보험계약 내용 설명이 충분하지 않거나 사실과 다르다'는 불만을 토로했다. 저축성보험이 사업성 경비를 공제한 잔액만 원금으로 적립된다는 기본적인 특성을 모르는 소비자도 53.4%나 됐다.

계산기를 두드려보면 답이 나온다

금리 상승기에는 저축성보험 가입을 신중히 해야 한다. 저축성보험에 적용되는 금리인 공시이율은 국고채, 회사채, 정기예금 등 주요 금리가 모두 반영돼 결정되기 때문에 시중금리 상승보다 움직임이 늦다. 즉 남들은 금리가 쑥쑥 오를 때 혼자 상대적으로 낮은 금리로 손해를 봐야 하는 경우가 발생한다.

결국 저축성보험은 기본적으로 10년간 목돈을 묵혀두겠다는 정도로 '가진 자'를 위한 상품이다. 특히 고액자산가들이 저축성보험을 선호하는 이유는 금융소득 종합과세를 피할 수 있다는 점 때문이다. 이자소득과 배당소득을 합친 금융소득이 2,000만 원(2012년까지는 4,000만 원, 2013년 세법 개정으로 2,000만 원으로 낮아짐)을 넘으면 금융소득 종합과세 대상자가 된다. 이 경우 사업소득이나 임대소득 등과 합산돼 높은 종합소득세율(최고 41.8%)을 적용받게 된다. 저축성보험은 비과세 혜택을 받기 때문에 아무리 많은 돈을 넣어뒀더라도 3,000만 원 기준에 포함되지 않는다. 이런 정도의 여건이 아니라면 굳이 간편한 은행 예·적금을 놔두고 복잡한 저축성보험에 가입할 필요가 없다.

저축성보험이란
약속된 공시이율에 따라 납입보험료 원금보다 많은 금액의 보험료를 되돌려주는 보험상품이다. 저축성보험은 가입 후 10년이 지나면 차익에 대해 전액 비과세 혜택을 받는다. 다만 10년 조건을 채우지 못하고 중도에 해지할 경우에는 손실이 클 수 있다.

제대로 알자,
CI보험

건강보험의 급여항목이 늘고 민영 의료보험이 점차 자리 잡으면서 질병에 걸리거나 사고를 당해 병원에 입원했을 때 더 폭넓은 보험 혜택을 받을 수 있게 됐다. 그렇다고 혜택의 질이 높아졌다는 의미는 아니다. 여전히 암이나 심근경색과 같은 중대한 질병에 걸렸을 때 필요한 치료비, 신체장애에 따른 간병비, 가장의 실직에 따른 생활비 등은 이런 보험만으로는 해결하기에 역부족이다. 게다가 종신·정기보험은 사망할 때만 보험금이 나오기 때문에 이와 같은 상황에서는 도움이 되지 않는다. 이럴 때를 대비한 상품이 바로 질병보험이다.

중대한 병에 걸렸을 때 한 줄기 빛이 되는 보험
치명적 질병보험(CI보험)은 종신보험에 질병보장을 결합한 형태로 치료비가 많이 드는 치명적 질병에 걸렸을 때 치료자금 용도로 사망보험금의 50~80%를 먼저 지급받을 수 있는 상품이다. 일반적인 보험상품이 질병의 종류만으로 보장 여부를 구분한다면 이 보험은 질병의 종류와 함께 병의 심각성을 반영한다. 동일한 질병이라 할지라도 중증일 경우 더 많은 치료비가 필요하기 때문이다. 치명적 질병보험은 사망에 이를 수도 있는 중대한 질병에 걸린 보험대상자에게 고액의 보험금을 사전에 제공해 치료에 전념할 수 있게 하는 데 목적이 있다.

하지만 이렇게 고액을 받을 수 있는 만큼 약관도 까다롭기 때문에 보장범위와 금액을 꼼꼼히 비교하고 가입해야 한다. 무턱대고 가입했다가는 정작 병에 걸렸을 때 보험금을 지급받지 못할 수도 있다.

일단 치명적 질병보험은 약관에서 정해놓은 질병에 걸렸을 경우 고액의 보험금을 받을 수 있지만 보장범위가 훨씬 제한적이다. 보장의 핵심은 어떤 질병이 어느 상황에 이르렀을 때 '중대'하다고 볼 수 있느냐는 것이다. 이에 따라 암이나 뇌졸중 진단을 받았어도 보험금지급을 거절당할 수 있다. 기존의 건강보험은 암, 뇌졸중 진단을 받으면 보험금을 받을 수 있지만 이 보험은 중대한 질병, 수술, 화상 및 부식이라는 전제를 약관에 상세히 규정하고 있다. 좀 더 구체적으로 살펴보면 중대한 질병에는 중대한 암과 뇌졸중, 급성심근경색과 말기 신부전증 및 간질환, 폐질환 등이 포함된다. 중대한 수술은 관상동맥우회술, 심장판막수술, 5대 장기(간장, 신장, 심장, 췌장, 폐) 이식수술 등이며, 신체 표면의 20% 이상 또는 3도 화상을 입은 경우 이를 중대한 화상으로 보고 보험금을 지급한다. 상황이 이러하기 때문에 보험가입을 할 때 안내자료와 약관을 꼼꼼히 보면서 보장 대상 질병의 종류와 정의를 반드시 확인하는 작업이 필요하다.

이것저것 제약이 많은 치명적 질병보험

보험료도 종신보험과 비교해봐야 한다. 치명적 질병보험은 중대한 질병이 발생하면 사망보험금 중 일부를 선지급받은 후 보험료납입이 면제되기 때문에 보험료가 일반 종신보험보다 30~40% 정도 비싸다. 예를 들어 40세 남자가 사망했을 때 유가족이 1억 원의 보험금을 받으려면 일반 종신보험은 월 22만 9,000원의 보험료를 내면 되지만 치명적 질병보험은 50% 선지급형의 경우 30만 3,000원, 80% 선지급형은 33만 7,000원을 내야 한다.

다만 계약 과정은 예전보다 훨씬 수월해졌다. 2010년 6월부터 계약 전 알릴 의무(고지의무) 사항이 개정되면서 이 보험에 가입할 경우에도 일반 건강보험과 동일한 수준의 병력사항만 보험회사에 알리면 된다. 이전에는 고액보장이라는 이유로 병력 질문에 예시병명이 90개 이상으로 세분화돼 있어 민원의 소지가 있었다. 다만 장기이식 수술 여부나 가족력을 고지의무 사항으로 규정하고 있는 경우가 많아 가입

치명적 질병보험의 보험금지급 대상

구분	보장 질병
중대한 질병	중대한 암, 중대한 뇌졸중, 중대한 급성심근경색증, 말기 신부전증, 말기 간질환, 말기 폐질환 등
중대한 수술	관상동맥우회술, 대동맥류인조혈관치환수술, 심장판막수술, 5대 장기(간장·신장·심장·췌장·폐) 이식수술
중대한 화상 및 부식	신체 표면의 최소 20% 이상의 3도 화상 또는 부식

자의 주의가 필요하다.

암보험 가입 시 고려해야 할 사항들

특히 치명적 질병보험 중 대표적인 상품이 바로 암보험으로, 암보험은 말 그대로 암을 전문적으로 보장해주는 보험상품이다. 하지만 최근 암보험이 보험사의 천덕꾸러기로 전락했다. 의료기술의 발달로 암의 조기발견 확률이 높아지고 치료비용이 급증하면서 보험회사 입장에서는 부담이 되기 시작한 것이다. 즉 수지타산이 안 맞는 상품이 된 것이다.

하지만 이렇게 점차 사라지고 있는 암보험에 사람들이 몰리자 틈새시장을 노린 중소형 보험회사들이 암보험상품을 내놓고 있다. 이들이 내놓은 암보험 상품은 갱신형과 비갱신형으로 나뉜다. 기존 암보험은 대부분 비갱신형이다. 비갱신형은 만기 시점까지 보험료가 바뀌지 않고 유지되는 형태인 반면 갱신형은 3~10년 단위로 계약이 갱신된다. 또 이들이 새롭게 선보인 암보험은 리스크를 줄이기 위해 고액암, 일반암, 소액암으로 나눠 보험금을 차등화해 지급하고 있다. 따라서 일단 비갱신형 암보험을 갖고 있다면 무조건 유지해야 하는 보험 1순위다. 그리고 만약 새로 암보험에 가입하려는 경우에도 일단은 비갱신형을 먼저 염두에 두는 것이 좋다. 비갱신형은 처음 가입할 때 보험료는 비싸지만 암에 걸릴 위험률이 계속 높아진다고 보면 처음 정해진 위험률을 고정해서 적용받기 때문에 갱신형보다 유리할 수 있기 때문이다.

또한 암에 걸리면 치료비뿐만 아니라 경제활동을 못하는 기간 동안의 생활비도 고려해야 하기 때문에 진단금과 보장기간을 최대로 설정하는 것이 좋다. 대신 사망보장은 최소로 줄이고 순수보장형(소멸형)으로 갖고 가기를 추천한다. 이 밖에 여성이라면 반드시 갑상선암, 유방암과 같은 암질병 보장 내역도 꼼꼼하게 확인하자.

치명적 질병보험이란
종신보험에 질병보장을 결합한 형태로 돈이 많이 드는 치명적 질병이 발병했을 때 치료자금 용도로 사망보험금의 50~80%를 먼저 지급받을 수 있는 상품이다. 일반적인 보험상품은 질병의 종류만으로 보장 여부를 구분하지만 이 보험은 질병의 종류와 함께 병의 심각성을 반영한다.

환급형이 좋을까, 소멸형이 좋을까

보험설계사 : 월납 보험료를 5만 원 또는 8만 원으로 하실 수 있습니다. 물론 보장은 동일합니다.

소비자 : 그럼 차이가 뭔가요?

보험설계사 : 5만 원으로 하시면 위험보장은 받을 수 있지만 만기에 이미 낸 보험료는 돌려드리지 않고 소멸됩니다. 하지만 매월 보험료로 8만 원을 내면 위험보장도 받고 만기에 환급금도 지급합니다. 위험보장도 되고 저축도 할 수 있어 일거양득이라고 할 수 있어요. 이 상품으로 가입하시죠?

소비자 : 그게 좋을 것 같네요. 내는 돈이 아깝기도 하고요.

보험설계사와 상담할 때 흔히 볼 수 있는 대화 내용이다. 보험상담을 받을 때 '이 보험을 선택하면 위험도 보장받고 저축도 할 수 있다'

는 설명을 자주 듣는다. 하지만 이는 보험회사의 낚싯밥일 수 있으니 주의해야 한다.

여기에서 보험회사가 말하는 저축기능은 만기환급금에서 나온다. 즉 보험만기가 되면 낸 보험료 가운데 일부 혹은 전체를 돌려주는데, 이를 만기환급금이라고 한다. 특히 낸 보험료를 100% 돌려주는 경우가 있는데, 보험사들은 '보험료를 만기에 고스란히 돌려받으면서 보장도 받을 수 있다'는 말로 소비자들을 유혹한다. 이미 낸 보험료가 아깝기 때문이다.

보험회사의 달콤한 유혹에 넘어가지 마라

보험회사의 달콤한 유혹 뒤에는 당연히 함정이 숨어 있다. 이렇게 만기환급금 지급이 가능한 것은 보험료 가운데 일부를 따로 떼어내 적립금으로 쌓아두기 때문이다. 여기에 이자가 쌓이고 결국에는 낸 보험료에 준할 정도의 적립금이 만들어질 수 있다.

하지만 반대로 생각하면 따로 떼어낸 보험료가 늘어날수록 위험을 보장하는 위험보험료 비중이 줄어들면서 보장이 부실해질 수밖에 없다. 또한 운용실적마저 좋지 않다면 만기환급금 수준이 실망스러울 수 있다. 두 마리 토끼를 잡으려다 한 마리 토끼도 잡을 수 없는 경우가 발생할 수 있다는 것이다. 예를 들어 월 10만 원의 보험료 중 5만 원은 위험보험료로, 5만 원은 적립보험료로 책정되는 상황이라면 차라리 같은 조건으로 환급금이 전혀 없지만 보장 수준은 같은 월 5만 원짜리 보험에 가입하면서 나머지 5만 원은 적금에 가입하는 것이 훨씬 나을 수 있다.

그런데 보험회사가 굳이 만기환급금을 주기 위해 적립보험료를 따로 책정하는 것은 위험보험료뿐 아니라 적립보험료에서도 사업비를 떼기 때문이다. 이를 통해 보험회사가 수익을 늘리는 것이다. 이는 소비자에게 손해가 발생한다는 의미이기도 하다. 물론 보험사의 공시이율은 은행이자율보다 높고 적립보험료 가운데 사업비를 일부 떼더라도 결과적으로 은행보다 수익이 많을 수 있다. 이것은 어떤 보험회사가 어떤 보험을 판매하느냐에 따라 달라진다. 그러므로 보험가입을 하기 전에 보험료적립에 따른 수익이 은행수익을 넘어설 수 있는지 먼저 문의하는 것이 좋다. 만약 넘어서지 못한다면 환급금이 전혀 없는 순수보장형 혹은 소멸형 보험에 가입해야 한다. 이 경우 보장은 보장대로 받으면서 보험료에 대한 부담을 대폭 줄일 수 있다.

본연의 목적에 충실한 보험상품에 가입하라

이 같은 문의가 번거롭다면 보험 본연의 목적에 충실한 상품에 가입하는 것이 좋다. 즉 보장성보험에 가입하는 경우라면 무조건 소멸형에 가입하고, 보험을 통해 저축을 하고 싶다면 별도의 저축성보험에 가입하는 것이다. 저축성보험은 보험의 목적 자체가 저축에 있기 때문에 은행적금보다 유리한 경우가 많다. 보험사의 감언이설에 속아 만기환급금 비중이 큰 보험에 가입하면 보험료부담에 시달릴 수 있다.

정부도 소멸형 가입을 권장하고 있으며, 정책적으로 환급금을 최소화해 보험료를 낮출 수 있는 보장성보험 개발을 지원하고 있다. 그리고 보험회사가 일방적으로 환급금이 있는 모델만 판매하지 못하도록 규제하고 있다. 같은 보험상품이라면 환급금이 있는 유형과 없는 유형을 공평하게 만들도록 한 것이다.

만기환급금 지급 방식이 갈수록 다양해지고 있다. 만기 이후 정한 기간까지 연금으로 받는 방식, 만기 후 일시불로 받는 방식, 일부는 목돈으로 받고 나머지는 연금 형태로 받는 방식, 만기 전 중도에 일시지급 받는 방식 등이 있다. 중도에 일시지급 받는 경우에는 적립금 전액 혹은 일부를 인출할 수 있으며 브험계약은 유지돼 치료비와 같은 보장은 정상적으로 받을 수 있다.

> **기억해 두기!**

소멸형과 환급형이란

보험은 만기에 이미 낸 보험료를 돌려주지 않는 소멸형(순수보장형)과 환급금을 돌려주는 만기환급형으로 나뉜다. 보험계약자 중에는 투자한 원금에 대한 미련 때문에 환급형에 가입하는 경우가 많다. 그러나 만기환급금에 목숨 걸 필요는 없다. 보험을 유지하는 데 드는 기회비용을 따져봤을 때 환급형보다 저렴한 소멸형을 선택하는 편이 훨씬 유리하다.

저출산·고령화 시대,
연금보험이 대세

100세 시대가 눈앞으로 다가왔다. 하지만 제대로 준비되지 않은 장수는 축복이 아닌 저주일 뿐이다. 우리나라의 노후준비 여건은 날이 갈수록 안 좋아지고 있다. 생활비와 교육비 부담은 세계 최고 수준이고, 900만 명에 달하는 베이비붐 세대(1955~1964년생)의 은퇴가 시작되고 있다. 반면 노동시장의 유연화와 함께 체감 퇴직연령은 점점 짧아지고 있다.

그러나 국민연금의 소득대체율(은퇴 직전의 소득 대비 은퇴 후 소득의 비율)은 두 차례 연금개혁 끝에 오히려 40% 수준까지 떨어졌다. 이는 퇴직 전에 100만 원을 벌던 사람이 퇴직 후 국민연금으로 40만 원밖에 받지 못한다는 것을 의미한다. 그러나 향후 인구·재정 여건을 고려할 때 소득대체율을 높이는 일은 거의 불가능해 보인다. 오히려 더 떨어지지나 않을지 염려해야 하는 상황이다.

앞으로 20~30년 뒤에는 국민연금이 용돈 수준으로 전락할 가능성을 배제할 수 없다. 이 때문에 금융당국은 '노후 3층 보장(국민-기업-개인연금)'이라는 이름 아래 국민들의 개인연금 가입을 독려하고 있다. 더욱이 저출산·고령화에 대한 인식이 높아지면서 연금보험에 대한 수요가 증가하고 있다.

연금보험의 종류

연금보험이란 가입자가 경제활동기에 납입한 보험료를 적립해서 노년기가 됐을 때 일정액의 연금을 지급하는 보험상품을 말한다. 이 보험은 계약자가 납입한 보험료를 적립하는 방식에 따라 크게 일반연금 보험과 변액연금 보험, 자산연계형연금 보험으로 구분한다. 다시 일반연금 보험은 보험료 일부를 확정금리로 적립하는 금리확정형과 변동금리에 따르는 금리변동형으로 나뉜다. 일반연금 보험에서 금리확정형은 추가 연금액을 기대할 수는 없지만 연금액을 4% 수준에서 안정적으로 적립해 수령할 수 있다. 금리변동형은 금리가 오를 때는 예상보다 많은 금리를 받을 수 있지만 금리가 떨어지면 연금액이 줄어든다는 특징이 있다.

변액연금 보험은 연금보험과 투자수익이라는 두 마리 토끼를 쫓는 가입자에게 적합하다. 보험료 중 일부를 주식, 채권 등 유가증권에 투자해 발생한 이익을 연금으로 지급한다. 시장 상황이 좋아 투자성과가 높아지면 연금액도 그만큼 높아질 것이다. 하지만 반대로 증시가 폭락하면 일반연금 보험에도 못 미치는 연금액을 받을 수도 있다. 변액연금 보험에 대해서는 바로 다음 장에서 자세히 살펴보도록 하겠다.

한편 자산연계형연금 보험은 보험료를 주가지수 등 특정 지표나 자산에 연계해 그 수익을 연금액에 반영한다. 현재 채권금리 연계형, 주가지수 연동형, 금리스왑 연계형이 판매 중이다. 연계자산에서 발생한 추가수익을 기대할 수 있으며 동시에 변액연금 보험보다 연금액을 안정적으로 지급받을 수 있는 장점이 있다. 투자 리스크로 볼 때 일반연금 보험보다는 공격적이고, 변액연금 보험보다는 소극적인 중간 성향의 투자자에게 적합하다.

연금보험은 무조건 빨리 가입하는 것이 이익

물론 딱 집어서 어느 한 상품이 좋다고 말할 수는 없다. 예를 들어 2000년대 중반 증시가 폭발적인 성장세를 보일 때는 변액연금 보험 가입자들이 막대한 수익을 챙길 수 있었다. 하지만 금융위기 이후 증시가 폭락세로 돌아서면서 변액연금 가입자들은 원금도 간신히 챙기는 수준에 머물렀다.

반면 이 시기에 금리확정형 가입자는 연 7%라는, 당시로서는 낮은 금리를 약속받았다. 하지만 은행 예금금리가 3%대에 머무르는 등 저금리 기조가 본격화되면서 상대적으로 높은 수익을 거두며 보험회사들을 힘들게 했다.

확실한 것은 연금보험은 무조건 하루라도 빨리 가입하는 것이 유리하다는 사실이다. 같은 금액의 보험금을 받는다고 가정할 때 지급해야 할 보험료가 점점 커지고 있기 때문이다. 이유는 바로 평균수명의 증가에 있다. 이런 점에 편승해 보험회사들도 연금보험에 영업 역량을 집중하면서 경쟁이 더욱 치열해지고 있다. 이런 경쟁은 소비자 입장에서는 불리할 것이 없다. 보험회사들이 앞다투어 소비자의 입맛에 맞는 다양한 연금보험을 선보이고 있기 때문이다.

우선 납입기간을 10년 이하로 부담을 줄인 상품이 나왔다. 형편에 따라 상대적으로 짧은 의무 납입기간만 지키면 모든 혜택을 받는 것이다. 물론 짧은 기간 한꺼번에 보험료를 내야 하기 때문에 납입하는 동안은 부담이 다소 클 수 있다. 하지만 상대적으로 지출 부담이 적은 기간에 보험료를 몰아서 내면 지속적인 납입 부담에서 금방 벗어날 수 있다.

연금지급 형태도 매우 다양해지고 있다. 만약 'LTC 연금전환특약'이 있는 상품에 가입한 후 치매나 중풍 등 LTC(Long Term Care, 장기간병) 진단을 받으면 일정 기간 동안 기존의 약속했던 연금액의 두 배를 받거나 한 번에 일시금을 받을 수 있다. 보조기구나 타인의 도움을 받아야 하는 이동동작 장해에도 이와 비슷한 보장을 해준다. 또는 보험료를 내는 기간 동안 신체기능 50% 이상 상실 장해 판정을 받으면 보험료를 할인해주거나 회사가 대신 내주는 특약도 있다. 물론 이를 위해서는 별도의 특약보험료를 내야 한다.

또한 연금개시 시점이 되면 적립금의 50%를 은퇴 축하금 명목으로 일시 지급하고 나머지를 연금으로 나눠주는 형태도 있다. 은퇴 초기 실버타운 입주나 자녀결혼 등으로 목돈이 필요한 경우가 많기 때문에 유용하게 쓸 수 있다. 관련 특약에 들어두면 연금 외에 배우자 사망 시 사망보험금을 지급하는 보험도 있다.

점차 다양한 방식으로 진화하는 연금보험

일시납 연금보험도 점차 다양해지고 있다. 한꺼번에 거액의 돈을 보험사에 맡긴 뒤 이를 연금으로 나눠 받는 일시납 연금보험의 납입 방식을 다양화한 것이다. 대표적인 것이 몇 차례에 걸쳐 나눠 내는 것인데, 일시납 연금보험은 목돈을 가지고 은퇴하는 사람들이 많이 활용한다. 이 밖에 여유자금이 생길 때마다 추가로 보험료를 납입한 뒤 나중에 받을 연금액을 늘릴 수 있는 상품도 있다.

보험료를 할인해주는 연금보험도 있다. 보험료가 50만 원을 넘으면 최대 2%까지 보험료를 할인해주는 식이다. 그리고 5년 이상 계약을 정상적으로 유지하면 기본 보험료의 0.5~1.0%를 할인해주는 대신 적립계좌로 추가적립해주기도 하는데, 이 경우 많이 내거나 오랜 기간 낼수록 혜택을 더 많이 받을 수 있다.

연금보험에도 통합보험이 있다. 하나의 계약으로 가족 구성원 전체의 노후를 대비하는 것이다. 이 계약은 가족 중 한 명이라도 사망하면 사망보험금을 연금 재원에 넣어 활용할 수 있다. 이 밖에 일반 보험으로 가입한 뒤 시장 상황에 따라 계약을 변액연금으로 전환할 수 있는 '변액연금 전환특약'도 있다. 또는 쌓인 목돈이나 사망보험금을 자녀와 배우자에게 미리 증여해 이들이 연금으로 사용할 수 있도록 하는 '가족사랑 연금전환특약'이 있다. 적립원금은 상속재원으로, 운용수익은 연금으로 활용하는 것도 가능하다.

여성의 평균수명이 남성보다 더 긴 점을 고려해 주로 남편이 사망할 경우에 대비한 여성전용 연금보험도 있다. 배우자의 경제활동으로 경제적 여유가 있을 때는 적은 액수의 연금을 받다 배우자의 사망·실직, 이혼 등으로 가계소득원이 사라질 경우 많은 연금을 지급하는 방식이다.

연금보험이란
가입자가 경제활동기에 납입한 보험료를 적립해 경제활동이 어려운 노년기에 일정액의 연금을 받는 보험상품이다. 최근 저출산·고령화에 대한 사회인식이 높아지고 베이비부머의 은퇴가 본격화되면서 인기몰이를 하고 있다.

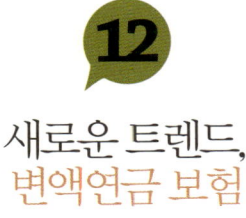

새로운 트렌드,
변액연금 보험

최근 은퇴 시기가 앞당겨지면서 자녀가 학교를 채 마치기도 전에 직장을 떠나야 하는 가장이 늘고 있다. 자신의 노후는 물론 자녀들의 학업을 생각하면 막막하기 그지없다. 이 때문에 단순히 은퇴자산을 쌓아주기보다는 불려주는 연금보험에 대한 관심이 높아지고 있다. 바로 '변액연금 보험'이 그것이다.

변액연금 보험이란 보험료를 주식이나 채권 등에 투자하는 펀드에 넣어 운용실적에 따라 지급액이 달라지는 실적배당형 연금보험을 말한다. 주가가 오르면 수익률이 함께 오르지만 가입 이후 주가가 내려가면 원금이 보장되는 구조다. 이는 확정금리형 연금보험과 변액연금을 혼합한 방식이다. 과거 연금보험은 가입 당시 확정이율에 따라 연금지급액이 결정되다 보니 연금 개시 시점까지의 물가상승률이 예상보다 높은 경우 실질 연금액이 떨어지는 상황이 발생할 수 있었다. 그러나 변액연금은 상품의 성격이 펀드에 가까워서 은행금리 수준보다 높은 연금액을 기대할 수 있다. 미국과 유럽에서는 1980년대부터 등장했으며, 우리나라에는 2001년 처음 소개된 뒤 글로벌 금융위기 이전까지 인기를 끌었다.

금융위기 이후 달라진 변액연금 보험

2005년 이후 증시활황이 계속되면서 변액연금의 수익률이 높아짐에 따라 변액연금에 보험회사와 가입자들의 관심이 쏟아졌다. 특히 중소형 보험회사들이 잇달아 변액연금 상품을 출시하며 고객몰이에 나섰다. 변액연금이 인기를 끌면서 일부 보험사는 소위 '빅3'를 위협하는 수준에까지 올라섰다.

하지만 화무십일홍花無十日紅이라는 말처럼 2008년 글로벌 금융위기가 발생하면서 변액연금의 수익률은 곤두박질치기 시작했다. 변액연금 펀드를 구성하는 주식과 채권수익률이 급락했기 때문이다. 변액연금은 예·적금과 달리 원금보장이 되지 않는 투자형상품이다 보니 일부 변액연금은 휴지 조각으로 전락하기까지 했고, 자연히 고객들은 변액연금을 외면했다.

2010년 이후 증시가 다시 살아나면서 변액연금 보험도 시장으로 돌아왔다. 하지만 실패의 쓴 맛을 봤기 때문인지, 돌아온 변액연금은 다양하고 화려한 무기로 재무장한 상태였다. 가장 많이 활용되는 형태가 목표수익을 달성했거나 주가급락이 예상될 경우 일정 조건을 충족하면 기존 적립금을 주식형 펀드에서 변동성이 낮은 금리연동형 펀드로 돌리는 것이다. 손실을 방지하면서 일정 수익률로 안전하게 운용할 수 있다. 투자수익률이 목표치를 넘을 때마다 이후 손실이 발생해도 기달성 목표치를 기본적으로 보장하는 변액보험도 있다. 예를 들어 한 보험회사는 가입자의 적립금이 납입보험료 총액 대비 120%, 140%, 160%, 180%, 200%의 5단계의 목표 기준금액을 달성할 때마다 해당 수익률을 보장하고 있다. 투자성과가 좋아 적립금이 120%를 한 번이라도 넘어서면 이후 큰 손실이 발생한다 하더라도 낸 보험료의 120%를 기본 보장하는 식이다. 사업비 등을 제외한 적립보험료로 총 3,000만 원을 냈다면 최소 3,600만 원을 연금으로 돌려주는 것이다. 만일 투자수익이 계속 올라 적립금이 한 번이라도 원금의 두 배(200%)를 넘어서면 이후 수익률에 관계없이 원금의 200%가 보장된다. 물론 수익률이

변액보험과 적립식 펀드의 차이

구분	변액연금 보험	적립식 펀드
투자 방법	전문가 대행	
투자 대상	주식이나 채권 등 모든 자산	
비용	운용보수·수탁자보수·사업비	운용보수·수탁자보수·판매수수료
연금지급 여부	보증기간 연금지급	없음
보장성보험 적용	사망이나 장해 시 보험금지급	
세제 혜택	10년 이상 유지 시 비과세	부분적 비과세, 4,000만 원 초과에 대해 금융종합과세
투자기간	최소 10년 이상	단기·중기
펀드 변경 및 중도인출 여부	펀드 변경 가능. 신속한 중도인출	환매를 통한 펀드 변경

(자료 : 매일경제신문)

200%보다 더 높아지면 그대로 수익률에 반영되고 이후 200% 아래로 떨어져도 200%를 보장한다.

이러한 시스템에서는 투자수익률이 올라가면 올라갈수록 연금지급 개시 시점의 최저 보증금액이 함께 올라가는 효과가 발생한다. 이를 '스텝업 보증제도'라고 부른다. 이 제도는 가입자가 원할 경우 일정 수익률 이상부터 적립금 전액을 일반연금 계정으로 집어넣을 수 있다. 전환 후에는 적립금에 시중금리가 반영되는 공시이율이 적용돼 주식시장 변동과 관계없이 안정적으로 자금을 굴릴 수 있다. 쉽게 말해 펀드에 있던 돈을 예금에 넣었다고 생각하면 된다.

또는 아예 처음부터 시장 상황에 상관없이 납입보험료 대비 정한 비율을 최저 보장하는 경우도 있다. 예를 들어 비율을 150%로 정하고 한 달에 100만 원씩 100번 납입을 했다면 총 납부한 1억 원에서 150% 금액인 1억 5,000만 원을 최소 보장하는 것이다. 이를 '보증 옵션'이라고 한다. 물론 이 보증 옵션은 공짜가 아니라 일부 수수료를 지급해야 한다. 또한 가입 후 일정 가입 기간이 지나야 선택할 수 있는 자격이 주어지는 경우도 있다.

수익률을 보장하는 형태도 있다. 코스피 200과 같이 여러 지수 상승률과 수익률을 연계해 가입 이후 주가가 상승하면 바로 수익을 얻을 수 있다. 반대로 주가하락으로 수익률이 마이너스가 되면 수익률 0%를 적용해 원금을 보장한다. 가입기간별로 최저 보장금액을 올리는 방식도 있다. 10년이 되면 납입액의 100%를 보장하고 3년이 지날 때마다 6%포인트씩 보장금액을 올려주는 식이다. 물론 투자수익이 그 이상 발생하면 해당 금액을 지급한다.

화려한 겉만 보고 판단하지 마라

이런 보험들은 손실을 최소화한다는 매력으로 큰 인기를 끌고 있다. 보험사들은 '수익성과 안정성을 동시에 보장한다'는 문구로 가입자들을 유혹한다. 하지만 보험의 원금보장은 통념과 다르기 때문에 가입자들의 주의가 필요하다. 보험사들은 보험료에서 각종 운영비를 사업비 명목으로 제한 뒤 남는 것을 투자하며, 보험사가 보장한다는 원금도 적립보험료(사업비를 제한 뒤 적립되는 보험료)를 뜻하는 경우가 많다. 따라서 원금이 보장된다고 할 때 전체 납입보험료 보장인지, 적립보험료 보장인지 잘 살펴봐야 한다.

또한 원금이 보장된다는 말에 현혹되는 일도 피해야 한다. 납입보험료의 150%를 보장한다 해도 장기간 많은 금액을 납입하는 보험의 특성상 실질적으로 손해일 수 있다. 즉 같은 금액을 동일한 기간 동안 은행 예·적금에 투입하면 얼마든지 이보다 높은 수익률을 올릴 수도 있다는 것이다. 결국 원금보장형 변액보험은 최소한 원금(적립보험료) 손실을 피할 수 있다는 점에서는 매력적이지만 시장 상황에 따라 실질적으로 손해를 볼 수도 있음을 항상 명심해야 한다.

그리고 원금보장이라는 말 때문에 언제든지 해약해도 낸 보험료 전체를 돌려받을 수 있다고 생각할 수 있는데, 이는 엄청난 착각이다. 원금보장은 말 그대로 보험회사가 적립보험료를 운용하면서 손실이 나더라도 이 손실을 가입자에게 전가시키지 않는다는 의미다. 따라서 보험의 기본 성격에는 변함이 없으며, 만기 전 해약할 때는 보험회사가 자체적으로 정한 해약환급금 구조에 따라 적립금을 돌려받게 되므로 조기에 해지하면 이미 낸 보험료 가운데 상당 부분을 돌려받지 못한다. 보험이 빛을 발할 때는 안정적인 시장구조 아래에서 비과세 기준이 되는 10년 이상 장기 가입할 경우라는 점을 명심하자.

변액연금 보험이란

보험료를 주식이나 채권 등에 투자하는 펀드에 넣어 운용실적에 따라 지급액이 달라지는 실적배당형 연금상품. 글로벌 금융위기 이후 단계별 수익률을 보장하는 스텝업 보증이나 납입보험료 대비 일정 비율을 보장하는 보증 옵션과 같이 진화한 형태로 소비자를 공략한다. 그러나 원금보장이라는 말에 솔깃해 전체 숲을 보지 못하는 실수를 범해서는 안 된다.

13
변액연금 보험 수익률
관리하기

2012년 상반기를 뜨겁게 달군 보험이라면 단연 변액연금 보험을 꼽을 수 있다. 물론 좋은 의미는 아니다. 2012년 4월, 금융소비자연맹이 공정거래위원회의 예산지원을 받아 보험설계사와 은행을 통해 판매되는 60개의 변액연금 보험 상품 수익률을 비교해 공개했다. 결과는 참담했다. 60개 상품별 수익률·비용 데이터를 입력해 비교한 결과, 평균 물가상승률을 웃도는 실효수익률을 기록한 상품은 단 여섯 개에 그쳤다. 심지어 설계사를 통해 판매하는 상품 중 가장 수당이 높은 변액연금 보험의 수익률은 연평균 4.06%에 불과했다. 이에 대해 보험회사들은 수익률 계산에 심각한 오류가 있다며 강하게 반발했다. 물론 누구 말이 맞는지는 곰곰 따져봐야 할 문제다. 다만 명심해야 할 점은 변액연금 보험이 이해하기 어렵고, 그만큼 소비자가 속을 가능성도 높다는 점이다. 앞에서 변액연금 보험에 대해 알아보았다면 이번에는 변액연금 보험의 허와 실에 대해 알아보자.

변액연금 상품을 비교하라

보험사가 보험료를 투자하는 방식은 주로 채권에 투자하는 채권형, 주식에 주로 투자하는 주식형, 채권을 위주로 주식 등 다른 상품에도 상당 부분을 투자하는 채권혼합형, 주식을 위주로 채권 등 다른 상품에도 상당 부분을 투자하는 주식혼합형으로 나눌 수 있다. 그리고 편의상 펀드라는 이름을 붙인다.

각 펀드 유형은 주식에 얼마나 투자하는지로 결정된다. 즉 채권형이라고 해서 무조건 채권에만 투자하는 것은 아니며, 소량은 주식에 투자한다. 다만 그 비중이 매우 낮을 뿐이다. 주식형 역시 무조건 주식에만 투자하는 것이 아니며, 일부는 채권에도 투자한다. 물론 기준은 각 보험사별 자체적으로 설정한다.

보험회사들은 보통 수십 개의 펀드를 운용하고 있다. 가입자들이 변액연금 보험에 투자할 경우 이 같은 펀드 가운데 비중을 선택할 수 있다. 예를 들어 같은 삼성생명 변액연금에 가입하더라도 주식형, 채권형, 채권혼합형, 주식혼합형의 비율을 3:3:2:2로 가입하거나 4:3:2:1로 가입할 수도 있다. 가령 4:3:2:1로 설정한 뒤 한 달 적립 보험료로 100만 원을 낸다면 주식형, 채권형, 채권혼합형, 주식혼합형 펀드에 각각 40만 원, 30만 원, 20만 원, 10만 원이 투입된다. 이처럼 구성이 다양하므로 변액연금에 가입할 때는 자신의 계약을 어떤 펀드로 구성할지 잘 선택해야 한다. 어느 것을 선택하느냐에 따라 수익률에서 큰 차이가 나기 때문이다. 펀드 구성이 복잡하다는 점은 변액연금 보험 상품 비교를 어렵게 하는 주요한 요인이 된다.

그러나 변액연금 논란이 가중되면서 2012년 9월부터는 변액연금의 사업비 수준, 납입보험료 대비 수익률 등을 변액보험 공시시스템을 통해 일목요연하게 확인할 수 있게 됐다. 납입보험료에서 사업비와 위험보험료가 얼마나 쓰였는지, 펀드 투입금은 얼마인지, 현재 적립률은 얼마인지를 확인할 수 있게 된 것이다. 예비 가입자들도 가입검토 단계에서 해당 기간 경과시점에서의 납입보험료 대비 수익률 확인이 가능해졌다. 생명보험협회의 홈페이지에 접속한 후 공시실 → 변액보험 운영 현황 → 기간별수익률 순으로 클릭하면 회사별 변액연금 수익률을 확인할 수 있다. 물론 보이는 것이 전부는 아니며, 행간의 의미를 파악하는 내공이 필요하다.

수익률, 가입 전과 가입 후에 알아보는 방법이 다르다

이때 주의해야 할 것은 공시되는 내용이 개별 변액연금 수익률이 아닌, 변액연금 보험료가 투자되는 펀드의 수익률이란 점이다. 회사별로 펀드수익률을 비교할 때는 주식혼합형 펀드끼리 비교하는 것처럼 같은 유형의 펀드를 비교하는 것이 정확하다.

아울러 단기적으로 높은 수익률을 올리고 있는 회사에 현혹될 필요가 없다. 주가가 급등하면 주식투자 비중이 높은 보험사가 높은 수익률을 올리고, 금리가 급등하면 채권투자 비중이 높은 보험사가 높은 수익률을 올리기 때문이다. 또 같은 유형의 펀드라고 해도 회사에 따

변액보험 공시 어떻게 고쳐야 할까

구분	문제점	해결방안
수익률 공시	– 펀드의 수익률만 공개 – 납입보험료 대비 실제 수익률은 공시 안 해	– 납입보험료 대비 실제 수익률 공시 – 펀드수익률도 함께 공시
사업비 공개	– 납입보험료 중 얼마가 사업비로 쓰였는지 비공개	– 각종 사업비율도 가입자에게 공개 (특별계정 펀드 운용수수료 등 대상)

(자료 : 매일경제신문)

라 주식편입 비중이 90%를 넘기도 하고, 50%를 밑돌기도 한다. 그러므로 개별 회사 펀드의 주식편입 비중이 얼마나 되는지를 반드시 확인해야 한다.

또 다양한 방식으로 수익률을 검토할 필요가 있다. 우선 최근 6개월, 1년 등으로 기간을 끊어서 보는 방식으로, 정해진 기간 동안 얼마나 높은 수익률을 내고 있는지 알 수 있다. 두 번째로는 설정일 이후의 수익률을 보는 방식이다. 즉 펀드가 만들어진 이후 얼마나 높은 수익률을 내는지 확인할 수 있다. 세 번째로는 '연환산' 수익률을 확인하는 방법이 있다. 펀드가 만들어진 이후 연평균수익률이 얼마나 되는지 확인하는 것이다. 이때 여러 변수를 감안해야 한다. 주식이 상승기일 때 만들어진 펀드는 수익률이 다른 펀드보다 좋을 수밖에 없다. 이 밖에 펀드 규모에 따른 변수도 생각해야 한다. 펀드 규모가 작으면 수익률이 크게 변하는 특성이 있다.

수익률은 변액연금 가입 후에도 신경 써야 한다. 보험회사는 변액연금 보험 가입자들에게 정기적으로 수익률이 얼마나 되는지 우편 등을 통해 보고를 한다. 이것으로 자신의 변액연금이 어떤 펀드로 구성돼 있는지 인지한 뒤 각 펀드의 수익률을 살펴보면 전체 수익률을 알 수 있다.

만일 수익률이 매우 저조한 펀드가 있다면 구성되는 펀드를 변경할 수 있으므로 그것을 활용하면 좋다. 주가 급락기에는 주식형 펀드 비중을 줄이고 채권형 펀드 비중을 늘렸다가, 주가가 바닥을 치면 주식형 펀드 비중을 대폭 늘리는 식이다. 다만 회사별로 펀드 변경 횟수에 제한을 두는 경우가 있으므로 미리 확인해야 한다. 대부분 펀드 변경 수수료는 없다. 또 주가하락이 과도하다고 판단될 경우 아예 납입을 일시 중단했다가 증시가 안정된 이후 납입을 재개하는 유니버설 기능도 활용할 수 있다.

펀드 변경의 위험을 우려해 변경이 내키지 않는다면 펀드별 적립금 편입비율을 지정할 수 있는 펀드별 설정기능을 활용하는 것도 한 방법이다. 펀드구성은 그대로 두면서 구성비율만 조절하는 것이다. 예를 들어 주식형, 주식혼합형, 채권형 등 세 가지 펀드로 변액연금에 가입할 경우 이 구성 자체는 그대로 두면서 4:3:3의 구성비율을 5:3:2로 조절하는 식이다. 또는 펀드별 편입비율 자동 재배분 기능을 활용할 수도 있다. 이는 회사가 계약자의 펀드별 편입비율을 자동으로 다시 배분해주는 기능이다.

일시납이나 추가 납입을 해야 하는 계약자는 투자시점이 부담스러울 수 있다. 이때는 보험료 평균분할 투자를 이용할 수 있다. 계약자보험료를 안전한 단기채권형 펀드에 먼저 투자한 후 계약자가 지정한 날(3, 6, 12개월 가운데 하나를 택일)에 투입보험료를 균등하게 분할해 주식형과 같은 설정된 펀드에 자동으로 투입하는 방식이다.

상품 가운데는 계약자가 정한 목표수익률을 달성할 때마다 발생한 수익 전액을 채권형 펀드로 자동 이전해서 벌어들인 수익을 보전하는 경우도 있다. 원금은 계속 주식에 투자하면서 동시에 벌어들인 돈은 안전한 곳에 따로 보관하는 것이다. 또한 적립금 자체를 채권형 펀드로 옮길 수도 있다.

변액연금 수익률 관리란
변액연금은 보험사가 보험료를 투자하는 방식에 따라 주식형, 채권형, 주식혼합형, 채권혼합형으로 나뉜다. 소비자는 펀드배분 비율을 정할 수 있기 때문에 일률적으로 변액연금의 수익률을 비교하는 일은 쉽지 않다. 공정거래위원회의 발표로 변액연금 수익률이 문제로 떠오르면서 2012년 9월부터는 변액연금의 사업비 수준, 납입보험료 대비 수익률 등을 변액보험 공시시스템을 통해 일목요연하게 확인할 수 있게 됐다.

약관대출,
고객의 돈으로 장사하는 보험회사

보험회사는 고객의 보험료를 대신 불려서 고객이 위험을 대비하고 노후를 준비할 수 있도록 돕는 자상한 금융기관일까? 천만의 말씀이다. 보험회사도 대출로 장사를 한다. 바로 약관대출이다. 보험회사들이 지은 정식명칭은 '보험계약 대출'이다.

약관대출은 계약자가 그동안 낸 보험료를 담보로 돈을 빌리는 것을 말한다. 일반적으로 가입한 보험을 당장 해약한다고 가정할 때 받을 수 있는 해약환급금의 70~80%의 범위에서 수시로 대출을 받을 수 있다.

다만 순수보장형과 같은 일부 상품은 제외된다. 2011년 말 국내 보험회사들의 약관대출 총 잔액은 42조 2,000억 원으로 보험권 전체 대출의 절반 정도를 차지했다.

약관대출은 결국 내 돈을 빌리는 것

이 약관대출이 인기가 높은 이유는 바로 금리가 저렴하다는 점 때문이다. 그렇다고 보험회사의 은혜(?)에 감사할 필요는 없다. 이름만 대출일 뿐 시중 은행대출과는 구조 자체가 다르기 때문이다. 은행은 기본적으로 금융중개를 본업으로 한다. 따라서 은행에 돈을 넣는(수신) 사람과 빌리는(대출) 사람이 다르다. 은행은 대출자에게 돈을 빌려줄 때 이 사람이 돈을 제대로 갚을지를 확신하지 못한다. 소위 말하는 신용위험이 존재하는 것이다. 따라서 그만큼의 위험 프리미엄을 금리에 붙일 수밖에 없다. 그렇다 보니 신용대출은 금리가 높고, 담보대출은 상대적으로 금리가 낮은 것이다.

하지만 약관대출에서 대출자가 빌리는 돈은 기본적으로 '내' 돈이다. 보험계약자가 이미 낸 보험료를 담보로 돈을 빌리는 것인 만큼 보험회사 입장에서는 돈을 떼일 가능성이 전혀 없다. 금리가 높을 이유가 전혀 없는 셈이다.

이 때문에 약관대출은 보험금리라고 할 수 있는 공시이율에 일정 금리를 더한 수준에서 대출금리가 정해져 있었다. 예를 들어 공시이율 5%의 저축성보험에 가입한 사람이 약관대출을 받으려고 할 경우 보험사 가산금리가 2%라면 대출금리는 7%가 되는 방식이다. 대출금리가 이 같은 방식으로 정해지는 이유는 차익거래를 통한 악용을 막기 위해서다. 애초 약관대출은 보험의 본질이 아니다. 그러나 약관대출이 존재하는 이유는 장기간 목돈을 넣어야 하는 보험의 특성상 서민들이 급전 마련을 위해 보험을 깨야 하는 불상사를 막기 위해서였다.

만약 대출금리가 예정이율(5%)보다 낮은 4%로 결정된다면 보험계약자는 약관대출을 이용해 돈을 빌린 다음 주식에 투자해 이익을 본 뒤 원금의 4%에 해당하는 이자만 낼 수도 있다. 이렇게 주식투자로 돈도 벌고, 대출이자를 제하더라도 이자수입이 높다면 너도나도 약관대출을 받으려고 할 것이다. 이 때문에 대출금리는 최소 보험 예정이율보다는 높을 수밖에 없다.

서민을 위한 단비가 되기 위한 과정

이런 약관대출은 당장 현금에 목마른 서민들에게는 단비나 다름없다. 담보 없이도 평균 6~9% 수준의 낮은 금리로 대출을 받을 수 있기 때문이다. 까다로운 신용등급 제한이나 각종 수수료(대출수수료, 중도상환수수료)도 없다. 더욱이 보험약관 대출을 받아도 개인 신용등급에는 영향을 주지 않으며, 금융사 간 정보 공유 대상에 포함되지 않기 때문에 차후 다른 대출을 받을 때 발목잡힐 일도 없다.

여윳돈이 생기면 언제든 금액에 상관없이 대출을 상환할 수 있는 것도 장점이다. 만일 사정이 있어 대출금이자를 제때 내지 못하는 상황이 발생하면 해약환급금 범위 내에서 자동으로 추가대출을 통해 이자를 낼 수 있는 서비스도 있다. 대출이자를 선납하면 미리 낸 일수만큼 일정 이율로 할인된다.

그러나 보험회사는 그리 만만한 곳이 아니다. 약관대출을 통해서도 수익을 얻는 보험회사들은 지금까지 약관대출을 기한 내 갚지 못할 경우 연 20% 가량의 연체이자를 물렸다. 하지만 횡포가 지나치다는 비난이 일면서 이 문제는 일단락됐다. 2010년 10월부터 연체이자가 폐지되면서 서민들의 주머니 부담을 덜어주게 된 것이다. 연체를 해도 정상이자만 갚으면 된다. 이는 같은 해 3월 대법원이 약관대출은 보험회사가 장래 지급해야 할 보험금 및 환급금에서 미리 지급해야 할 선급금이라고 판단한 데 따른 것이다.

또한 통일된 은행금리 결정 방식과 달리 보험사마다 약관대출 금리 산정 방식이 다른 점도 소비자들에게는 골칫거리였다. 단일금리, 가산금리, 구간금리 등 보험사마다 제각각 기준이 달라서 보험가입자들의 혼선을 부추긴다는 지적이 있었던 것이다. 이 부분도 현재는 금융감독원의 지도로 가산금리 방식으로 통일되면서 소비자들의 상품비교가 훨씬 쉬워졌다.

이에 따라 보험사들은 예정이율에다 인건비 등 각종 운영비용, 이윤을 포함한 가산금리를 합한 방식을 사용하고 있다. 금융당국은 연체이자 폐지 및 금리체계 개편을 통해 1.5~2%포인트가량 약관대출 금리가 낮아질 것으로 관측하고 있다.

2% 가산금리를 인하하라

그러나 문제가 완전히 사라진 것은 아니다. 2%가 넘는 높은 가산금리는 여전히 비난의 대상이다. 은행 가산금리가 1% 초반대인 데 견주면 '폭리'라고 해도 과언이 아니다. 더욱이 2000년대 초반 아직 고금리였던 시대에 팔았던 예정이율 9~10%의 보험상품은 문제가 더욱 심각하다.

저금리 시대가 고착화된 지금은 대부분의 저축성보험 예정이율이 5%를 밑돌지만 보험회사들은 아직까지도 저축성보험의 10% 정도가 이 같은 고금리보험일 것으로 관측하고 있다. 보험계약자 입장에서는 반드시 유지해야 할 상품이지만 약관대출을 생각한다면 골칫거리가 아닐 수 없는 것이, 2%의 가산금리만 붙여도 당장 12%를 넘는 고금리대출이 되기 때문이다.

이런 비난이 제기되자 2012년 상반기 주요 보험회사들은 잇달아 가산금리 인하를 발표했다. 교보생명은 0.5~2.85%였던 약관대출 금리를 0.25%포인트 인하했다.

또 일부 보험사들은 고금리 부담을 덜기 위해 약관대출 금리 상한제도 시행에 들어갔다. 삼성생명은 약관대출 최고금리를 9.9%로 제한하고 있다. 대한생명과 신한생명도 10.5%를 넘지 못하도록 규정을 개정했다. 만약 보험가입 시 10%에 육박하는 예정이율을 약속한 상품의 약관대출의 경우 가산금리를 적용하더라도 이 금리가 10.5%를 넘지 못하도록 내부규정을 두어 대출신청자의 이자 부담을 덜어주겠다는 판단이다.

그러나 일부 보험사들은 악화된 여론에도 굴하지 않고 꿋꿋하게 높은 가산금리로 수익 챙기기에 열중하고 있다. 따라서 약관대출을 받고자 한다면 반드시 본인이 가입한 보험사의 가산금리와 대출금리를 미리 꼼꼼히 확인해야 한다.

보험약관 대출은 보험사 지점이나 홈페이지, ARS를 통해 이용 가능하다. 직접 방문을 해서 대출을 받을 때도 특별한 구비서류 없이 계약자 본인임을 확인할 수 있는 신분증만 지참하면 된다. 보험사 카드를 발급받았다면 현금자동지급기에서 인출할 수도 있다.

약관대출이란
보험가입자가 해약환급금의 70~80% 범위에서 수시로 대출을 받을 수 있는 제도다. 사실상 보험금을 담보로 한 대출이기 때문에 부실화 가능성이 매우 낮은데도 높은 가산금리를 적용하고 있어 '고금리 장사'를 한다는 비난이 끊이지 않는다. 다만 2010년 7월부터 보험사에서 보험계약을 담보로 대출을 받은 후 이자를 미납하더라도 연체이자를 물지 않아도 된다. 또 보험사마다 제각각이었던 금리산정 방식이 가산금리 방식으로 통일돼 비교하기가 용이해졌다.

보험으로
세테크하기

'소득 있는 곳에 세금 있다.'

공평과세의 원칙은 세법을 관통하는 대원칙이다. 당연히 우리나라 세법은 기본적으로 모든 금융소득에 대해서도 세금을 부과하고 있다. 하지만 국민들의 생활을 위해 장려할 필요가 있거나 생계에 도움을 주기 위한 목적으로 일부 금융소득에 대해서는 과세를 하지 않는 '비과세' 조항을 두고 있다. 보험은 대표적인 비과세 금융상품이다. 국민들이 위험에 빠져도 크게 어려움을 겪지 않고, 노후대비도 충분히 할 수 있도록 보험가입을 독려하기 위해서다.

비과세 금융상품을 노려라

우선 연금보험을 포함한 저축성보험은 10년 이상 유지하면 비과세가 된다. 연금으로 받거나 일시금으로 받아도 세금을 내지 않는다. 이자·배당 등 금융소득이 연간 2,000만 원을 넘어 최고 38.5%의 금융종합소득세를 내야 하는 자산가들이 저축성보험을 선호하는 것도 바로 이런 이유 때문이다. 저축성보험은 보험금 자체가 비과세되는 것은 물론, 소득은 금융종합소득에 포함되지 않는다.

이와 함께 보장성보험으로 받은 각종 보험금도 과세되지 않는다. 사망보험금, 각종 질병 진단금, 치료비, 수술비 등은 과세 대상에서 제외된다. 수익으로 보지 않기 때문이다.

다만 사망보험금을 합한 상속재산이 5억 원을 넘으면 상속세를 내야 하고, 누군가 보험료를 대신 내준 상황에서 보험금을 받으면 증여세를 내야 한다. 예를 들어 자식이 부모를 위해 보험을 들어 계속 보험료를 낸 상황에서, 부모가 암에 걸려 보험금을 받은 경우에는 이에 대한 증여세를 내야 한다. 다만 피보험자 및 수익자가 장애인일 경우는 예외다.

연말정산에 도움이 되는 보험상품을 찾아라

보험은 이 밖에도 다양한 연말정산 효과를 볼 수 있다. 연말정산은 연봉에서 '생계를 위해 불가피하게 지출한 금액'을 뺀 뒤 여기에 세율을 곱해 최종 내야 할 세금을 산출하는 작업이다.

이것과 기존에 낸 세금을 비교한 뒤 기존에 낸 세금이 더 많으면 해당 금액을 돌려준다. 이때 보험료는 '생계를 위해 불가피하게 지출한 금액'으로 간주된다.

그래서 보험에 많이 가입할수록 연봉에서 빼주는 금액이 늘어나 세금이 줄어드는 효과가 발생한다. 연말정산을 통해 좀 더 많은 금액을 환급받을 수 있는 것이다.

종신보험, CI보험, 질병보험, 장기간병 보험, 상해보험, 어린이보험, 자동차보험, 통합보험 등 연금보험을 제외한 생명보험사와 손해보험사의 보장성보험 상품 대부분 100만 원까지 납입한 보험료를 연봉에서 소득공제 받을 수 있다.

자동차보험을 든 상황에서 소액보험만 들어도 연간 100만 원 한도는 금방 찬다. 이 때문에 지나치게 한도가 낮다는 비판이 있는데, 이러한 비판에도 불구하고 정부는 한도를 올릴 생각이 없다. 세수가 부족한 상황에서 한도를 올리면 연말정산을 통해 돌려줘야 할 세금만 늘어나기 때문이다.

이런 고민을 해결해주는 상품이 생명보험사와 손해보험사가 공통적으로 판매하는 '연금저축 보험'으로, 이는 보장성보험료와는 별도로 연간 400만 원까지 소득공제를 해준다. 연금저축 보험은 세제적격 보험이라고도 부른다. 연금저축 보험은 보험사 외에 은행, 증권사에서도 판매하며, 상품 내용도 대동소이하다.

보험사는 연금저축, 증권사는 연금펀드, 은행은 연금신탁이란 이름으로 판매되고 있다. 가입 시 소득공제 대상인지 여부를 확인하면 된다. 연금저축 보험은 분기(4개월)별로 최대 300만 원까지 연간 1,200만 원을 입금할 수 있고, 이 가운데 400만 원까지 소득공제를 해준다. 그래서 연간 400만 원까지만 입금하는 경우가 많다.

보험회사의 연말정산 효과에 속지 마라

연금저축 보험은 일반 연금보험과 달리 이익에 대해서는 과세가 이뤄진다. 즉 추후 연금을 받을 때 5.5%의 이자소득세를 내야 한다. 또 연금으로 받지 않고 일시금으로 받거나 중도해지를 하면 벌금 성격의 많은 세금을 내야 하는 점에 주의해야 한다. 특히 5년 이내에 해지하면 240만 원까지 납입금액 2%를 가산세로 내야 한다. 이때 보험에 가입한 지 얼마 되지 않아 해약환급금이 지금까지 낸 보험료보다 적어도 세금을 내야 한다.

정부가 연금저축에 연말정산 혜택을 준 것은 노후대비를 장려하기 위함이기 때문에 이에 어긋나는 행동에 벌칙을 가하는 것은 어느 정도 수긍이 간다.

그런데 보험사들은 일반적으로 연금저축 보험의 연말정산 효과를 과장하는 경우가 많다. 물론 여기에 속으면 안 된다. 긴 시점을 놓고 보면 연말정산에 따른 전체적으로 실질적인 수익률 증대효과는 얼마 되지 않기 때문이다.

쉽게 말해서 어떤 투자를 통해 연 몇 퍼센트 수익이 나왔다고 말하려면 투자기간 동안 지속적으로 해당 수익이 발생해야 한다. 그런데 특정 해에 불입한 금액에 대한 연말정산은 그해에만 가능하다. 진정한 연수익률 증가효과를 알기 위해서는 남은 만기로 나눠줘야 한다.

이를 예금과 비교해 만기 30년짜리인 연 이자율 5% 예금이 있다고 하자. 이 예금에 300만 원을 넣어두면 30년간 매년 5%씩 이자가 붙는다. 반면 만기 30년짜리인 연금상품에 300만 원을 불입해 15% 세금

연금저축 과세표준별 소득구간 절세효과

과세표준	공제율(주민세 포함)	최대 절세 예상금액(산출세 기준)
1,200만 원 이하	6.6%	400만 원×6.6%=26만 4,000원
1,200만 원 초과~4,600만 원 이하	16.5%	400만 원×16.5%=68만 원
4,600만 원 초과~8,800만 원 이하	26.4%	400만 원×26.4%=105만 6,000원
8,800만 원 초과	38.5	400만 원×38.5%=154만 원

* 2011년부터 연간 400만 원 한도 증가
* 중도해지 시 해약환급 금액에 대해 20%(주민세 별도) 기타소득세 부과
* 가입 5년 이내 해지 시 2%(주민세 별도) 해지가산세 부과

을 돌려받으면 이 효과는 해당 연도에 그친다. 이에 돌려받은 세금을 가입기간 중 연 수익률로 환산하려면 15%를 30년으로 나눠야 한다. 이후 가입 2년째에 돌려받는 세금에 대한 연 수익률은 29년으로 나눠 계산하는 식이 되므로 금융사 설명과는 달리 연말정산에 따른 연 수익률 증가효과는 매우 미미해진다.

한편 연금저축 보험과 달리 연말정산 효과는 없지만 10년 이상 유지 시 수익이 비과세되는 일반 연금(앞에서 설명한)은 연금저축 보험의 다른 이름인 세제적격 보험과 구분하기 위해 '세제비적격 보험'이라고 부른다.

이는 해약하거나 일시금으로 받아도 10년 이상 유지 조건만 지키면 비과세가 되며, 분기별 300만 원이란 납입한도도 없다.

이 밖에 확정기여형(DC, 금융사 퇴직금 운용 과정의 이익·손실 위험을 근로자 스스로 부담) 퇴직연금 보험에 가입했다면 근로자가 추가로 납부한 부담금에 대해 소득공제를 받을 수 있다.

또한 저축성보험 가운데 보장성보험료로 나가는 부분은 연 근로자 스스로 보장성보험료로 편입해 소득공제 받을 수 있다는 점을 기억하자.

기억해 두기!

보험과 세테크의 관계

보험은 세테크에 활용될 여지가 많다. 저축성보험은 10년간 납입하면 전액 비과세 혜택을 받으며, 보장성보험에서 받은 보험금은 세금을 내지 않아도 된다. 연금저축 보험은 연간 400만 원까지 전액 소득공제 혜택을 받을 수 있어 대표적인 연말정산용 금융상품으로 꼽힌다.

차보험,
다이렉트로 갈아타볼까

중소기업에 다니는 박성진 씨는 운전경력 7년차인 오프라인 자동차보험 가입자다. 박 씨가 소유한 2010년식 YF쏘나타 차량가액은 1,500만 원 정도다. 그는 '매년 만기가 돌아오는 차보험은 가입절차가 간편해 다이렉트로 들면 저렴하다'는 직장 동료들의 조언에 따라 오프라인과 다이렉트 차보험의 보험료를 비교했다. 그 결과 오프라인 가입 시 80만 8,990원이던 차보험료는 다이렉트 가입 시 68만 370원으로 급감해 약 16%를 절감할 수 있었다.

다이렉트보험, 정말 싼 게 비지떡일까

보험은 일반적으로 계약자와 설계사가 만나 장시간 협의를 거쳐 상품을 선택하는 것이 일반적이다. 보장 내역이나 각종 특약 등이 다양하고 이에 따라 보험료도 천차만별이기 때문에 최종 선택 과정에서 전문

박성진 씨 A손해보험사 차보험 온·오프라인 보험료

담보 내용	오프라인	온라인	비율
대인배상1	162,980원	142,940원	87.7%
대인배상2(무한)	68,200원	56,730원	83.2%
대물배상	252,940원	210,430원	83.2%
자기 신체	13,300원	11,060원	83.2%
무보험	8,080원	6,730원	83.3%
자기차량 손해(200만 원)	288,990원	240,380원	83.2%
긴급출동 특약	14,500원	12,100원	83.4%
합계	808,990원	680,370원	84.1%

운전경력 7년 35세 남성, 2010년식 YF쏘나타 2.0, 차량가액 1,451만 원
대인2는 무한, 대물 1억 원, 본인 사망 5,000만 원·부상 1,500만 원.
무보험차량 2억 기준, 부부 30세 이상 한정, 출퇴근용
(자료 : 매일경제신문)

가의 도움이 필요하다. 그러나 자동차보험은 다르다. 1년 단위로 가입하기 때문에 부담도 적고, 보장 내역도 정형화돼 있어 고객 입장에서 별로 머리 아플 일이 없다. 그렇다 보니 설계사를 거치지 않고 인터넷이나 콜센터를 통해 가입하는 온라인 자동차보험(다이렉트보험)이 주목받고 있다. 콜센터 상담원이 여러 가지 안내를 해주지만 절차는 가입자 스스로 해결해야 한다. 최근 온라인 자동차보험에 특화된 전문회사들이 성업 중이다. 현대하이카 다이렉트, 악사다이렉트 등이 대표적인데, 삼성화재, 동부화재 등 기존 업체들도 온라인전용 보험들을 내놓고 있다.

　다이렉트보험의 가장 큰 장점은 저렴한 보험료다. 삼성화재의 경우

기존 계약보다 보험료를 15% 할인해주고 있다. 설계사 수당과 같은 불필요한 비용지출이 없기 때문이다. 그럼에도 불구하고 운전자들이 선뜻 다이렉트보험을 선택하지 못하는 이유는 '싼 게 비지떡'이 아니겠냐는 염려 때문이다. 보험료가 저렴한 데다 다이렉트보험을 주로 판매하는 보험사들도 중소형사들이다 보니 고민이 될 수밖에 없다.

하지만 서비스 면에서 별 차이가 없다. 예를 들어 삼성화재 다이렉트는 긴급출동 등을 제공할 때 기존 삼성화재가 실시하는 서비스를 그대로 제공한다. 마찬가지로 현대하이카 다이렉트 역시 현대해상의 서비스망을 공유한다. 이에 보상인력, 출동서비스 등이 동일하고 온라인으로 가입했다고 해서 긴급출동 시간이 늦어질 것이라는 등의 걱정을 할 필요는 없다.

다만 전담 설계사가 없다는 점은 약점이 되기도 한다. 보통의 자동차보험은 사고 발생시 설계사에게 전화를 하면 알아서 처리해준다. 하지만 온라인 자동차보험은 콜센터에 전화를 걸어 사고사실을 알린 뒤 사고수습 과정을 직접 챙겨야 한다. 물론 사고담당 직원이 현장에 나와 수습을 도와주지만 믿고 맡길 수 있는 설계사가 있고 없고의 차이는 크다. 더욱이 회사보다는 가입자를 우선으로 여기는 설계사의 특성상 적절한 조언을 얻으면 추가보험금을 탈 수도 있는데, 이러한 가능성도 제한된다.

또 사고를 자주 내는 사람은 아무리 다이렉트 채널이라고 하더라도 보험료가 비싸다는 점을 기억해야 한다. 보험업계 관계자는 사고가 많은 가입자는 가입조건이 달라질 수 있는 데다 보험사들이 보험료를 높게 책정할 수 있다며 '사고 다발자라도 보험료가 비쌀 뿐 가입이 불가능한 것은 아니다'라고 말한다.

더불어 회사 홈페이지에 접속해 아무런 설명도 없이 조건 등을 일일이 선택하는 것은 인터넷에 익숙한 사람이 아니라면 간단한 절차가 아니다. 이 같은 난점을 해결하기 위해 현대하이카 등 온라인업체들은 전화판매에 더 주력하고 있다.

급격하게 늘어나고 있는 다이렉트보험 가입자

이런 불편함이 있지만 자동차보험료 절약이란 장점이 부각되면서 다이렉트보험 가입이 크게 늘고 있다. 이용 후 계약갱신 때 다시 다이렉트보험에 가입하는 재가입률도 높은 편이다. 특히 더케이손해보험(옛 교원나라자동차보험)의 경우 재가입률이 93%에 달한다. 콜센터를 통한 사고처리도 최근 서비스 질이 개선돼 큰 불편을 느끼지 못하는 경우가 많기 때문이다. 손해보험협회 전체로는 2012년 상반기 기준 다이렉트보험 가입률이 26%에 달한다. 이미 자동차보험 가입자 네 명 중 한 명은 다이렉트보험을 선택하고 있다는 것이다. 2001년 가입률이 0.4%였던 것에 비하면 엄청나게 증가한 셈이다.

여기에 더해 간편화된 가입절차도 큰 힘이 됐다. 손해보험회사들은 그동안 자동차보험 가입자들에게 대출금, 질병 내역 등 보험가입에 불필한 개인정보를 요구했다. 그리고 이 정보를 신용정보회사 등 관련 없는 업체에 제공하면서 소비자들의 불만을 샀다. 하지만 표준양식이 바뀌면서 대출금, 질병정보와 같이 자동차보험과 관련 없는 개인정보가 제공 대상에서 빠지고, 한 장이었던 동의서가 '조회동의서'와 '이용동의서' 두 장으로 바뀌었다.

조회동의서는 보험계약 체결에 필수적인 동의서다. 반면 이용동의서는 판촉행사나 텔레마케팅을 위해 개인정보를 이용한다는 내용의 동의서로, 여기에는 동의하지 않아도 된다. 이 밖에 손해보험회사들은 자동차보험료를 인상하거나 또는 인하할 때 회사 홈페이지를 통해 가입자에게 수시로 알리는 제도를 운영 중이다.

오프라인 자동차보험 가입자는 만기 전에 다이렉트보험으로 갈아탈 수 있다는 점도 기억해두면 좋다. 만기 전까지 남은 기간에 대해 보험료할인이 적용되기 때문이다. 하지만 이때도 신중하게 생각하고 꼼꼼히 따져봐야 한다. 무사고 운전자들은 이 경력으로 인해 가입시점의 전년보다 낮은 보험료를 내는 할인 혜택을 받게 되는데, 다른 보험사로 갈아타면 기존 무사고 할인 혜택이 적용되지 않기 때문이다.

자동차보험 시장에서 다이렉트보험이 인기를 끌면서 외연이 다른 보험 분야까지 넓어지고 있다. 운전자보험, 해외여행 및 유학보험, 주택보험, 골프보험 등이 대표적이다. 이 상품들도 온라인으로 가입하면 기존 보험보다 훨씬 싸게 가입할 수 있다. 이 밖에 삼성화재는 자동차리스 등을 이용하는 기업이나 단체를 대상으로 한 법인 전용 인터넷 자동차보험, 마이애니카를 판매 중이다. 법인용 공인인증서를 통해 수십 대의 여러 자동차를 한꺼번에 가입시킬 수 있고 보험료를 15.4%가량 할인해준다.

다이렉트보험 회사들은 최근 종합보험사로 도약하기 위해 많은 애를 쓰고 있다. 특히 에르고다음다이렉트, 악사다이렉트, 더케이손해보험은 상해, 질병, 비용, 배상책임, 화재, 도난보험 등 여섯 종목에 대해 신상품을 개발할 수 있는 허가를 얻어 자동차보험 외에 운전자보험, 주택화재보험, 국내외 여행자보험 등 다이렉트보험 가입자의 생활 패턴에 맞는 상품들을 내놓고 있다.

다이렉트보험이란
설계사를 거치지 않고 전화나 인터넷으로 판매되는 보험으로 가격이 저렴하고, 일반 보험과 동일한 서비스를 받을 수 있어 자동차보험에서 특히 인기가 높다. 그러나 보험가입이나 사고 때 설계사의 도움을 받을 수 없다는 단점이 있다.

자동차보험료 아끼는
여섯 가지 방법

기름 값이 치솟으며 자동차 운전자들의 부담이 점점 커지고 있다. 특히 매년 꼬박꼬박 내는 자동차보험료 부담이 만만치 않다. 씀씀이는 줄인다지만 차를 팔지 않는 한 자동차보험료를 내지 않을 방법은 없다. 하지만 보험료를 줄일 수 있는 방법은 있다.

1. 안전장치 달면 보험료인하

차에 에어백만 달아도 보험료를 웬만큼 깎을 수 있다. 모든 보험사가 자기신체사고(자손담보) 보험료를 할인해주기 때문이다. 에어백이 운전석에 한 개일 때는 10%, 조수석을 포함해 두 개라면 20% 할인 혜택을 받을 수 있다. 이 밖에 ABS 브레이크 시스템(Anti-Lock Brake System, 운동마찰력보다 최대 정지마찰력이 크다는 원리를 이용한 브레이크 시스템), 이모빌라이저(immobilizer, 열쇠에 내장된 암호가 맞아야만 시동이 걸리도록 한 도난방지 장치)와 같은 안전장치를 장착하면 추가할인 혜택을 받을 수 있다.

블랙박스를 장착한 차량에 대해 보험료를 할인해주는 경우도 있다. 할인율은 대개 3% 정도다. 블랙박스는 사고영상을 자동으로 촬영해 저장하므로 사고처리를 할 때도 신속하게 할 수 있다.

최근 보험사들이 경쟁적으로 출시하고 있는 '녹색보험'에 가입하면 보험료를 아낄 수 있다. 보험회사들은 탄소절감 등 정부정책에 적극 호응하는 차원에서 각종 유인장치를 만들었다. 보험회사들의 경비 절약에 기여하는 측면이 있기 때문이다. 각종 약관이 적힌 책자를 이메일로 수령하거나, 자전거사고 시 보상을 받는 특약에 가입해 자동차보다 주로 자전거(탄소 배출이 없는)를 탄다는 사실을 증명하면 보험료를 할인해주는 것이 대표적이다. 예전에는 오토 차량(자동변속기 설치 차량)에 대한 보험료할인 혜택이 있었으나 대부분의 차가 오토 형태가 되면서 최근 이 같은 혜택은 사라졌다.

2. 가입조건을 잘 살펴보자

자동차보험에 부가되는 각종 조건만 잘 살펴도 보험료를 낮출 수 있다. 특히 연령특약과 한정특약을 꼼꼼히 살펴보자. 운전자 범위를 좁히면 좁힐수록 보험료는 떨어지기 때문이다. 예를 들어 최초 가입한 33세 남성 운전자가 26세 특약과 가족한정 특약에, 3년 된 NF쏘나타(중형)를 운전한다고 하자. 26세 특약을 30세 특약으로 바꾸기만 해도 전체 보험료가 1.7~3%가량 저렴해진다. 가족한정 특약을 부부한정 특약으로 바꾸면 할인 폭은 더욱 커져, 최고 17%까지 보험료가 싸진다.

가족 중 누군가 차를 구입해 새로 보험에 가입할 경우라면 운전 경력이 오래된 사람 명의로 계약을 하는 것이 좋다. 예를 들어 남편이 18년 무사고 운전자여서 보험료 최대 할인 폭을 적용받고 있는데, 이제 막 운전면허를 취득한 아내가 새로 차를 구입한다고 하자. 이때 아내 이름으로 차를 사서 아내 명의의 보험을 가입한다면 최고 비용의 보험료를 내야 한다. 그런데 남편 명의로 차를 산 뒤 남편이 보험에 가입한다면 보험료를 대폭 아낄 수 있다. 그리고 부부한정 특약으로 가입하면 아내도 운전할 수 있으며 사고가 나도 온전히 보상받을 수 있다.

자동차를 사용하는 사람이 본인뿐이라면 1인 한정특약에 가입하는 것이 보험료가 가장 저렴하다. 명절 때 형제 등 다른 사람이 운전대를 잡아야 한다면 그때를 전후해 일주일짜리 확대특약에 가입하면 된다.

3. 운전경력을 꼼꼼히 챙겨라

운전경력이 있다면 적극적으로 내세워야 한다. 정부나 지방자치단체, 운수회사 등에서 운전직으로 근무했거나 군에서 운전병으로 근무한 경우, 외국에서 유학생 혹은 주재원으로 있으면서 자동차보험 가입 경력이 있는 경우 최대 28%까지 할인 혜택이 주어지기 때문이다. LIG손해보험은 운전경력이 3년 이상일 때 최초 가입자에 비해 소형차(1,600cc 이하)는 최대 21%, 중대형차(3,000cc 이하)는 최대 11% 보험료할인 혜택을 부여한다. 그린화재도 운전경력이 3년 이상일 때 보험료를 최초 가입자 대비 12.5% 깎아준다.

4. 여러 대의 자동차를 하나로 묶어라

한 사람 명의로 자동차가 여러 대라면 하나의 보험증권으로 가입하는 것이 좋다. 자동차 두 대를 보유한 사람이 두 대 중 한 대로 사고를 냈다면 각 차량이 개별 자동차보험에 가입돼 있더라도 나머지 한 대도 사고를 낸 차와 똑같은 할증률이 적용된다. 즉 다음 해에는 기존 차량에 대해서도 높은 보험료를 내야 한다. 차량은 다르지만 동일한 운전자가 운전대를 잡으니 위험요인이 증가했다고 보고 높은 보험료를 적용하기 때문이다. 이때 동일 보험증권에 가입, 즉 하나의 계약에 두 대 이상의 자동차를 포함시키면 상대적으로 낮은 할증률이 적용된다. 얼핏 생각하면 개별계약이 유리한 것 같지만 실제 상황은 반대이므로 반드시 유념한다.

5. 등급이 높은 차를 찾아라

보험개발원은 1년간 차량모델별 손해율(보험료수입 대비 보험금지급 비율)을 반영해 매분기 차량등급을 조정한다. 차량모델별 등급조정이 중요한 이유는 보험사들이 보험개발원 설정등급에 자사고객 실제 차량별 위험등급(경험손해율)을 반영해 자차보험료를 조정하기 때문인데, 등급이 내려간 만큼 보험료도 비싸진다. 현재는 21등급이 위험도가 가장 낮아 보험료가 싸고, 1등급이 보험료가 가장 비싸다. 평균적으로 1등급은 21등급보다 자차보험료가 세 배 정도 높다.

특히 수입차에 대한 기준이 강화되는 추세다. 수입차는 예전에는 제조사별 등급만 있었지만 지금은 국산차처럼 모델별로 등급이 부여되고 있다. 수입차의 보급이 급증한 데다 높은 수리비가 문제점으로 지적되면서 국산차와 마찬가지로 모델별로 보험료가 차등 적용된다.

6. 각종 제도를 준수하고 안전운전하라

보험료를 좀 더 적극적으로 아끼기 위해서는 자동차사고 발생 이후 수리를 할 때 중고부품을 사용하겠다는 약속을 하면 된다. 이는 보험사들도 반기는 사항이라 손쉽게 가입할 수 있다. 중고부품 사용이 늘면 전체적인 지급보험금이 줄어들 것으로 기대하는 보험사들은 중고부품 사용 약속을 하면 자차보험료를 할인해준다. 다만 실상은 중고부품 신뢰도가 높지 않아 선뜻 선택하는 이들이 많지 않다. 보험료할인 폭은 8% 정도며, 차량가액이 높은 외제차의 경우 할인 폭은 10만 원대를 넘어설 수 있다.

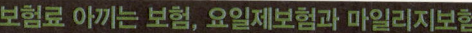

보험료 아끼는 보험, 요일제보험과 마일리지보험

보험 자체로 보험료를 절감할 수 있는 상품도 있다. 우선 '요일제보험'은 각 지방자치단체가 운영 중인 '주5일제'에 참여하면 이미 낸 보험료를 만기 때 8.7% 환급해주는 제도다. 평일에는 대중교통을 이용하고, 주말에만 차를 모는 운전자에게 특히 유리하다. 다만 참여 자체만으로 보험료를 할인해주지는 않고, 차량에 '주행기록 확인장치OBD'를 설치해 운행하지 않았다는 사실을 증명해야 한다. 이 보험에 가입 후 운행약속을 위반하면 할인 혜택이 사라진다. 다만 1년에 세 번까지는 위반이 허용된다. 또 1킬로미터 내로 운행할 경우는 위반으로 보지 않는다. 운행하지 않기로 한 날의 자정부터 오전 7시까지, 오후 9시 이후에는 자유롭게 운행할 수 있다.

차량을 자주 몰지 않는다면 '마일리지보험'도 고려해볼 만하다. 마일리지보험은 주행거리에 따라 사고율이 달라지는 특성을 반영해 보험료를 차등화했다. 적게는 5%부터, 많게는 최대 13.2%까지 보험료를 아낄 수 있다.

할인율 적용은 총 네 가지 방식으로 구분된다. 주행거리를 확인하는 두 가지 방식과 할인시점을 어느 때로 설정하느냐의 두 가지 방식으로 각각 나뉜다. 주행거리 확인 방식은 주행기록 확인장치를 차량 내부에 설치하거나 차량 계기판과 신분증을 사진으로 촬영해 전송하는 방식이 있다. 할인시점은 선할인과 후할인으로 나뉜다. 선할인은 보험가입 시 미리 주행거리를 약정해 할인된 보험료를 내는 방식이고, 후할인은 기존 보험료와 동일한 액수를 내고 만기 후 할인금을 돌려받는 방식이다. 후할인이 선할인보다 1~1.3%가량 할인 폭이 크다.

30대 목돈,
증권사 모르면 어림도 없다

주식은 은행, 보험에 비해 낯선 분야라고 할 수 있다. 은행에 비해 지점이 적어 물리적으로 접근성이 떨어지는 것이 첫 번째 이유일 것이다. 또한 은행보다 과정이 복잡한 것도 주식을 어렵게 보이게 하는 원인 중 하나다. 은행의 예금은 통장을 개설한 뒤 돈을 넣고 빼면 되고, 적금은 만기와 이자율만 고려하면 된다. 그러나 증권사의 대표 투자처인 주식은 계좌개설이 시작점이다. 종목은 물론 투자시점과 투자물량까지 골라야 한다. 시점과 물량을 골랐다고 원하는 대로 매매할 수 있는 것도 아니다. 수시로 변하는 시장의 흐름에 맞춰야 하기 때문이다.

그나마 일반적인 주식투자는 쉬운 편이다. 선물先物, 옵션Option, 신주인수권부사채新株引受權附社債, Bond with Warrant 등 영어뿐 아니라 한자까지 조합된 복잡한 상품은 이름부터 접근할 엄두조차 나지 않게 한다. 증권사에 선뜻 발길이 가지 않는 본질적인 이유는 바로 일정 금융

지식이 수반되는 문지방의 높이 때문이다.

증시는 40~50대가 투자 중축일 정도로 안정적이다

어렵고 복잡하다고 포기할 것인가? 그렇다면 그만큼 목돈을 만질 수 있는 기회는 멀어지게 된다. 최근 30대들이 주식에 관심을 기울이기 시작했다. 한국거래소 발표자료에 따르면 2009년 말 기준 주식투자 인구비율은 9.6%로, 총인구 4,874만 7,000명 중 466만 5,230명에 달했다. 주식투자 인구가 점차 늘고 있는 것이다. 2009년 주식투자 인구는 1993년 통계산출 이후 최고치로서 이는 2009년 말 기준 1,788개 상장법인(유가증권 시장 767개 사, 코스닥시장 1,021개 사)의 주식을 보유한 인구 수를 파악한 결과다.

당연히 주식투자의 주력부대는 40대다. 40대는 전체 주식투자 인구의 30.7%를 차지한다. 주식투자자 평균연령은 46.2세지만 금액기준으로는 50대가 92조 원(33.2%)으로 가장 높은 비중을 차지했다. 요컨대 국내에서 주식을 재테크로 요긴하게 활용하는 연령대는 40대 이후의 중년층이라고 할 수 있다.

주식은 원금손실 가능성 때문에 가장 공격적인 투자처로 꼽힌다. 그런데 정서적으로 보수적 성향이 짙은 연령층이 주식에 손을 가장 많이 대는 현실은 다음과 같은 결론이 반영된 결과다.

해가 갈수록 나이는 많아지고, 가정에서의 책임감이 커지면서 중년층은 정치적으로나 경제적으로 더욱 보수적으로 변한다. 미래에 대한 막연한 불안감으로 자신과 가족을 지키기 위한 생존본능에서다. 이 같

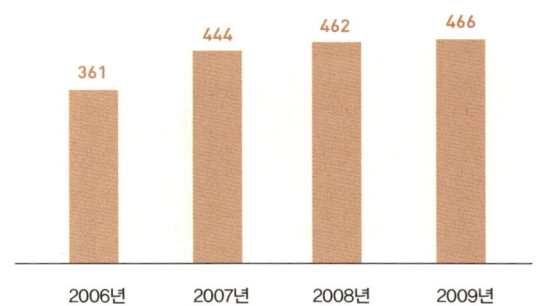

(단위 : 백만 명, 자료 : 한국거래소)

은 보수적인 성향을 지닌 중년들이 주식을 선택한다는 사실은 재테크 수단으로서의 주식의 가치를 인정한다는 것이다.

또 다른 하나는 주식의 안정성이다. 50대 이후 중년층은 돈을 팝콘처럼 튀기는 데 큰 관심이 없다. 은퇴 이후 안정적인 현금흐름이 우선이다. 만약 한순간에 원금이 사라지는 무시무시한 위험성이 존재한다면 안정성을 추구하는 투자자들의 손이 주식에 닿을 리 만무하다. 50대의 돈이 주로 주식시장에 쏠려 있다는 것은 세간의 우려와 달리 '주식투자는 위험한 것'이 아님을 방증한다.

주가는 기업가치로의 회귀본능을 가진다

외부 상황이 급변해 주가가 요동칠 때가 있다. 외부 기재는 대개 예측이 불가능하며, 불확실성에 흔들릴 수 있는 주가의 특성도 주식투자에 거리를 두게 하는 이유가 된다. 사실 통제 불능의 외부 변수에 의해 나의 소중한 자산의 가치가 줄어드는 상황이 현실이 되면 고통은 더해진다. 그동안 원금을 쌓기 위해 들인 시간과 노력을 생각하면 가슴이 턱 막힌다.

'이 또한 지나가리라.' 경기는 불황기와 호황기를 번갈아 오르락내리락하므로 불황 이후에는 호황이 찾아오게 마련이다. 어둠이 사라지고 다시 햇살이 비추면 주가는 아지랑이 움트듯 다시 올라오고, 어느새 주가는 이전 수준을 회복한다. 위기를 이겨낸 기업은 더욱 강해질 것이고, 수익성뿐만 아니라 시장 내의 위상도 제고된 상태로 돌아온다. 주가는 이전보다 더 높게 형성되기도 한다.

투자가 어렵다고? No! 성장 가능한 기업을 고르면 된다

2010년 가을, 한 증권사 PI팀의 팀장과 해외출장을 함께했다. 사무실을 떠나 타지에서 시간을 공유하게 되면 자연스레 이런저런 얘기를 나누게 되고, 간혹 평소에는 나누지 않을 소재들도 입에 오르게 된다.

PI(Principal Investment, 증권사들이 자체적으로 보유한 자금을 직접 투자하는 행위를 말한다. 투자 대상은 주식, 채권, 부동산 및 인수·합병M&A 등 거의 모든 분야다.)팀, 우리말로 하면 자기자본 직접투자팀은 증권사에서 자사의 돈을 직접 굴리는 일을 맡는다. 고객의 돈이 기반이 된 공모펀드를 투자 원천으로 삼는 운용사의 펀드매니저에 비해 투자에서 제약이 덜해 보다 과감한 투자를 할 수 있다. 펀드매니저는 내부적으로 규정해놓은 기준(신용등급이나 시가총액 규모 등)에 적합한 종목만 자신의 투자 포트폴리오에 담을 수 있다.

비교적 과감한 투자를 할 수 있는 PI팀장은 2011년에는 기아차와 금호타이어에 투자해 높은 수익률을 거뒀다. 투자시점과 규모는 영업 비밀이기 때문에 이 팀장이 거둔 정확한 수익 폭은 알 수 없지만 추정은 가능하다. 2010년 연초 기아차와 금호타이어를 사서 9월 말까지 보유했다고 가정해보자. 그렇다면 수익률은 기아차 76.9%, 금호타이어 53.7%에 이른다. 2010년은 상승장이었기 때문에 증시 자체에 투자했어도 높은 수익률을 거둘 수 있었다. 연초부터 9월 말까지 코스피Kospi는 10.4% 올랐다.

이제 본론으로 들어가보자. 이 팀장이 기아차와 금호타이어를 고른 이유는 무엇일까? 이 부문에 전문가라서? 그렇지 않다.

"도로를 달리고 있는 K5를 보니 이번에 기아차가 대박 날 수 있을 것 같더라고요. 금호타이어의 기업가치는 좋은데, 그룹 리스크 등 외부적인 환경 때문에 주가가 눌려 있더라고요. 그런데 이 문제는 일시적인 것이잖아요. 장기적으로는 해결될 것이라고 봤지요."

대박의 이유치고는 너무 싱겁지 않은가. 아마도 이 글을 읽고 있는 독자는 '뭐야, 나도 그런 생각은 할 수 있겠다'라며 헛웃음을 지을 수도 있다. 그만큼 주식투자가 쉽다는 말이다. 주가는 기업가치가 수치로 표현된 것이다. 수익성 등 기업의 가치가 올라가면 주가는 자연스럽게 오른다. 매 분기마다 각 기업이 발표하는 실적에 증시가 민감한 것도 바로 이 때문인데, 쉽게 말해, 시장에 좋은 제품을 내는 기업에 투자하면 수익을 올릴 수 있다는 것이다.

증권사를 통한 재테크, CMA

활동성을 기준으로 증권사를 통한 재테크를 알아보자. 우선 증권사에도 은행의 예금처럼 돈을 예치하는 방법이 있다. 바로 CMA로, 이는 Cash Management Account의 약자다. 우리말로는 종합자산관리 계정이라고 한다. CMA는 2005년 6월부터 증권사에서 취급하기 시작했다. 일반 투자자들에게는 이자를 좀 더 많이 주는 예금으로 알려져 있다. 은행 예금금리가 연 2~3%인 데 반해 CMA는 4~5%다.

높은 이자율은 보다 공격적 투자의 산물임을 의미한다. CMA는 기업어음CP이나 양도성예금증서CD 혹은 국공채 등에 투자한다. 대출을 통해 예금의 이자를 확보하는 은행에 비해 적극적으로 이익을 만들려는 투자 방식으로서 주 투자처가 금리에 따른 탄력성이 크기 때문에 한국은행의 금리정책에 영향을 받는다.

CMA금리 최고 0.25%P 인상

한국은행이 기준금리를 인상하면서 증권사 CMA(종합자산관리 계정)에도 모처럼 '금리인상' 봄바람이 불고 있다.

14일 증권업계에 따르면 메리츠종금증권 동양종합금융증권 등 증권사 열 곳이 CMA 상품금리를 0.15~0.25%포인트 인상했다. 메리츠종금증권은 하루만 맡겨도 2.9%를 주던 금리를 3.1%로 올렸으며 1년간 돈을 맡긴 개인은 4.3%, 법인은 4.2% 수익률을 적용받는다. CMA 급여계좌는 3.1%에서 3.3%로 높아진 금리를 적용받는다.

이 밖에 교보증권, 신한금융투자, 현대증권, 삼성증권은 금리를 인상하지 않았지만 CMA 금리인상을 검토 중인 것으로 알려졌다.

- 2011년 3월 14일 〈매일경제신문〉 기사

CMA 다음으로 재테크를 할 수 있는 것이 주식투자다. 증권사는 투자자의 원활한 거래를 돕고 거래수수료를 받는 중개 역할을 한다. 증권사의 수수료는 0.015% 안팎이다. 대신증권이 2011년 2월 0.011%(이보다 더 낮게 내릴 수는 없다고 증권사들은 입을 모은다. 대신증권의 0.011% 수수료는 은행 연계계좌에 한한다. 은행수수료, 한국거래소 수수료, 마케팅비용까지 계산하면 0.011%로 손익분기점을 넘기기는 만만치 않다. 고객유치를 통한 규모의 경제가 발생하지 않으면 손해가 날 수도 있다.)로 일부 서비스에 한해 특별상품을 내놓았다. 국내 증권사의 수익구조는 위탁매매 중심이다. 글로벌 증권사는 투자은행IB을 중심으로 수익을 벌어들인다. 위탁매매 위주의 수익구조는 국내 증권사를 구멍가게로 전락시킨다는 비판을 초래했다.

일반 투자자들의 주식투자 방식은 간단하다. 은행 혹은 증권사에 가서 증권사용 계좌를 튼 후 컴퓨터에 홈트레이딩 서비스HTS 프로그램을 다운받고, 각종 서식을 채워나간다. IT기기가 익숙하지 않다면 증권사 상담 창구나 전화로 매매할 수도 있다. 다소 번거로워 보이지만 어려운 일은 아니다. 계좌를 트기 위해서는 주민등록증과 같은 신분증과 주식을 위한 자금 동원 창구(은행계좌 등)만 준비하면 된다.

증권사의 발행업무도 일반 투자자들의 재테크 수단으로 적극 활용되고 있다. 증권사는 자본시장과 기업의 중간에서 기업의 자금조달을 돕는데, 회사채 발행, 증자가 대표적인 예다. 거액의 자산가 중에는 발행시장만 적극 공략하는 경우도 있다.

펀드는 일반적인 인식과는 달리 증권사의 영역이 아닌 운용사의 영역이다. 펀드운용은 특정 운용사에서 맡는다. 증권사는 운용사가 만든 투자상품을 대신 팔아주고 거래 대가로 일정액을 받는다. 반면 주가연계증권ELS, 주식워런트증권ELW 등은 증권사에서 만들어 파는 투자상품이다.

예금과 적금이라는 두 가지 상품뿐인 은행과 달리 증권사를 통해 투자할 수 있는 상품은 다양하며, 거둘 수 있는 수익률 폭도 은행보다 넓다. 다양성에 숨은 수익성의 폭발성이 있기 때문에 20~30대도 목돈을 만들기 위해서는 증권사에 대해 반드시 알아야 한다.

아이팟 대신 애플 주식을 샀다면

다음은 미국의 유명 IT전문 사이트인 CNET.com의 2011년 3월 10일자 기사다. 트윗리오라는 UC버클리의 컴퓨터공학도의 분석이다.

1. 1997년 애플의 파워북 G3 250은 5,700달러였다. 당시 이 돈으로 모두 애플 주식을 샀다면 그 값어치는 33만 563달러가 됐을 것이다.

2. 2003년 애플의 맥킨토시 G4의 가격은 2,699달러였다. 당시 이 돈으로 애플 주식을 샀다면 그 돈은 10만 270달러로 불어났을 것이다.

이번에는 〈매일경제신문〉의 2011년 4월 7일자 기사를 소개한다.

2001년 4월 서울 서초구 잠원동 강변아파트 89㎡형 아파트 가격이 2억 원이었다. 현재 이 아파트는 6억 원 정도에 거래된다. 10년간 세 배 오른 셈이다. 당시 2억 원을 가진 투자자가 이 아파트 대신 삼성엔지니어링의 주식에 투자했다면 현재 가치는 얼마나 될까? 2001년 4월 초 삼성엔지니어링의 주가는 2,700원 수준이었다. 6일 삼성엔지니어링의 주가가 22만 2,000원이니 10년 만에 정확히 82배 올랐다. 따라서 당시 2억 원을 투자했다면 164억 원으로 늘어나게 된다.

물론 이 기사는 기회비용 등 각종 경제적 효과를 모두 무시한 단순 계산이다. 그러나 장래성 있는 기업에 투자했을 때 벌어들일 수 있는 수익률, 다시 말하면 주식의 폭발성을 단적으로 보여주는 데는 효과적인 사례라고 할 수 있다.

주식이란 무엇일까

먼저 주식株式의 의미를 살펴보자. 회사명에 주식회사의 준말인 '(주)'라는 말이 붙은 경우를 흔히 보았을 것이다. 주식회사란 주식발행을 통해 자본을 끌어모아 만든 회사로, 주식이란 주식회사를 이루는 자본의 한 단위를 의미한다. 주식을 사는 행위는 곧 해당 회사 자본의 한 단위를 취하는 활동이다. 정확히 말해 증시에서 매매되는 주식은 주주의 출자에 대해 교부하는 유가증권을 말한다. 증시에서 일반 투자자가 매매하는 주식은 출자의 반대급부인 셈이다.

그렇다면 주가는 무엇일까? 주가는 증시에서의 기업가치를 의미하는 시가총액을 발행주식 수로 나눈 값이다. 주가를 상대적 척도로 쓸수는 없으며, 기업의 가치를 비교하기 위해서는 시가총액을 봐야 한다. 주가는 매매의 편의를 위해 계산해놓은 단위값이다.

주식과 주가라는 기본 용어를 알아봤으니 이제 주식투자가 무엇인지는 쉽게 유추할 수 있을 것이다. 주식투자란 기업의 가치를 그대로 담고 있는 주식을 주가라는 증시에서의 거래값을 기준으로 사고파는 행위다.

또 한 가지, 주식과 주가만큼이나 중요한 것이 '투자'라는 말이다. 투자는 이익을 얻기 위해 어떤 일이나 사업에 자본을 대거나, 특별히 '시간이나 정성을 쏟는 행동'을 말한다. 반면 투기는 기회를 틈타 큰 이익을 보려 하거나 혹은 시세변동을 예상하여 차익을 얻기 위해 하는 거래를 말한다.

일반적으로 주식투자의 목적은 싼 가격에 사서 비싼 가격에 팔아 수익을 얻기 위함이다. 그렇다면 주식은 투자하는 대상이 아니라 투기처라는 표현이 적합해 보인다. 그럼에도 주식매매를 투자라는 단어와 묶은 이유는 뭘까? 여기에는 단순하지만 심오한 비밀이 담겨 있다. 이에 대해서는 다음 글을 통해 설명하고자 한다.

주식은 왜 실패할까

"주식을 잘 몰라서 실패한다."

이 말은 변명일 확률이 높다. 실패한 사례의 원인은 십중팔구 과욕過慾인데, 이는 두 가지 형태를 띤다. 하나는 빨리 많은 돈을 벌고 싶어서, 다른 하나는 많은 수익을 내고 싶어서다.

주변에 주식투자에서 실패하는 이들은 대개 똑똑한 이들이다. 한 유명 펀드매니저는 일생을 여의도 바닥에서 지내며 맨손으로 300억 원을 일구었다가 단 두 차례의 투자로 가진 재산을 모두 날렸다.

또 다른 사례는 정보가 가장 많이 도는 증권가에서 일하는 증권맨의 사례다. 주식투자로 돈을 번 증권맨도 있지만 다수는 다른 투자자와 마찬가지로 한탕을 좇다 땅을 치고 후회한다. 지점에서 영업해본 경험도 있던 증권맨 A씨는 투자자들에게는 정석대로 투자하라고 조언했다. "무릎에서 사서 어깨에 팔아라", "숲을 먼저 보고 나무를 보라", "충동매매는 후회의 근본이다." 그가 입버릇처럼 강조한 말이다.

하지만 정작 자신의 투자는 달랐다. 2007년과 2008년에는 코스닥 열풍 속에서 소위 '잡주' 찾기에 열을 올렸다. 좋은 정보라며 귀띔해주는 지인의 말에 솔깃해 투자하거나 테마주라는 외피를 걸친 종목을 쫓아다녔다. 펀드투자도 러시아펀드, 일본펀드 등 당시 유행을 따라 움직였다. 그러나 수익률은 형편없었고 손실은 한 해 연봉과 맞먹을 정도였다. 처절하게 손실을 경험하고 나서야 우량주 중심으로 투자전략을 바꾼 그는 2010년에는 대형주에 꾸준히 돈을 넣었고 그 결과 매달 월급을 웃도는 수익을 거두고 있다. 증시에 친숙한 이 증권맨도 정보와 속도전으로 투자에 임해서는 안 된다는 사실을 머리로만 알고 있었고, 손실을 본 후에야 가슴으로 주식투자의 원칙을 깨달았다.

대기업 회사원이나 은행원 중에서도 주식에 손댔다가 빚더미에 앉은 경우를 심심찮게 본다. 석사, 박사 출신도 많고, 심지어 대학의 경영학과 교수도 주식투자에는 성공하는 경우가 드물다. 이들이 과연 관련 지식이 부족해서 투자에 실패했을까?

오히려 그 반대일 경우가 많다. 자신의 능력을 과신하고 개인적으로 들은 정보에 기대어 중소형주에 손을 댔다가 원금을 홀라당 까먹은 경우가 대다수다. 투자한 중소형주가 무슨 기업인지도 모르고 투자하는 경우가 허다하다. 알지도 못하고, 오른다는 정보만 믿고 땀 흘려 번 돈을 태운 것이다.

증권 담당 기자로 활동하면서 확실히 깨달은 점은 개인에게 들어오는 정보는 소위 말하는 큰손들이 한 차례 재미를 본 후 그 가치가 닳고 닳아진 것이 대부분이라는 사실이다. 만약 누군가가 당신에게 대박 정보라고 귀띔해주면 그냥 흘려버려라. 일고의 가치도 없다. 운이 좋아서 그 투자로 한몫 잡는다고 해도 그렇게 번 돈은 언젠가는 날려버릴 가능성이 높다. 쉽게 번 돈은 쉽게 나간다고 하지 않았던가.

'이왕이면 다홍치마'라는 속담처럼, 빠른 시일 내에 많은 수익을 거두는 투자가 최선이다. 이를 부정할 생각은 없다. 주식 투자는 돈을 벌기 위해 하는 것이지, 기업의 가치를 올려주기 위한 적선활동은 아니다. 돈을 벌어야 선善이고, 그렇지 않으면 악惡이다.

인생만사가 그렇듯 공짜는 없다. 일정 결실을 얻기 위해서는 시간과 정성을 들여야 한다. '고위험과 고수익은 동전의 양면처럼 붙어 다닌다'는 재무적 이론은 굳이 들먹이지 않으려 한다.

앞서 얘기하다 만 '투자'와 '투기'의 차이를 다시 살펴보자. 시세만 보고 하는 매매는 투기이고, 시간과 정성을 들이는 거래는 투자다. 기업의 가치에 투자한다는 주식투자 본연의 의미에 맞게 장래성이 있고 내 돈을 믿고 맡길 수 있는 기업을 선택한 뒤 돈을 투자하는 것이 바로 주식투자다.

투자한 주식을 향한 믿음은 일반적인 사랑과는 다른 방식으로 접근해야 한다. 사랑해서 믿는 것이 아니다. 달리 말하면 내가 돈을 투자했기 때문에 그 기업을 믿어서는 안 되고, 그 반대가 돼야 한다. 철저한 공부를 통해 믿을 수 있는 기업이라는 확신이 서면 그때 투자를 결심해야 한다. 그런 다음 그 기업에 대해 믿음을 가지고 투자활동을 펴야 한다. 한번 믿고 내린 결정은 유지하는 것이 좋다. 단기적으로 보이는 주가흐름에 일희일비하기보다는 처음 종목에 투자할 때 목표로 했던 수익률까지는 기다릴 것을 권한다. 믿음을 위해서는 일단 투자하면 한동안은 잊은 채 살아야 한다. 마치 시골에 사시는 어머니가 겨우내 묻어놓은 김장독처럼 말이다.

투자실패 원인은 한국 축구의 고질병과 같다

주식은 일방향이 아니라 오르락내리락한다. 모든 종목이 한결같다. 모든 종목은 싸게 사서 그보다 높은 가격에 팔 수 있는 가능성이 항상 열려 있다는 말이다. 자신이 능통한 종목만 투자 대상으로 삼아 비쌀 때 팔고 쌀 때 사들이는 식으로 투자해도 수익을 거둘 수 있다.

  이 전략은 가장 기본이 되는 동시에 가장 확실한 승리의 비책이지만 일반 투자자들은 이런 전략을 취하지 않는다. 잘 모르는 종목이 매력적으로 보이고 무언가 모를 잠재적 성장성이 있다고 판단하기 때문이다. 남의 떡이 더 커 보이는 논리와 일맥상통한다. 그러면 왜 기본적인 투자원칙을 지키지 못할까?

  이유는 한국 축구의 고질병과도 맥이 닿아 있다. 역사적으로 걸출한 스트라이커가 많지만 국가대표 A매치에서 한국의 골잡이들은 실망스러운 모습을 보일 때가 많았다. 히딩크 축구 이후 한국이 달라진 점 하나는 기회가 왔을 때 놓치지 않고 골을 넣는 장면을 많이 선사한 것이다. 축구 전문가 사이에서는 이런 주장에 이견이 있을 수 있지만 TV 혹은 축구장에서 축구 경기를 보는 대다수의 축구팬들은 공감하리라 생각한다.

일반인들의 투자도 마찬가지다. 매매 타이밍 때 우를 범하는 경우가 많다. 투자를 하기 전에는 이 종목도 살펴보고, 저 지표도 들여다보며, 장시간 분석을 한다. 그러나 투자할 때는 이 모든 절차를 무시한 채 주변에서 들리는 소문이나 당시 발생한 외부 변수에 흔들려 흥분하기 일쑤다. 가슴이 떨리면 판단도 흔들리게 마련이다. 이런 판단은 투자수익에도 영향을 미칠 수밖에 없다.

또 다른 이유는 야구에 빗대서 설명할 수 있다. 야구 선수는 타석에 들어서면 반드시 승부를 봐야 하며, 정말 특이한 경우만 아니라면 투수와 승부를 낸다. 그러나 투자는 다르다. 꼭 투자하기로 마음을 먹은 날 투자해야만 하는 것은 아니다. 상황이 좋지 않으면 투자를 미룰 수 있다. 예상보다 가격이 많이 올라갔다면 타석에서 내려와도 된다. 이때 투자자들은 함정에 빠진다. "지금 사지 않으면, 더 오르는 거 아니야?"

물론 그럴 수도 있지만 아닐 수도 있다. 확률은 반반이지만 처음 생각보다 많이 오른 종목에 투자하는 것보다는 그러지 않는 것이 기대수익 면에서 예상 손실의 폭을 줄일 수 있다. 기회를 놓쳤다고 판단되면 일단은 타석에서 내려와 숨을 한 번 크게 다시 쉴 것을 권한다. 증권가에서 대박의 기회는 하루 차이로 사라지지 않는다.

주가는 기업가치만으로 오르지 않는다
다음은 2009년 9월 24일자 〈매일경제신문〉에 실린 기사다.

> '주가가 더 못 오를 이유'를 찾는 데 실패한 증권사들이 '외국인 따라하기' 매매를 권하는 사례가 부쩍 늘었다. 출구전략, 원화강세, 기업이익 모멘텀 둔화(기업이익 모멘텀, 기업이익 증가가 주가의 동력이 되는 상황) 등 증시 악재 요인이 산재하지만 외국인 매수 기조라는 강력한 수급요인이 언제든 지수를 끌어올릴 수 있어 독립적인 중장기적 투자전략을 제시하는 데 어려움을 겪고 있기 때문이다. 펀더멘탈(일반적으로 기업가치, 조금 더 넓게는 경제체질을 의미)보다 수급에 더 의존하여 오르는 주식시장을 경계해야 하지만 외국인이 이끄는 상승랠리를 외면할 수도 없다는 얘기다.

기업의 실적보다는 외부 변수가 주가를 가를 수도 있다는 주제의 기사다. 앞에서 주구장창 주장했던 바와는 배치되는 얘기일 수도 있다.

3년치 경제신문 증권면만 공부하라
한 대형 회계법인 산하의 투자자문 파트너(고위 임원)는 남들 뒤치다꺼리하느라 실제 자신의 투자에는 많이 관심을 쏟을 수 없었다고 한다. 그래서 그는 방향성만 가지고 주요 분기점에서만 투자함에 따라

각 기업의 작은 흐름을 보기보다는 경기라는 큰 사이클과 주가 간 연동성을 살핀다. 그리고 나름대로 세운 투자전략은 '5년 주기설'이다. 거창한 논리는 아니고, 그의 말에 따르면 5년마다 주가가 반복되는데, 주기의 저점에서 인덱스를 추종하는 종목을 사면 돈을 벌 수 있다는 것이다. 성공을 위해서는 공부가 필요하다. 그리고 자신만의 투자전략을 세우는 것이 중요하다. 공부법은 간단하다. 경제신문의 증권면을 열심히 보자. 3년만 꾸준히 본다면 어느덧 당신은 투자의 고수가 되어 있을 것이다.

증권부 기자의 눈으로 본 워런 버핏의 성공비결

2011년 3월 한국을 방문한 세계적인 투자대가인 워런 버핏Warren Buffett은 자신이 투자한 대구텍Taegu Tec Ltd.에서 자신만의 투자철학을 공개했다. 기자들의 질문에 주로 단답형으로 답하긴 했지만 그의 대답에는 자신의 투자철학이 고스란히 배어 있었다. 버핏 회장은 '불확실성은 최대한 배제하고 아는 것만 투자한다'는 투자원칙을 그대로 보여주었다. 그는 애플과 코카콜라를 비교해 자신의 투자철학을 명확하게 드러냈다. "애플은 훌륭한 회사다. 그러나 우리의 투자 대상은 아니다. 해서웨이Berkshire Hathaway Inc.의 돈이 가장 많이 투자된 기업은 코카콜라다."

아이폰 출시 후 세계적으로 가장 주목받는 기업인 애플을 투자 대상에서 뺀 이유는 간단하다. 10년 뒤 어떻게 변할지 모르기 때문이다. 기술의 변화와 더불어 소비자의 기호변화가 커 상대적으로 불확실성이 큰 IT주는 버크셔해서웨이의 투자 바구니에 없었다.

버핏은 인간 삶의 행태를 바꾸는 분절적 혁신에 기반한 수직적 성장보다는 역사적으로 검증된 수평적 확대를 선호한다. 버핏은 파괴적 혁신을 통해 시장을 새로 개척해 기업의 가치를 한번에 끌어올리는 산업과 기업보다는 인간의 의식주 관련 산업 중 시장에서 뚜렷한 시장 지배력과 기술력으로 흔들리지 않는 수익성을 확보한 회사를 투자 대상으로 삼는다는 얘기다. '파괴적 혁신=생존의 길'이라며 기치를 높이는 최근의 경영전략에 비춰볼 때 버핏은 다소 고답적이다.

기본에 충실한 투자전략은 오늘날 버핏의 부富를 유지한 일등공신이기도 했다. 버핏 회장은 한창 IT산업 거품이 일던 2000년 전후 사방에서 몰려든 IT기업 투자제안을 거부한 바 있다. 대신 그가 택한 기업은 전통의 굴뚝산업이었다. 버핏은 이를 두고 '가장 잘한 투자선택 중 하나'라고 말하기도 했다.

증권사 애널리스트를 활용하라

멋진 직업으로 여겨지는 애널리스트는 대학생들 사이에서는 선망의 대상이다. 젊은 나이에 억대 연봉을 받는 이들이 부지기수니 말이다. 그러나 애널리스트가 무엇을 하는 사람인지, 그들이 평소 하는 일이 무엇인지 아는 이들은 별로 없다. 다만 피상적으로 '멋있는 직업군'으로 불릴 뿐이다. 그러나 이 애널리스트, 정확하게는 보고서를 잘 활용하면 남들보다 앞선 투자판단을 할 수 있다.

애널리스트란

애널리스트가 무엇인지부터 일단 알아보자. 애널리스트 등록제가 시작된 것은 2004년 9월부터다. 당시 800명이던 애널리스트 수는 2010년에는 1,575명으로 늘어났다. 애널리스트를 많이 보유한 증권사는 삼성증권(106명), 우리투자증권(100명), 대우증권(95명), 현대증권(76명),

신한금융투자(71명) 순이었다(금융투자협회 자료).

애널리스트는 말 그대로 분석가다. 증권사 리서치센터 소속으로 시황, 종목, 거시경제 흐름 등을 분석한다. 애널리스트는 크게 두 가지로 나뉜다. 하나는 거시경제 흐름 속 코스피로 대변되는 지수의 향방을 전망하는 시황 애널리스트, 다른 하나는 상장사를 분석하는 섹터(산업 담당) 애널리스트가 있다. 이 밖에도 펀드 애널리스트, 각종 데이터를 중심으로 시황을 전망하는 퀀트 애널리스트, 거시경제를 보는 이코노미스트 등이 리서치센터에 속해 있다.

'힘 있어 보이지만, 연약한 존재', 애널리스트를 두고 하는 말이다. 기업가치의 지표인 주가를 쥐락펴락할 수 있는 힘과 펜 끝으로 기업의 가치를 흔들 수 있는 직업이라니, 그 힘이 실로 엄청나게 느껴진다. 베스트 애널리스트로 불리는 이들이 시장을 흔드는 것은 손을 엎었다 뒤집는 것처럼 간단해 보인다. 증시에서는 "○○○(애널리스트 이름)의 투자 의견이 GO(주가가 계속 간다면)야, GO 아니야?"라는 말이 나오기도 한다.

그러나 국내 증권산업의 구조에서 애널리스트의 독립성을 유지하기는 어렵다. 애널리스트는 영업의 도구로 인식되며, 기업을 대상으로 한 법인 영업과 일반 투자자를 대상으로 활동하는 소매 영업팀의 도우미로 여겨진다. 경제와 산업을 분석해 증시에 정확한 정보를 전달하는 본연의 목적보다는 증권사의 영업적 성과에 포함되는 위치다. 다시 말하면 정확한 분석보다는 높은 실적을 쌓도록 돕는 것이 애널리스트의 미덕인 것이다.

이 때문에 애널리스트가 할 말을 못할 때가 많다. 기업과 법인 영업팀의 눈치를 봐야 하기 때문이다. 때로는 기관투자자(펀드매니저)의 눈치도 봐야 한다. 한국 증시에서 '팔아라'란 매도 의견은 말 그대로 가뭄에 콩 나기다. 매도 의견을 내면 직간접적으로 압박이 들어오기 때문이다. 일단 기업은 해당 애널리스트에게 출입정지를 통보한다. 기업을 분석해야 하는 입장에서 정보의 차단은 사형선고나 다름없다. 다른 압박은 증권사 내부에서 행해진다. 기업은 증권사에 '이제부터 너희와 거래하지 않을 것'이라고 으름장을 놓는다.

이처럼 애널리스트와 기업의 관계는 펜을 든 애널리스트에 무게 추가 쏠린 듯 보이지만 증권사와 기업 간 관계에서 증권사는 기업(잘나가는 기업의 경우)의 선택을 받아야 하는 입장이다. 증권사가 '을'의 입장인 것이다. 이 같은 지위를 이용, 부정적인 보고서에 대해 기업은 증권사에 압박을 가하는 것이다. 증권사라는 조직의 일원인 증권맨으로서의 애널리스트가 사내 현실적 압박을 이기기는 어렵다.

애널리스트는 좋은 평가를 받기 위해 펀드매니저의 눈치도 봐야 한다. 증권가에서 애널리스트와 펀드매니저의 관계는 수직관계로, 펀드매니저가 갑, 애널리스트가 을이다. 애널리스트의 평가를 펀드매니저가 하기 때문이다. 좋은 보고서를 많이 낸 애널리스트보다는 펀드매니저에게 '비공식적으로' 좋은 투자조언을 해주는 애널리스트가 인기가 높은 구조다. 일부 펀드매니저는 이 같은 얄팍한 수직구조를 활용해 애널리스트 위에 군림하려는 볼썽사나운 모습도 보인다.

이렇게 기업, 펀드매니저, 사내 법인 영업팀의 눈치를 봐야 하는 현실적 고단함을 언급하며, 일부 애널리스트들은 자조섞인 어투로 "우리가 상대적으로 높게 받는 연봉 속에는 이러한 '서비스 비용'이 포함돼 있다"고 말하기도 한다.

게다가 증권 산업구조 자체는 '매도' 의견을 쓸모없게 만들고 있다. 증시에서 애널리스트 존립 근거는 투자자들에게 투자를 위한 정보를 제공하는 데 있다. 주식투자는 매수로만 이뤄지며 매도는 투자수익을 결정짓는 수동적 행동일 뿐이다. 매도가 능동적 형태의 투자전략이 될 때 애널리스트의 '팔아라'라는 의견이 의미를 갖는다. 해외 증권사에서 매도가 국내보다 활성화된 이유는 팔아라라는 의견이 능동적 투자전략의 근거가 되는 공매도 때문이다. 국내에서도 금융주를 제외하고 공매도는 허용된다. 그러나 외국 투자자를 빼고 공매도를 구사하는 투자자는 사실상 전무하다. 대형 규모로 대주(貸株, 주식 빌려주기)를 해주는 기관이 없는 상황에서 공매도는 불가능하기 때문이다.

이 같은 현실적 한계로 인해 증권가에는 매수 일색의 보고서만 넘쳐난다. 금융투자협회가 지난 2005년부터 2010년까지 발행된 애널리스트 보고서를 분석한 결과 매수가 79.3%, 보유가 14.0%인 반면, 매도 또는 비중감소 의견은 0.2%에 그쳤다. 반면 외국계 증권사의 매도 또는 비중감소 의견 비중은 16.8%이고, 목표주가를 변경하는 경우는 18%였다.

애널리스트의 근무환경은 그다지 좋지 않다. 대부분 비정규직이고 무한경쟁에 놓인 탓에 주말도 반납하고 출근하며, 여름휴가는 꿈도 못 꿀 일이다. 작성해야 할 보고서의 양도 정해져 있다. 일부 증권사는

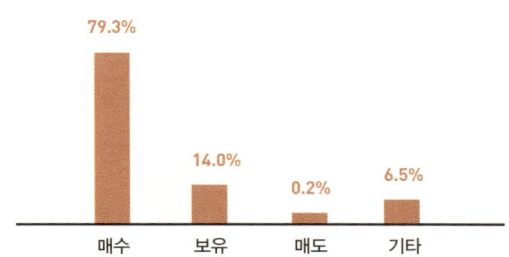
자료 : 금융투자협회 2005~2010년 보고서 기준

'질'과 상관없이 '양'이 내부규정에 부합하지 못하면 성과급 부문에서 불이익을 준다.

애널리스트의 연봉은 일반 회사원에 비해서는 높은 편이다. 일반적으로 증권사를 옮기면 옮길수록 연봉이 올라 한 번 옮길 때마다 이직에 따른 위험수당이 30~50%씩 붙는다. 능력을 인정받아 회사를 두세 곳 옮기면 1억 원을 훌쩍 넘는다. 이렇게 이직이 곧 능력의 또 다른 잣대로 여겨지면서 이직률은 전체의 11.5%에 육박한다. 미국의 경우 애널리스트들의 이직률이 3.8%라는 것과 비교하면 매우 높은 편이라고 할 수 있다.

애널리스트 보고서 활용법

앞서 애널리스트가 매도의견을 쉽게 던질 수 없는 현실적 상황을 설명했다. 하지만 그렇다고 칭찬만 하는 나팔수는 아니다. 보고서를 통해 어떤 식으로든 자신의 의견을 나타낸다. 따라서 투자자들은 겉으로 잘 드러나지 않는 보고서의 의미를 파악해야 한다.

1. 제목의 변화에 유의하라

하루에 증권사마다 쏟아내는 애널리스트 보고서만 해도 산더미다. 2010년 한 해 발간된 보고서만 8만 4,667건으로, 하루에 231건이나 쏟아지는 셈이다. 보고서만 읽는 데도 하루가 다 간다. 애널리스트 1인당 연간 발간하는 보고서 숫자는 평균 61.7건, 건당 페이지 수는 471.4페이지에 이른다.

이 때문에 애널리스트들은 보고서 제목에 승부를 건다. 제목에 보고서의 모든 것을 담으려 한다고 해도 과언이 아니다. 그만큼 제목이 곧 핵심이기 때문이다. 제목에 우려와 머뭇거림이 발견되면 해당 종목의 투자는 의심해보고 해당 종목의 투자지속 여부 혹은 신규투자 결정을 재고해봐야 한다.

2. 논리의 근거를 파악하라

애널리스트의 투자의견보다 근거에 주목해야 한다. 일회성인지 아니면 기업가치와 연관된 근본적 변화인지 파악하라. 만약 분기 단위 실적에 영향을 미치는 일회성이라면 해당 종목의 투자전략은 '단타'로 잡아야 한다. 반면 기업가치를 변화시키는 요소를 논거로 댔다면 '장기'로 방향을 설정해라. 그러나 장기적인 변화를 초래할 보고서는 상대적으로 드물다. 애널리스트의 보고서 대부분은 최근 발생한 이슈에 대한 설명일 때가 많기 때문이다. 우량주일수록 신선한 충격을 줄 수 있는 보고서의 논리를 댈 가능성은 적다. 만약 우량주임에도 불구하고 독특한 논거를 제시하는 애널리스트가 있다면 주목해야 한다.

3. 투자의견보다는 목표주가를 보라
목표주가는 앞으로 6개월 혹은 1년 안에 분석 대상 기업의 주가가 도달할 것으로 예상되는 수치로, 수익성과 재무구조 등 기업과 관련한 각종 지표를 종합한 후 내리는 결론이다. 목표주가는 현실적으로 소신 있는 보고서를 내기 어려운 애널리스트의 숨통을 트여주는 배출구 역할을 한다. 애널리스트들이 투자의견 조정보다는 목표주가 조정을 통해 실질적인 투자의견을 표현하는 것이다. 현 주가와 목표주가 간의 괴리율이 큰 주식일수록 오를 가능성이 큰 주식이다. 높은 수익률을 노린다면 선택은 당연히 괴리율이 큰 주식으로 향해야 할 것이다.

4. PBR, PER 밴드band 추이를 살펴라
애널리스트의 정식보고서에는 PER, PBR 밴드가 담겨 있다. PER(주가순이익 비율)은 예상 (연간)순이익 대비 주가, PBR(주가순자산 비율)은 예상 자산가치 대비 주가 수준을 의미한다. 순이익과 자산가치를 애널리스트의 잣대를 기준으로 예측하는 것이다.

예를 들어 A종목의 예상 순이익은 발행주식 수로 나눈 값과 현 주가를 비교했을 때 주당 순이익이 1만 원이고, 현 주가가 10만 원이라면 이 종목의 PER은 열 배가 되는 셈이다. 열 배는 증시에서 흔히 가중치로 불리는 것으로, 이는 '이 기업은 소속 산업과 기업을 고려해볼 때 주가는 순이익의 몇 배는 더 받아야 한다'라는 증시의 공감대를 나타낸다. 다시 말해 이 종목은 순이익에 비해 이 정도의 가중치는 받을 수 있다는 공감대가 반영된 것이 PER이라는 얘기다.

PER과 PBR의 밴드는 이러한 가중치에 대한 애널리스트의 의견이다. 밴드 추이는 곧 해당 종목에 대한 애널리스트의 생각 변화를 보여주는 지표로서 밴드가 상향됐다면 증시에서 대상 기업이 더 높은 수준의 대우를 받을 수 있다고 본 것이다.

5. 애널리스트가 '매우 싸다'고 해도 안 오르는 주가는 안 오른다

원론적으로 주가는 기업가치를 수치화한 척도로 여겨진다. 그러나 주가형성에는 '펀더멘탈fundamental'로 일컬어지는 기업가치뿐만 아니라 외부 요인의 비중도 막대하다. 이 외부의 손이 바로 수급이다. 그래서 주가를 다차원적인 요소가 반영된 산물이라고 한다. 장기적으로 주가가 펀더멘탈을 반영한 일차원적인 결과라는 데는 이견이 없다. 그러나 지난한 과정에는 수급이라는 변수의 영향이 막대하다. 수급에 방점을 찍는다면 주가는 2차함수라 할 수 있는데, 수요와 공급이 맞닿는 점이 바로 주가이기 때문이다. 이는 주식의 시장성에 따른 결과로서 주식은 교환되는 특성을 지닌다. 파는 사람과 사는 사람의 흥정에 따라 매매가 결정되며, 매매가가 바로 주가가 된다.

제품이 좋다고 항상 잘 팔리는 것은 아니며, 유통되는 때가 중요하다. 주식도 마찬가지다. 때를 타지 못하면 단기적으로는 주가가 오르기 어렵다. 다시 한 번 말하지만, 수급론은 장기 투자자에게는 순간의 시련으로 치부되는데, 주가는 결국 제값에 맞게 형성된다고 보기 때문이다.

6. 투자의견 없음(NR) 보고서는 양날의 칼이다

NR은 'Not Rated'의 약자다. 애널리스트가 해당 종목을 평가하지 않았다는 말로, '이 종목은 잘 모르겠다'라는 뜻을 담고 있다. 2010년에 나온 애널리스트 보고서 3만 744건(12월 27일까지) 중 8.6%인 2,651건이 NR 보고서였고, 코스닥 종목 중에서는 전체의 22%가 NR이었다. 중소형주를 중심으로 투자의견과 목표주가가 없는 NR 리포트가 봇물을 이루고 있다는 얘기다.

NR 리포트가 많은 이유는 분석과 추정의 어려움 때문이다. 목표주가 산정의 기본이 되는 실적 추정을 위한 모델을 개발하려면 최소 2~3주가 걸린다. 그럼에도 불구하고 증권사는 투자자에게 중소형주에 대한 투자정보를 전달해야 한다. 이런 상황에서 애널리스트들은 NR 보고서라도 발표하는 것이 불가피하다. 그런데 문제는 NR 리포트가 정확한 분석을 하지 않았음에도 투자자에게 유망주를 추천하는 것으로 잘못 전달되는 데서 발생한다. 각종 증권사의 개인투자자 대상 포럼이나 세미나에서 유망주를 추천하는 방식으로 NR 리포트가 남발되고 있는 것이다. 일부 증권사는 중소형주에 힘을 쏟고 있다는 것을 과시하기 위한 수단으로 NR 리포트를 쏟아내기도 했다. 이로 인해 중소형주 추천을 선호하는 개인투자자의 수요를 충족시킨다는 명목으로 'NR 리포트=중소형주 추천보고서'로 둔갑되고 있다. 이 같은 특성을 두고 일각에서는 'NR 리포트 종목=고수익 종목'으로 여기기도 한다.

NR리포트는 투자 의견을 달고 나온 리포트에 비해 정제미가 부족하다. 다른 애널리스트 보고서에 비해 더욱 신중하게 검토해야 한다는 의미다. 그렇다면 왜 이렇게 위험한 보고서를 남발하는 걸까? 이유는 크게 두 가지다. 첫째는 중소형주 투자 활성화 측면에 있다. 일반적으로 투자는 알고 있는 종목에 한해서만 이뤄진다. 알려지지 않은 종목은 소외된다. 이 때문에 당국은 각 증권사 리서치센터에 다양한 중소형주 투자 보고서를 독려하게 되는 것이다. 다른 하나는 애널리스트 자체의 레버리지leverage다. 남들이 추천하지 않은 숨은 종목을 추천해서 시장의 주목을 받아야 애널리스트도 두각을 받을 수 있다. 이 때문에 애널리스트들은 진흙 속에 숨은 진주 발굴하기 위해 새로운 종목 발굴에 매달린다. 그러나 다른 종목과 달리 포괄적인 전망과 분석은 어렵기 때문에 구체적인 투자 의견은 달지 못하고 NR 형식으로 리포트를 내는 것이다.

최종적으로 투자를 결정하는 고객 입장에게는 NR리포트를 볼 때 막연하게 믿는 것보다 한 번쯤 의심하고 해당 기업을 이리저리 분석한 뒤에 투자 여부를 결정하는 것이 좋다.

증권사는 주식만
취급한다는 착각

증권사 하면 제일 먼저 떠오르는 이미지는 주식중개다. 특히 국내에서는 주식의 위탁매매 수수료의 매출 비중이 높은 수익 구조를 감안하면 '증권사=주식 중개소'라는 말은 맞는 말이다. 본론에 들어가기에 앞서, 다른 산업에 비해 국내 증권업의 발전이 저조한 이유를 설명하자면, 이유는 간단하다. 공교롭게도 돈을 버는 구조 때문이다.

국내 증권사는 주식 위탁매매 수수료, 소위 말하는 브로커리지brokerage 산업에 집중돼 있다. 미국 등 선진국의 증권사가 투자은행IB 중심으로 산업과 연계된 자본조달 혹은 투자활동 등을 통해 수익을 올리는 데 반해 국내는 일반 투자자 중심의 소매금융 중심이다. 증권맨들은 그 이유를 '돈이 없어서'라고 말한다. 무슨 말인고 하니, 인수·합병M&A이나 자본투자에는 막대한 자본이 필요한데, 우리 금융업은 자본이 턱없이 부족하다는 것이다. 그래서 이명박 정부 중반 이후부터 청와대 중심으로 떠돌았던 것이 메가뱅크Mega bank 시나리오다. 굵직한 증권사들을 합쳐 외형상으로는 다른 국가에 뒤지지 않는 덩치를 만들 겠다는 얘기다. 이것이 한국 금융을 업그레이드시키겠다는 본연의 목적에서 시작됐는지, 아니면 자원개발 등 다른 산업을 키우기 위해 제대로 된 버팀목을 세우기 위함인지는 의견이 분분하다. 내막의 본질은 차치하더라도 메가뱅크가 국내 금융에 가져올 충격은 클 것으로 전망된다.

신선해서 더 매력 있는 공모주

청약이라는 단어를 들으면 우리는 흔히 아파트를 떠올린다. 많은 사람들이 꾸준히 부은 청약통장을 근거로 아파트 청약에 신청해 아파트를 따내는 꿈을 꾸고 있기 때문일 것이다. 그런데 증시에서도 이 청약이 이뤄진다. 심지어 잘만 하면 높은 수익률을 거둘 수도 있는데, 대표적인 청약 대상이 공모주다.

　IT 버블이 한창이던 2000년대 초반 당시 상장 예상된 IT 기업의 주식은 대박의 지름길이었다. 100배를 훌쩍 넘어 1만 배의 수익을 안겨준 종목도 있었다. 이때를 두고 공모주 투자의 전성기였다고 말한다.

　공모주는 증시상장을 계기로 기업이 새로 발행하는 주식을 일컫는 말로, 투자자를 공개적으로 모집하는 형태를 갖기 때문에 '공모公募'라고 한다. 공모주의 투자기준가인 공모가는 일반적으로 10~15% 싸게 발행된다. 잘 고른 공모주가 단기간에 고수익을 올릴 수 있는 것도 이 때문이다. 2009년 2월 상장한 이수앱지스는 첫날 가격이 공모가보다

67%나 높게 형성되기도 했다. 공모주 투자자들은 하루 사이에 67%의 수익률을 거둔 셈이다.

공모주의 형성은 기업공개 기업 대상 기업과 공모 주간사가 큰손인 기관투자자를 대상으로 영업을 하는 수요예측 과정에서 결정된다. 자본시장에서 최우선 순위는 돈이고, 많은 돈은 곧 권력이다. 기업 입장에서 더 많은 물량을 가져갈 기관투자자를 개인투자자보다 우선으로 생각하는 것은 당연하다. 수요예측 과정에서 기업과 기관투자자 간 의견 충돌이 발생한다. 기업은 가능한 한 비싼 가격에 자기 주식을 팔고 싶어 하고, 기관투자자는 가능한 한 싼 가격에 사고 싶어 한다.

양자 간의 타결이 원만하게 이뤄지면 좋지만 그렇지 않은 경우는 기업과 기관투자자 모두에게 상처가 될 수 있다. 특히 공모가가 시장 평가 대비 지나치게 높게 형성됐다는 이미지가 만들어지면 이는 기업의 상장 후 주가에 치명적이다. 삼성생명이 대표적인 사례로, 삼성생명의 공모가는 11만 원이었다. 증권가에서는 공모가가 결정되자마자 이구동성으로 비싸다고 외쳤다. 증시의 평가에 비해 높게 형성된 삼성생명의 주가는 상장 때 반짝 12만 1,000원을 기록한 후 곧 11만 원을 밑돌았다. 이를 두고 여러 가지 추측을 해볼 수 있다. 그중에서 가장 많이 언급되는 추측이 이건희 회장을 위한 가격설이다. 때는 1998년으로 거슬러 올라간다.

삼성전자 이건희 회장은 IMF 외환위기 전 자동차산업에 진출했다. 그러나 외환위기를 맞으며, 삼성차를 프랑스 르노에 매각했다. 채권단에는 삼성생명 주식을 제공했고, 조건은 삼성생명 상장이었다. 삼성생명 상장이 이루어지지 않을 경우 다른 삼성 계열사들은 부채를 떠맡기로 채권단과 합의했다. 이제 마지막 관문은 공모가였다. 삼성생명은 시장의 평가를 인지하고 있긴 했지만 높은 가격으로 공모가를 추진했다는 것이 증시 일각의 분석이다. 결국 예상보다 높은 공모가는 삼성생명이 주주보다 이건희 회장과 같은 내부자를 더 고려한다는 인식을 시장에 심어줬다. 앞으로 공모가를 훨씬 웃도는 주가를 통한 수익으로 기존 인식을 불식하지 않는 한 삼성생명의 주가흐름은 순탄치 않을 것이다.

IPO(Initial Public Offering, 주식공개 상장) 기업 입장에서는 주식 일부를 외부인에게 떼주는 부담을 떠안는 대신 공모 때 많은 자금을 끌어모으려 할 것이다. 비싼 공모가격이 시장에서 그대로 굳어지면 대주주도 나중에 주식을 팔아 한몫 챙길 수 있다. 이러다 보니 대주주나 기업은 공모주 청약 때 대규모 미달 사태만 발생하지 않는다면 공모가가 높을수록 좋다. 그러나 공모주식을 일차적으로 인수하는 기관투자자들의 생각은 정반대다. 한 푼이라도 공모가를 깎으려고 한다. 같은 물건이라면 싸게 사야 훗날 팔 때 이문이 남을 수 있는 법이니 말이다.

팔려는 자와 사려는 자 간의 갈등은 항상 있는 법이다. 다시 말해 어떤 공모주든지 간에 이러한 마찰은 피할 수 없다는 의미다. 그렇다면 일반 투자자들은 어떤 공모주를 골라야 할까? 주가는 생물이기에 증시상장 뒤 어디로, 어떻게 튈지는 아무도 모르며, 확률적인 예측만 할 수 있을 뿐이다. 공모목적이 운영자금, 차환자금 상환 등의 이유보다는 시설자금인 업체가 향후 주가상승 가능성이 높다. 시설자금 등

투자목적의 상장은 공모를 통해 거둔 자금이 미래발전의 종잣돈으로 활용되기 때문이다. 투자목적으로 쓴다고 밝혔더라도 꼼꼼히 살펴볼 필요가 있으며, 사용처를 구체적으로 밝힌 기업일수록 믿음을 갖고 투자하자. 분명한 목표는 곧 기업비전의 명확성으로 해석할 수 있다. 운영자금, 차환자금이 아니라 투자목적의 자금이라면 공모가 산정 과정에서 무리하지 않는다.

안정과 대박이 공존하는 묘한 매력, CB와 BW

기업의 자금조달 방식은 크게 주식과 사채(회사채)다. 주식은 신주발행을 통한 유상증자다. 유상증자도 좋은 투자처라 할 수 있는데, 일반적으로 주식가격이 시중가에 비해 일정 한도 싸게 책정되기 때문이다. 또한 회사채는 안정된 수익금을 얻을 수 있는 투자처로서 매력이 있다. 회사채 투자자는 투자회사를 대상으로 채권자가 되는 것이다. 회사가 망하지 않는 한 원금을 잃을 가능성은 없다. 그러나 회사채 투자자의 권리는 여타의 채무보다 앞서기 때문에 원금을 손실할 확률이 낮다고 채권 전문가들은 조언한다.

　주식도 우량주와 그렇지 않은 주식이 있듯, 회사채도 좋은 상품과 나쁜 상품이 있다. 회사채 등급인 신용등급을 근거로 A 이상인 회사채를 투자등급으로 분류하며, 그보다 낮은 등급의 회사채는 투기등급으로 인식한다. 회사채는 등급이 낮을수록 이율이 높다. 낮은 등급만큼 회사의 부도 가능성이 높기 때문에 발행회사 입장에서는 위험을 감수하는 투자자를 대상으로 그에 해당하는 반대급부를 제공하는 것이다.

당연히 신용등급이 높은 회사채는 부자들에게 인기가 높은 투자처다. 은행금리보다는 높으면서 안정된 수익을 꼬박꼬박 제공해주기 때문이다. 굴리는 자금의 크기가 큰 부자 입장에서는 그럴 만하다. 가령 30억 원의 현금자산이 있다면, 1년에 3~4%씩만 이자를 받아도 이 자산가는 9,000만 원에서 1억 2,000만 원의 수익을 거둘 수 있다. 일반 회사원 연봉보다 큰돈을 매년 안정적으로 얻을 수 있는 수익처인 셈이다.

하지만 이러한 투자를 30대 일반 회사원이 흉내내기는 어렵다. 소위 말하는 '은 수저를 물고 태어난' 사람이라면 상황이 다르겠지만 말이다. 이 책의 주된 독자이자 보통 사람들에게 회사채투자는 남의 얘기일 뿐이다.

그러나 변종은 얘기가 다르다. 변종이란 주식과 채권이 결합된 이종채권을 말한다. 대표적인 상품으로 전환사채(CB, Convertible Bond)와 신주인수권부사채(BW, Bond with Warrant)가 있다. 이 상품들은 태생적으로 채권이면서 주식의 성격이 결합돼 있다. CB는 특정 가격에 채권을 주식으로 전환할 수 있는 사채이며, BW는 채권 외 특정 가격에 주식을 살 수 있는 권리를 더불어 주는 사채다.

이 두 상품은 채권과 주식에 한꺼번에 투자할 수 있는 일거양득 상품이다. 이종채권은 주식을 통한 시세차익 가능성이 있기 때문에 금리를 낮게 책정 할 수 있다. 이 같은 특성은 발행사에 낮은 금리로 채권을 발행할 수 있는 이익을 선사한다. 그래서 급전이 필요한 기업이 주로 CB와 BW를 발행한다. 신주의 발행은 최대주주 등 기본 주주의 가치는 희석되는 단점이 있다. 이를 감수하더라도 발행하기에 자금수요는 그만큼 크다고 할 수 있다. 목마른 사람이 우물 판다는 말이 있듯이 이렇게 발행되는 채권은 투자자에게 우호적인 조건이 붙는다. 이는 CB와 BW가 황금투자처라고 불리는 이유이기도 하다.

상황을 보기보다 가능성에 투자하라

BW 대박의 대표 사례는 기아차다. 2011년 6월 기아차는 1위인 현대차의 시장 지위를 넘보는 자동차업체로 성장했다. 국민차라는 별칭이 붙은 'K시리즈'의 성공에 따른 결과다. 팔리지 않는 차를 만들던 회사가 이제는 차가 없어서 못 팔 지경이 되면서 기아차의 주가도 급등한다. 2009년 3월 8,100원까지 갔던 주가는 8만 원을 오르내린다. 이 같은 급반전에서 최대 수혜를 본 투자상품이 바로 기아차 BW다.

기아차는 유동성 위기로 인한 고육책으로 2009년 3월 BW를 발행한다. 규모는 4,000억 원어치이고 목적은 만기 임박한 회사채와 기업어음CB 상환용이다. 금리는 만기 3년에 연 5.5%, 신주를 인수할 수 있는 행사가는 6,800원의 파격적인 조건이었다. 이는 당시 주가보다 14% 낮은 가격이었다. 현 상황에서 돌이켜보면 분명 초대박 상품이라 너도나도 청약에 뛰어들어야 하는 기회였다. 그러나 당시 선뜻 '사라Buy'는 투자조언을 할 수 없었다.

기아차는 당시 국내외 투자활동으로 현금흐름이 나빠지고 있던 상황이었다. 2009년까지는 상당한 투자가 계획돼 있어서 차입을 통한 외부 자금조달이 불가피했고 자금건전성도 단기적으로 볼 때 빠른 회복을 낙관하기는 어려웠다. 하지만 이런 위험한 상황에도 가능성에 투자한 투자자들은 대박을 거뒀다. 앞서 언급한 것처럼 기아차 주가가 BW 발행 당시의 열 배로 뛰면서 워런트(warrant, 일정수의 보통주를 일정가격에 살 수 있는 권한, 또는 같거나 비슷한 표면금리를 가지는 고정금리 채권을 살 수 있는 권한을 증권소유자에게 부여하는 옵션)만으로 1,000%의 수익을 거둔 것이다. 기아차 BW에 8조 원 가량이 몰리면서 경쟁률은 20대 1을 기록했다.

아시아나항공 BW 역시 소규모였지만 수익의 규모는 다른 상품을 압도한 사례다. 아시아나항공은 2009년 3월 운영자금 1,000억 원을 마련하기 위해 BW를 발행했다. 이 돈은 유류비, 외주 수리비, 공항이용료를 감당하는 자금으로, 아시아나항공도 힘든 시기를 극복하기 위해 평소 쓰지 않던 수단을 쓴 것이다. 워런트의 행사가는 5,000원이었는데, 아시아나항공의 주가는 2012년 2월 15일에 1만 2,500원까지 올랐다. 수익률이 자그마치 150%인 것이다.

2010년과 2011년에 발행된 BW 중에서 눈에 띄는 상품으로는 대한전선 발행 물량을 들 수 있다. 대한전선은 올 3월 2,500억 원 규모의 BW를 발행했다. 목적은 운영자금(2,890억 원)과 차환자금(2,210억 원) 조달이었다. 당시 무리한 사업확장으로 어려움을 겪은 대한전선은 보유 부동산 등을 매각하며 고전하고 있었다. 재무건전성 회복을 위한 계열사와 자산매각 작업이 막바지였지만 재무구조는 여전히 불안한 상황이었다. 신주 인수권 행사가는 5,240원으로 정해졌다. 발행 이후 한동안 부진했던 대한전선의 주가 때문에 BW의 가치는 주목받지 못했다. 그러나 1분기부터 회복된 실적으로 증시에 재기 가능성을 높이면서 주가는 올랐고 덩달아 BW의 값어치도 올라갔다. 대한전선 주가는 7,000원 목전에서 조정을 받고 있지만 그래도 6,500원을 중심으로 오르내리고 있다. 2012년 중반 기준에 따르면 현재 전환해도 BW 투자자는 당장 24.1%의 수익을 거둘 수 있다.

투자처로서 BW ≥ CB

CB는 청약한 만큼의 주식을 전환할 수 있는 권리를 부여하며, 채권 그 자체를 주식으로 바꿀 수 있는 상품이다. BW는 채권뿐만 아니라 추가로 주식을 살 수 있는 권리를 부여한다. 플러스 알파를 받는 혜택은 금리로 상쇄된다. CB는 BW에 비해 연 금리가 2~4%가 높다. 투자 대상 기업의 주가가 행사가격 이상으로 오르지 않는다면 CB가 BW보다 좋은 선택이라고 할 수 있다. 미래주가에 확신이 서지 않는다면 BW가 아닌 CB를 권한다.

확실하게 알아야 할 점은 BW가 주식 자체를 공짜로 주지는 않는다는 것이다. 행사가액으로 주식을 살 수 있는 권리만 부여받게 된다. 그러나 권리 자체만으로도 돈이 된다. 1,000원짜리 주식을 500원으로 살 수 있는 권리를 갖고 있다면 이 권리를 사려는 수요가 생기는 것은 당연하다. 지금 이 권리로 주식을 사도 100%의 이익을 거둘 있기 때문이다.

하지만 세상에 공짜는 없다. 주식을 살 수 있는 권리가 생기는 만큼 증시에서 채권값은 깎인다. 시장에 나오면 15% 정도 할인돼 채권값이 1만 원이라도 8,500원이 시초가가 되는 식이다. 할인되는 특성 때문에 본의 아니게 종잣돈이 물릴 수도 있다. 대개 2년 전부터 BW는 조기상환이 이뤄진다. 원금보다 일정 부분 이자를 받아서 채권투자금을 돌려받으려면 최소 2년은 기다려야 한다는 얘기다. 이 때문에 BW를 취급하지 않는 고수들도 많다. 일부 투자 전문가들은 BW를 투자할 바에 '채권 30%, 주식 70%'로 포트폴리오를 조정하는 형태를 택하기도 한다. 단기적으로 15% 안팎의 빠진 금액으로 돈이 묶이는 것보다는 자체적으로 통제할 수 있는 식을 선호한 데 따른 결과다. 물론 BW가 단기간에 급등해 할인 폭을 상쇄한 뒤 더 높은 수익률을 만들어내면 채권을 할인된 가격에 팔고 단기차익을 노릴 수도 있다.

BW가 항상 좋은 것은 아니다

그렇다면 BW가 CB보다 항상 좋을까? 그렇지는 않다. 더 큰 수익률을 선사하는 BW를 향한 쏠림현상은 존재한다. 지난 5월 청약을 마친 두산건설 사례가 대표적이다. 두산건설은 건설경기 부진에 따른 실적 악화로 인해 훼손된 재무건전성 회복을 위해 CB와 BW 발행을 결정했다. 각각 1,000억 원씩 총 2,000억 원 규모였다. 결과는 극과 극이었다. BW는 1조 4,266억 원이 모집돼 14.27대 1의 경쟁률을 기록해 성공적이었던 반면 CB는 1,000억 원 모집에 382억 원이 모집되는 데 그쳤다. 나머지 618억 원을 CB발행을 주관한 9개 증권사가 떠안았다. 이렇게 확연하게 갈린 공모결과는 코스피가 2,100선을 넘으면서 뚜렷한 대박투자처가 줄어든 현실에서 수익처를 갈구하는 투자자들의 바람과 선호가 반영된 것이다.

안정된 수익과 금리를 보면, CB가 이처럼 찬밥 대우를 받을 이유가 보인다. 두산건설 CB는 표면이자율 연 4.0%, 만기이자율 7.5%를 지급한다. 3개월마다 지급하는 이자는 연 4%지만 만기에는 연 3.5%의 금리를 추가 지급하는 구조다. 전체 만기는 3년이지만 1년 6개월 뒤부터 조기상환을 요구할 수 있으며, 조기상환 시에도 연 7.5%의 수익을 얻을 수 있다.

반면 BW는 표면이자율이 연 2.0%에 만기이자율 5.5%이다. 마찬가지로 만기는 3년이지만 조기상환 가능 시점은 발행 후 2년 뒤부터다. 이자율도 CB가 높고, 권리행사 가능 시기도 CB가 빨라 금리 면에서는 CB가 유리한 구조다.

CB와 BW의 다른 성질을 활용한 투자도 좋은 투자전략이다. CB는 일정 기간 중 채권을 주식으로 바꿀 수 있는 상품이다. 주가가 오르면 주식으로 바꾸면 되고, 그렇지 않으면 채권으로 활용하면서 이자 수익을 노리면 된다. CB는 BW보다 보통 2~4% 이상 금리가 높다. 주가가 행사가격 이상으로 오르지 않는다면 CB 투자가 BW보다 나은 셈이다. CB와 BW가 동시에 발행될 때 해당 기초자산의 미래주가에 확신이 서지 않는다면 BW가 아닌 CB에 눈을 돌려볼 것을 권한다.

CB, BW의 달콤함 속에는 무엇이 있을까

사례 1 코스피 상장사 A사는 2010년 4월에 9억 9,000만 원의 운영자금을 마련하기 위해 전환사채CB 발행을 결정했다. 사채에는 만기상환 기준 연복리 4% 이자까지 얹어졌다. 정기예금보다 높은 금리뿐만 아니라 주식전환 매력까지 갖춘 셈이다. 그러나 1년 뒤 A사는 감사인으로부터 2010년 재무제표가 계속기업으로 존속 가능성이 의심된다며 의견거절되면서 증시에서 퇴출됐다.

사례 2 코스닥 기업인 B사는 2010년 6월과 12월 신주인수권부사채 BW 발행결정 공시를 냈다. 운영자금 마련이 목적이었다. 6월은 특정인을 대상으로 한 사모, 12월은 공모 형식으로 진행됐다. 12월 공모는 네 차례 미달됐다. 다급했던 회사는 한 달 후 추가발행을 했고, 두 번째 도전은 성공했다. 다급한 불은 껐지만 지속적 영업 가능성이 부적합하다는 판정으로 지난 2일 상장폐지됐다.

조사결과 2010년 CB 혹은 BW 발행결정 공시 다섯 건 중 한 건이 발행 기업의 상장폐지로 투자자에게 큰 손실을 준 것으로 나타났다. 이는 19일 2010년 CB와 BW 발행 공시를 분석한 결과다. 전체 465건의 공시 중 18.1%인 84건이 상장폐지된 기업에서 나왔다. CB 발행결정 공시 건수는 총 136건이었다. 이 중 23.5%인 32건의 공시가 상장폐지된 회사다. 코스닥은 116건 중 25%인 29건이 상장폐지 기업의 공시로 나타났다. 특정가격에 채권을 주식으로 전환할 수 있는 권리가 사라진 셈이다. 즉 채권수익만 남는데, CB와 BW는 일반 회사채에 비해 금리가 낮다.

채권 외 주식을 살 수 있는 권리까지 부여하는 BW 또한 공수표로 전환된 확률이 CB 못지않았다. 전체 329건의 공시 중 52건(15.8%)이 상장폐지된 기업에서 나왔다. 이같이 높은 CB와 BW의 부실 위험은 금리와 주식전환이라는 부가이익의 달콤한 유혹 속에 감추어져 있다. CB와 BW 같은 금융상품은 취약한 재무구조와 수익성으로 일반 유상증자 혹은 회사채 발행을 하지 못하는 기업들이 주로 활용한다. 재무건전성이 낮은 기업에 투자함에 따라 반대급부로 높은 수익을 얻을 수 있는 셈이다.

2011년 들어 1~2월은 CB와 BW가 전년 대비 감소했지만 3월부터는 발행 건수가 증가했다. 수요자인 투자자에게는 2011년 3월 이뤄진 대한전선 BW가 워런트 수익만으로 17일 만에 20.23%를 기록하면서 짭짤한 수익을 내 관심이 높아졌다. 증시가 박스권에 갇히면서 대안투자처로 기능할 수 있다는 판단도 투자자들 사이에 형성돼 있다. 그러나 공급자인 회사측은 증시와 경제 상황의 불안으로 정식 채널을 활용하기 힘들어 발행을 고려하고 있다.

CB와 BW 발행 홍수기 때 투자자들은 더욱 주의할 필요가 있다. 홍수 때 물이 넘쳐나도 정작 먹을 물은 부족하듯 물량이 많아도 투자할 곳이 많지 않을 것이라고 전문가들은 조언한다. '1년에 투자할 만한 CB나 BW는 서너 곳에 불과하다'는 말도 나온다. 10억 원 미만의 소액공모는 더욱 신중을 기해야 한다. 10억 원 미만 공모는 금융감독원에 유가증권신고서를 제출할 의무가 없기 때문이다. 10억 원 이상의 증자는 금융감독원이 공시 이전 신고서 검토를 통해 투자위험을 낮춘다. 신고서 없이 공시된 CB 혹은 BW 발행 공시에는 각종 관련 정보가 누락된 경우가 많다.

BW와 CB가 투자자에게 항상 웃음을 주는 것은 아니다. 기초자산의 주가흐름에 따라 희비가 엇갈리기 때문이다. 코오롱건설은 2010년 9월 운영자금 250억 원과 차환자금 750억 원을 마련하기 위해 1,000억 원 규모의 BW를 발행했다. 행사가액은 액면가인 5,000원으로, 이는 행사가의 마지노선이다. BW 발행 시 행사가격을 액면가 밑으로 낮출 수는 없다. 코오롱건설은 2011년 1월까지 기업가치 재고에 힘입어 주가가 5,920원까지 올랐다. 이때 BW를 근거로 신주를 샀다면 투자자는 18.4%의 수익을 거뒀던 셈이다. 그러나 프로젝트파이낸싱PF과 미분양으로 중소 건설사들의 주가가 주저앉을 때 코오롱건설 주가도 함께 휩쓸렸다. 결국 그해 4월 주가는 3,705원까지 떨어졌고, 2011년 7월 코오롱건설의 주가는 4,000원 선에서 오르내렸다. 5,000원을 주고 신주로 바꾸는 권리는 현 주가만 놓고 보면 무용지물이 된 셈이다. 현재 4,000원짜리 주식을 웃돈을 주며 살 이유는 없기 때문이다.

네오세미테크는 좀 더 극단적 사례다. 네오세미테크는 2009년 11월 350억 원 규모의 CB를 발행했다. LED용 설비증설 등을 위한 자금 250억 원과 운영자금 100억 원을 마련하기 위한 조치였다. 그로부터 한 달 후 250억 원 BW를 추가로 발행, BW는 제3자 배정 방식으로 저축은행 세 곳에 배정됐다. 결국 네오세미테크는 부도가 나고 CB와 BW의 권리는 휴지 조각이 됐다.

전환가격 재조정과 전환비율도 살펴야 한다

행사가격은 고정된 것이 아니므로 주가하락에 따라 행사가를 재조정하는 리픽싱refixing도 주목해야 한다. 리픽싱은 투자자 배려 차원에서 이뤄진다. 주가가 하락하는 만큼 이자지급 시기에 맞춰 전환(행사)가액도 함께 낮아지도록 하는 장치다. 전환가액 재조정은 발행 당시 주가의 70%까지 허용된다. 재조정이 가능한 비율만큼 주가하락 위험을 자연스럽게 더는 셈이다.

2009년 11월 발행된 대한해운 CB 사례다. 대한해운은 표면금리 연 3.5%, 전환가격 4만 9,800원, 리픽싱 한계 80%라는 조건으로 CB를 발행했다. 당시 4만 9,600원이던 대한해운 주가는 석 달 후 이자지급 시기인 2010년 2월 4일 4만 2,250원까지 떨어졌다. 그러나 주가는 급반등했고, 5월에는 7만 9,905원까지 올랐다. 이때 주식으로 전환했다면 투자자는 단숨에 89.1%의 수익을 올릴 수 있었던 것이다.

리픽싱이 긍정요소라면 신주인수권 발행(전환) 비율은 부정적 요소로 볼 수 있다. 보통 주식형채권 1만 원어치를 사면 일대일 식으로 1만 원의 주식 콜옵션을 제공한다. 그러나 신주인수권을 채권가치의 일부로 제한하는 경우도 있다. 이는 BW의 투자 핵심인 전환범위를 결정하므로 투자설명서에서 반드시 확인해야 하는 부분이다.

CB와 BW 공모 일정은 공시에 나온다

CB나 BW 공모는 공시로 외부에 알려지기 2주일 이전에 정보가 밖으로 새어 나가면 공시위반이다. 일정 자체가 공정공시 사항이기 때문이다. CB나 BW에 관심이 있다면 금융감독원 전자공시나 경제신문에 나오는 공시를 꼼꼼히 체크할 것을 권한다. CB와 BW 발행을 위한 공시는 '투자설명서'라는 제목으로 이뤄진다.

공모가 논란 붙는 공모주는 사지 마라

지금까지 공모주와 CB·BW가 대박투자처라고 열심히 설명했지만 최종적인 투자처를 결정하기 직전까지 신중해야 한다. 특히 외부적 악재가 있다고 판단되면 과감히 투자결정을 접어야 한다. 쉽게 말해 찜찜한 투자는 하지 말아야 한다는 것이다. 공모주는 공모가 논란을 빚는 종목은 투자해서는 안 된다.

공모가 논란이 되는 원인을 간단하게 살펴보자. IPO기업은 상장으로 주식 일부를 외부인에게 떼주는 부담을 떠안는 대신 공모 때 많은 자금을 끌어모아 신규사업 등에 투자하겠다는 복안을 갖고 있다. 비싼 공모가격이 시장에서 그대로 굳어지면 대주주도 나중에 주식을 팔아 한몫 챙길 수 있다. 이러다 보니 대주주나 기업으로서는 공모주 청약 때 대규모 미달 사태만 발생하지 않는다면 공모가가 높을수록 좋다.

여기에 상장 주관 업무를 맡는 증권사도 한몫한다. 증권사는 주관 업무를 '따기' 위해 객관적인 평가보다는 기업의 입맛을 맞추는 데 보다 많은 노력을 기울인다. 이 과정에서 정확한 기업가치 평가보다는 기업의 입맛 맞추기식 가격산정이 이뤄지기도 한다. 반면 공모주식을 인수하는 기관투자가들은 지수가 많이 올랐기 때문에 향후 조정 가능성에 대비해야 한다며 한 푼이라도 공모가를 깎으려고 한다. 더 받으려는 자와 깎으려는 자의 대결구도 속에서 가격 논란이 빚어지는 것이다.

진짜 부자는
주식을 찾지 않는다

부자는 크게 두 가지로 나뉜다. 돈을 벌려는 부자와 돈을 지키려는 부자다. 부자의 상당수는 후자에 속하며, 진짜 부자는 돈을 버는 데 큰 관심이 없다. 소유한 자산이 만들어내는 일정한 수익률과 현재의 부를 잃지 않는 데 더 신경을 쓴다.

이들의 투자는 돈을 벌고 싶어 하는 이들과는 전혀 다르다. 복잡한 투자를 싫어하는 이들은 고차원의 투자보다는 방향성만 보는 투자가 대부분이다. 모르는 종목은 애써 들어가려고 하지 않는다. 잘 아는 투자처의 가격진폭을 보고, 쌀 때 들어가서 비쌀 때 나온다.

이렇게 부자들의 태연한 투자는 말 그대로 여윳돈이기에 가능하다. 서민층이 재테크, 특히 주식에서 실패를 맛보는 이유 중 하나는 일상을 운영하기 위한 자금 사이클과 투자자산의 사이클 사이에 충돌이 일어나는 데 있다. 이 충돌은 돈 없는 자의 비애다. 달리 말하면 돈 없는 사람은 부자들의 재테크를 있는 그대로 따라 하기는 어렵다는 얘기다. 이 같은 냉정한 현실을 전제로 일반 사람들이 따라 할 수 있는 투자전략만 소개하고자 한다. 다시 한 번 말하지만 부자의 재테크를 어설프게 흉내내지 마라.

부자는 쇼크를 대비해 현금을 보유하고 있다

2009년 11월 두바이월드가 채무지불유예 선언을 하는 바람에 두바이 쇼크가 국내 증시를 강타했다. 금융위기 이후 또 한 차례 몰아닥친 위기 때 부자들은 무슨 생각을 하고 있었을까? 당시 100억 원대 이상을 보유하고 있는 거액자산가 다섯 명 중 한 명은 주식투자에 대한 관심이 늘었다. 쇼크 이전까지 100억 원대 자산가의 주식매매 비중이 지난 4월 66%에서 40%대까지 떨어진 것과 비교할 때 자산가들의 투자본능이 다시 작동하고 있는 것으로 풀이된다.

실제로 자산가의 주식투자 관심도 증가를 묻는 항목에 응답자 중 19.7%가 '늘었다'고 답했다. 실제 증권사 지점장들이 두바이 쇼크 때 자산가들에게 받은 주문 가운데 66.9%가 '매수문의'였다고 한다. 일반인은 금융시장이 요동침에 따라 주식이나 펀드투자에 주저하지만 자산가들은 좋은 기회가 도래했다는 기대심리가 깔린 결과였다. 지점장 네 명 중 한 명은 자산가들이 가장 선호하는 투자자산이 '주식'이라고 답했다. 그만큼 자산가들은 주식을 중요한 재테크 수단으로 삼고 있다.

정중동(靜中動, 조용한 가운데 어떠한 움직임이 있는 모습)하는 성향도 보였다. 설문결과 두바이 쇼크와 같은 충격에도 불구하고 자산가

61.4%는 주식투자 관심도에 '변화가 없다'고 응답했다.

이는 부자들은 위기를 기회로 삼는다는 것을 입증하는 결과다.

특히 낙폭이 컸던 낙폭 과대주를 주목하고 있다. 불황으로 주가가 떨어진 삼성중공업, 하이닉스 인수 시도로 주가가 급락했던 효성, 내수주인 신세계와 CJ제일제당 등이 자산가의 관심종목 목록에 올라 있다. 특히 이번 두바이 쇼크 장본인인 두바이월드의 자회사 나킬Nakheel사와 계약해 직접적인 피해주로 꼽히는 삼성물산에도 자산가들의 관심이 높은 것으로 조사됐다.

부자들의 현금보유 습관은 일반 투자자들도 습득해야 할 투자법이다. 우리 몸도 제대로 쉬어야 체력을 보충할 수 있듯이 투자도 마찬가지다. 하염없이 사고파는 주식투자는 결국 수수료만 까먹을 뿐이다. 주식시장은 열과 성을 다해 매진한다고 성공하는 곳이 아니다. 타이밍을 노려서 치고 빠지는 전략을 써야 한다. (물론 이보다 더 큰 명제는 장기투자다.)

쉬어야 살 타이밍이 보이고, 그래야 팔아야 할 때도 눈에 들어온다. 전장에 붙어 있다고 해서 전장을 다각도로 살필 수 있는 것은 아니다. 오로지 수평적 각도에서만 투자 대상을 볼 뿐이다. 그러나 한발 떨어져 보면 다르다. 투자 대상을 모두 내려놓으면, 평소에 보이지 않았던 종목들도 새삼 눈에 들어오는 동시에 자신이 보유했던 투자종목과 매수시점을 냉정하게 둘러볼 수 있게 된다.

절세, 만 60세 부부가 연 10% 비과세로 버는 법

만 60세 이상 투자자들의 투자목적은 단기간에 한 움큼의 수익을 쥐는 것보다는 꾸준히 안정된 수익을 얻는 것이며, 이것이 투자 시 최선의 결과다. 투자차익이 비과세가 되면 화룡정점이다. 이에 걸맞은 투자전략이 고액자산가들 사이에서 인기리에 성행하고 있는데, 바로 생계형 저축계좌를 활용한 ELS(주가지수연계증권) 투자다.

생계형계좌는 만 60세 이상이나 장애인을 위한 투자상품이다. 은행이나 증권사를 통해 계좌개설이 가능하다. 전 금융기관 합해 이 계좌에는 총 3,000만 원만 예치 가능하다. 이곳의 예치금으로 ELS에 투자하면 비과세 혜택을 받을 수 있다. 생계형계좌를 통하지 않는 ELS 투자는 연령과 상관없이 과세 대상이다. 생계형계좌를 통한 ELS는 자산가들의 수익원천인 채권보다 안정적이며 높은 수익을 줄 수 있다는 매력이 있다.

특히 본인과 배우자 명의로 생계형 계좌개설 뒤 각각 3,000만 원까지 ELS에 투자하는 방식은 자산가들 사이에서 인기 있는 전략으로 통한다. 한 노부부당 6,000만 원의 5%인 120만 원은 안정적으로 확보할 수 있기 때문이다. ELS는 원금상환형이라도 기준 종목의 가격에 따라 20% 이상의 수익도 가능해 예상 외 성과를 거둘 수 있다.

원금보장형은 연 평균 5% 안팎(조기상환 가정)의 수익으로 3% 중반인 정기예금이나 4% 초반인 우량채권보다 높은 수익률을 선사한다. (연 5%의 수익률을 '보장'하는 ELS는 없다. 여기서 말하는 수익률은 조기상환을 가정했을 때 기대치의 평균이다. 일반적으로 증권 전문가들인 프라이빗 뱅커PB들이 보기에 그렇다는 얘기고, 수익률이 5%보다 낮을 수도 있다. 노파심에서 부언하면, 은행과 증권사에 가서 "연 5% 원금보장하는 원금보장형 ELS에 가입하고 싶다"고 요청하는 일은 없기를 바란다.) 상대적으로 안정적이면서 기대수익이 높은 ELS는 주식거래와 달리 차익에 세금이 붙는 단점이 있다. 상환 시 수익금액에 15.4%(배당소득세 14%, 주민세 1.4%)가 붙는다.

증권사 생계형계좌는 복리의 마법도 가능하다. 3,000만 원을 시작으로 한 투자수익은 비과세 대상이 된다. 3,000만 원으로 5,000만 원까지 불린 뒤 5,000만 원을 투자해도 이 부분에 대해 세금이 붙지 않는다. 차익발생 후 인출은 가능하지만 잔고가 3,000만 원이 넘으면 추가입금은 되지 않는다. 잔고가 3,000만 원 아래로 떨어지면 3,000만 원까지는 다시 채울 수 있다. 계속 돈을 불리는 목적으로 활용할 수도 있는 것이다. 이로 인해 재테크전문가들은 고령투자자보다는 연령이 낮은 장애인들이 종잣돈을 마련하는 데 효과적인 수단으로 생계형계좌를 꼽기도 한다.

부자들의 놀이, 사모 ELS

반복해 말하지만 진짜 부자들은 돈에 큰 욕심이 없다. 더 많이 벌려고 하기보다는 지금 있는 수준에서 안정적으로 이윤만 나면 된다. 즉 높은 위험률에 따른 고수익보다는, 위험은 낮더라도 안정된 수익을 원하는데, 이들이 찾는 상품이 바로 사모 주가연계 증권ELS이다.

ELS는 특정 종목을 기준으로 삼고, 그 주가의 움직임에 따라 수익률을 주는 상품이다. 부자들이 투자하고자 하는 상품은 ELS 중에도 사모형이다. 사모형 상품은 말 그대로 '사적으로' 일부만 모아두는 투자 상품으로서 소수의 개인을 모아놓고 이들만을 위해 만드는 상품이다. 참여 가능 인원은 49명까지이며, 대신 공모는 누구나 할 수 있는 체계다.

사모 ELS를 향한 부자들의 열기는 뜨겁다. 2011년 상반기 사모 ELS 발행규모는 11조 4,000억 원에 이른다. 2010년 같은 기간에는 5조 8,000억 원으로 두 배 수준으로 뛰었다. 사모 ELS는 공모 ELS(8조 2,000억 원)보다 더 많이 발행됐다.

이처럼 여기에 부자들의 돈이 몰리는 이유는 일정 수익률을 얻기 위해서다. 부자들은 특정 수익률을 언급하며, 사모 ELS를 만드는 PB를 통해 증권사에 부탁한다.

사모 ELS의 설계 및 운용 과정을 간단하게 정리하자면, 먼저 PB센터에서 투자자를 모집한다. 이 과정은 두 가지 방식으로 이뤄진다. 투자자가 나서서 만들어달라고 할 수도 있고, 반대로 PB가 기획을 해서 모집할 수도 있다. PB는 증권사의 상품개발 부서에 투자자들의 요청을 전한다. 상품을 만드는 이는 PB가 아니다. 고도의 수학적 지식이 필요한 만큼 이 과정은 증권사 내 전문 상품개발자들이 맡는다. 투자기간은 짧으면 3개월에서 길면 3년이다. 운용 중 발생하는 수익에 따라 증권사는 각 투자자들에게 수익을 분배한다.

투자전문가들은 부자들이 사모 ELS를 선호하는 경향을 걱정스러운 시각으로 바라보는데, 그 이유는 혹시 모를 위험이 사모 ELS에 상존하기 때문이다. 2010년과 2011년이 박스권 장세라서 사모 ELS는 안정된 수익률을 줄 수 있는 도구가 된다. 그러나 2008년 금융위기처럼 급락장이 되면 ELS는 자산을 한번에 베어버리는 날선 칼로 돌변할 수 있다. 당시 ELS는 기초자산의 주가가 갑작스럽게 떨어지면서 큰 폭의 손실을 냈다.

부자들의 재테크는 정말로 역방향일까

부자들은 돈을 버는 데 관심이 없다. 수익이 많이 나도 반갑지 않을 뿐더러, 원치 않는 수익은 덤일 뿐이다. 실제로 기대했던 수익 이상이 난 경우에는 담당 PB에게 화를 내는 자산가도 있다. 이들이 화를 내는 이유는 세금 때문이다. 그리고 부자들은 자신의 존재가 부각되는 것을 꺼린다. 그런데 이들이 부각되는 경우가 있는데, 예상 밖으로 금융소득이 늘어 국세청의 관심 대상으로 떠오를 때다. 자신의 부 때문에 누군가에게 주목받고 있는 현실을 이들은 끔찍이도 싫어하며, 또한 뺏기는 것도 싫어한다. 투자의 관심은 덜 뺏기는 데 있다.

2011년 브라질 국채가 선풍적으로 인기를 끈 적이 있다. 브라질 국채는 연 10%를 육박하는 수익률도 매력적이었지만 더 큰 매력은 비과세라는 점이다. 금융소득종합과세 대상이 되는 고액자산가들은 앞다투어 이 채권 관련 상품을 사들였다.

같은 맥락에서 인기 높았던 상품이 판교채권이다. 판교채권은 2006년 판교 아파트 분양 당시 채권입찰제가 도입되면서 발행된 국민주택채권 2종의 별칭이며, '판교 첨가소화채권'이라고도 불린다. 채권입찰제는 분양가와 인근 아파트 시세 간 차이가 커 과도한 차익이 생기는 것을 방지하기 위해 당첨자에게 의무적으로 일정 금액의 정부채권을 사도록 한 제도다.

판교채권은 만기 10년에 표면금리가 0%다. 중간에 지급되는 이자가 없어 과세 대상이 아니다. 비과세면서, 비슷한 만기의 국고채보다 금리가 높다. 절세도 되면서 이자도 높은 이 상품에 부자들은 구름떼처럼 몰렸다. 부자들은 재테크보다 세금을 줄이는 세테크에 더 관심이 크기 때문에 이들을 상대하는 증권사 PB들에게 조세 관련 지식은 필수다.

투자고수가 말하는
손해를 덜 보는 방법

　기업의 존재 이유는 당연히 이윤창출이다. 다시 말해 기업이 고객으로부터 사랑을 받고 신뢰를 얻으려는 목적은 결국 더 많은 돈을 벌기 위함이다. 증권사도 예외는 아니다. 더 좋은 상품을 팔고, 더 나은 조건을 제시하는 것은 궁극적으로 자사가 돈을 많이 벌어들이는 데 목적이 있다.

　이윤추구라는 증권사의 이 같은 기본적인 목적을 달성하기 위해 때로는 고객이 도리어 불이익을 당하는 경우가 있다. 물론 이런 행위는 눈에 잘 띄지 않게 부지불식간에 이뤄지긴 하나 실체는 명백히 존재한다. 증권가의 투자고수들이 귀띔해주는 손해 덜 보는 방법 몇 가지를 소개한다.

증권사는 자선기관이 아니다

"우수고객으로 등록해드릴까요?"

증권사에 계좌를 열기 위해 갔다가 다음과 같은 제안을 들은 적이 있을 것이다. 우수고객이라는 명칭은 '관심고객'처럼 증권사마다 다른 이름으로 존재한다. 우수고객은 증권사로부터 투자정보와 상품정보를 제공받는 고객을 일컫는다. 하지만 투자정보와 상품정보는 더 많은 거래를 하도록 하기 위한 미끼로서 존재할 뿐이다.

국내 증권사의 수익구조는 소대영업에서 발생하는 위탁매매 수수료 중심이다. 증권사 내부에서도 '지점이 따뜻해야 전 증권사에 온기가 퍼질 수 있다'는 말이 나온다. 증권사도 단순히 수수료를 받아 이익을 얻는 구조에서 벗어나 자산관리 영업구조로 변모해야 함을 깨닫고 있는 것이다.

대우증권과 삼성증권의 사례를 보자. 기존의 1등주는 단연 전통의 대우증권이었다. 오랜 역사를 통해 다져온 오프라인 고객의 충성도는 대우증권 주가의 매력을 높이는 일등공신이다. 전통적으로 브로커리지(위탁매매)가 강한 탓에 증권가에서는 이를 증권주 향방을 보는 척도로 여긴다. 또한 주식시장이 호황일수록 증권사 중 가장 돈을 잘 벌 것으로 분석되는 대우증권은 증권업종 재평가에서도 항상 1위를 차지했다. 이렇게 쌓인 높은 충성도는 증시침체에도 대우증권 부진의 폭을 좁혀왔다. 2010년 회계연도 상반기 거래대금과 개인거래 비중의 감소에도 대우증권은 2,079억 원의 수탁수수료를 실현하며 업계 1위 수익을 기록한 것이 그 대표적인 예다.

그러나 자산관리 서비스로 탄탄한 수익구조를 갖춘 삼성증권이 매서운 기세로 추격해왔다. 삼성증권 예찬론자들은 안정된 수익성에 높은 점수를 준다. 이 탄탄한 수익성의 바탕은 2003년부터 공들여온 자산관리 서비스에 있다. 이는 단기간의 수익보다는 맞춤형 서비스를 제공함으써 장기 고객유치를 목표로 한 전략으로서, 고액자산가 유치에 초점이 맞춰진 이 서비스로 수수료 수익이 안정화될 수 있었다. 이는 큰 바퀴 하나로 여러 작은 바퀴를 대체하는 전략인 셈이다.

국내 증권사는 개인고객 중개수수료 비중에 따라 연간실적의 희비가 엇갈린다. 개인거래는 증시에 따라 출렁임이 심하다. 이로 인해 대다수 증권사들의 실적은 증시호황 여부에 따라 진폭이 큰 데 비해 삼성증권은 증시의 업황과 관계없이 일정하게 거래하는 거액자산가들을 통해 안정된 수수료를 얻을 수 있는 토대를 마련한 것이다. 2010년 11월 말 기준 삼성증권의 1억 원 이상 예탁고객은 7만 7,000명으로, 2위인 5만 명에 비해 월등히 많다. 삼성증권의 자산관리 서비스는 최근 자문사 열풍을 함께 타면서 성과를 거뒀다.

다시 논지를 우수고객으로 돌리자면, 우수고객은 위탁매매 중심 증권사의 실적 높이기 방책이다. 냉정하게 말하면, 증권사는 고객이 돈을 많이 버는 것보다는 자신의 수익이 우선이다. 이러한 전략하에서 우수고객은 더 많은 거래를 일으키기 위한 미끼일 뿐이다. 일부 단타로 돈을 번 사람들을 제외하고, 주식으로 돈을 번 사람들의 특징은 저평가주식을 사놓고 지켜보는 것이다. 반면 직접투자를 하는 일반 투자자들이 가장 범하기 쉬운 실수가 잦은 거래다. 최근에는 스마트폰을 통한 간편 매매가 가능하다 보니 투자 횟수가 잦다. 쉴 새 없이 자신의 수익률을 바라보는 이들은 증권사의 좋은 먹잇감이 된다. 세상에 공짜 점심은 없다. 우수고객 등록, 혹은 주식정보, 상품정보 무상공개는 공짜가 아니다. 그것을 제공받아 봄으로써 투자자들은 잦은 거래를 통한 수수료를 납부하게 되고, 증권사는 결과적으로 알짜 정보를 공짜로 받아 고객 유치 자료를 만들고 있는 것이다.

고수익 CMA의 함정

종합자산관리 계좌의 약어인 CMA는 은행의 일반예금과 더불어 간판 금융상품이 됐다. 은행에 일반예금이 있다면, 증권사에는 CMA가 있다고 말할 수 있을 정도다. 업계의 간판이 될 정도의 상품으로 성장하면서 증권가에는 CMA를 놓고 치열한 경쟁이 벌어졌다. 심지어는 제 살 깎아먹기식의 과당경쟁이라는 지적까지 나왔다.

시장이 한창 성숙기로 진입했던 2009년에는 200~300억 원대 마케팅 비용을 지출하면서 높은 수익률을 제시하기도 했다. CMA 상품이 한마디로 '속 빈 강정'이 되고 있기 때문이다. 수익률경쟁이 갈수록 과열돼, 연 4.0%에서 시작된 CMA는 4.5%(하나대투증권 동양종금증권 우리투자증권), 4.6%(현대증권), 4.7%(대우증권), 5.0%(메리츠종금), 5.1%(유진투자증권)로 높아지고 있다. 은행 보통예금보다 2~3%포인트가 높은 것으로, 과당경쟁이 수익률을 높여놓은 셈이다.

이는 증권사 입장에서는 절대 돈을 벌 수 없는 구조다. 한 대형 증권사 대표는 '연 4.5% 정도 수익률에 마케팅 비용까지 포함하면 CMA를 판매할 때마다 0.01%의 최소 이익을 보거나 심지어 역마진이 나게 된다'고 했다. 게다가 서비스와 품질이 아닌 가격경쟁을 하는 것은 증권사가 스스로 무덤을 파는 격이라며 안타까워했다.

하지만 이를 자세히 뜯어보면 고수익을 보장받는 조건 자체가 까다롭다는 것을 알 수 있다. 첫째가 금액제한이다. 증권사별로 차이는 있지만 최대 1,000만 원까지만 높은 수익률을 제공한다. 급여이체를 조건으로 내건 CMA도 많다. 한화증권은 급여이체 고객에 한해서만 연 4.2% 금리를 주거나 연 2.6% 수익률만 제공한다. 유진투자증권은 1년 동안 돈을 넣어야 5.1% 이자를 받을 수 있다. 하루 맡기면 2.7%, 6개월이면 3.8%를 제공한다.

은행 입출금기 수수료 면제 마케팅 역시 마찬가지였다. 증권사 CMA는 입금할 때 모두 수수료가 붙는다. 계좌를 튼 은행의 현금자동지급기를 이용해 현금입금할 때만 수수료가 없고, 다른 은행 현금자동지급기로 입금할 때는 수수료가 붙는다. 고수익률을 조건으로 까다로운 조건들을 제시하고 있었던 것이다. 결국 CMA는 고객유치를 위해 증권사가 내건 미끼 상품에 불과하다.

자산운용사와 증권사 간 유착을 파악하라

금융투자 업계는 내부거래의 제한이 강하다. 규제를 동원해 막기도 한다. 그래도 팔이 안으로 굽는 태생적인 특징은 벗어날 수 없는 법이라 은행·증권사 등 펀드판매사들의 계열사상품 챙기기 열풍은 여전하다. 금융감독원과 금융투자협회 등에 따르면 2011년 5월 말 펀드판매 상위 10개 사의 계열사 펀드판매 비중은 평균 56.3%에 달했다. 미래에셋증권이 판매한 펀드 가운데 계열사 미래에셋자산운용, 미래에셋맵스자산운용 상품이 75.6%를 차지해 가장 높은 비중을 보였다. 다음은 신한은행으로, 신한BNP파리바자산운용 상품이 72.4%에 달했다. 그 밖에 한국투자증권(55.8%), 삼성증권(55.2%), 국민은행(50%), 하나은행(40.5%), 우리은행(40.1%), 하나대투증권(31.2%), 대우증권(20.1%), 우리투자증권(18.8%) 등이 뒤를 이었다.

10대 펀드판매사가 아닌 회사들도 마찬가지였다. 미래에셋생명의 계열사 펀드판매 비중은 무려 96.15%에 달했으며, 삼성생명도 53.48%에 이르렀다. 이 같은 현상이 나타나는 까닭은 간단하다. 계열사 펀드판매가 그룹이나 지주회사 수익증대와 직결되기 때문이다. 따라서 펀드판매사들은 투자자 개개인에게 알맞은 '맞춤형 펀드'를 권하기보다 판매보수와 수수료가 높은 계열 자산운용사 펀드판매에 더 집중하게 된다. 또 은행과 증권사 중심의 과점적 판매구조에서는 투자자가 특정 펀드를 지정해 요구하지 않는 한 영업점 직원이 추천하는 펀드가 판매될 가능성이 높은 측면도 있다.

이 통계에서 얻을 수 있는 결론은 하나다. 막연히 은행이나 증권사를 찾아가서 '좋은 상품 추천해주세요'라고 말하는 것이 얼마나 어리석은 일인지 알 수 있다는 것이다. 무턱대고 이렇게 물으면 창구 직원은 십중팔구 자사에 유리한 투자상품을 추천할 것이다. 할인마트나 집 근처 재래시장도 이것저것 따져보고 가는 것은 소비의 기본이다. 상품가입도 소비다. 공부하고 확신이 설 때 가서 투자하자.

증권사에는 펀드매니저가 없다

다수의 일반인들이 증권사에 펀드매니저가 속해 있는 줄 알지만 증권사에는 펀드매니저가 없다. 펀드매니저, 즉 자산운용역은 자산운용사에 있다. 증권사는 자산운용역이 운용하는 투자상품을 파는 곳이다. 또 하나 간과하고 있는 점은 '간접펀드의 상품수익률 편차가 크지 않다'는 것이다. 펀드매니저의 실력에 따라 상품의 수익률은 크게 달라지지만 유사한 상품에 투자하면 상품수익률도 같다고 여긴다.

펀드매니저의 내공은 급격한 외부 변수가 몰아쳤을 때 드러나는 법이다. 중동 사태와 일본 대지진 여파 등으로 인해 급등락했던 2011년 상반기 자산운용사별 수익률을 살펴봤다. 국내 주식형펀드의 연초 이후 평균수익률은 5월 4일 기준 9.2%를 기록했다. 설정액 200억 원이 넘는 44개 자산운용사 중 평균 이상의 성적을 거둔 곳은 모두 31개 사로 전체의 70%를 차지했다. 나머지 13개 사는 평균에도 미치지 못했다. 연초 이후 국내 주식형펀드의 평균수익률이 가장 양호한 곳은 JP모간자산운용으로 17.5%를 기록했다. 현대자산운용(17.4%), 마이애셋자산운용(16.9%), 대신자산운용(16.6%), 알리안츠글로벌인베스터스자산운용(16.5%), 피델리티자산운용(16.4%)이 뒤를 이었다.

국내 주식형펀드 수탁고(순자산 기준 15조 원)가 1위인 미래에셋자산운용의 수익률은 9.99%로 전체 44개 사 중 26위에 올랐다. 가장 부진한 곳은 한국투자신탁운용으로 연초 이후 수익률이 3.8%에 불과했고, 1위와의 수익률격차는 13.7%포인트에 달했다.

내 생애 첫 번째 금융상식백과

© 손일선 김대원 전정홍 2013

2013년 3월 29일 초판 1쇄 발행
2013년 9월 15일 초판 2쇄 발행

지은이 | 손일선 김대원 전정홍
발행인 | 전재국

발행처 | (주)시공사
출판등록 | 1989년 5월 10일 (제3-248호)
브랜드 | 알키

주소 | 서울특별시 서초구 사임당로 82 (우편번호 137-879)
전화 | 편집(02)2046-2864·마케팅(02)2046-2800
팩스 | 편집(02)585-1755·마케팅(02)588-0835
홈페이지 | www.sigongsa.com

ISBN 978-89-527-6851-3 13320

본서의 내용을 무단 복제하는 것은 저작권법에 의해 금지되어 있습니다.
파본이나 잘못된 책은 구입하신 서점에서 교환해 드립니다.

알키는 (주)시공사의 브랜드입니다.